江苏省中小学教学研究第十四期立项课题"指向数学思维发展l
小学数学学习力提升的实践研究"成果

从"学会" 走向"慧学"

儿童数学学习力提升的思与行

朱月萍 著

中国出版集团　现代出版社

图书在版编目（CIP）数据

从"学会"走向"慧学"：儿童数学学习力提升的
思与行 / 朱月萍著. — 北京：现代出版社，2023.10
ISBN 978-7-5231-0523-8

Ⅰ.①从… Ⅱ.①朱… Ⅲ.①小学数学课—教学研究
Ⅳ.①G623.502

中国国家版本馆CIP数据核字（2023）第167545号

从"学会"走向"慧学"：儿童数学学习力提升的思与行

作　　者	朱月萍	
责任编辑	姜　军	
出版发行	现代出版社	
地　　址	北京市安定门外安华里504号	
邮政编码	100011	
电　　话	010-64267325　64245264	
网　　址	www.1980xd.com	
印　　制	北京政采印刷服务有限公司	
开　　本	710mm×1000mm　1/16	
印　　张	16.5	
字　　数	225千字	
版　　次	2023年10月第1版　2023年10月第1次印刷	
书　　号	ISBN 978-7-5231-0523-8	
定　　价	58.00元	

目录

第一章　学习力认识论视界

第二章　学习力方法论视界

01　第一章　学习力
认识论视界

第一节　学习力概述

一、学习力的界定

"学习力"一词，原本是学习型组织管理理论中的核心理念，最早由美国系统动力学奠基人、麻省理工学院的佛睿斯特教授于1965年在《一种新型的公司设计》一文中提出。他运用系统动力学原理非常具体地构想出未来企业的思想组织形态——层次扁平化、组织咨询化、系统开放化，员工与公司的关系逐渐由从属关系转向工作伙伴关系，不断学习、不断重新调整的结构关系。20世纪90年代中期，学习力逐渐成为知识经济时代应运而生的一项前沿的管理理论，被广泛应用在企业管理和企业文化领域之中。

国外对学习力理论的研究主要集中在管理和教育两大领域，教育领域具有代表性的研究项目和著作包括澳大利亚的"促进有效学习"项目、英国的"有效终身学习编目"项目、美国哈佛大学柯比教授的研究专著《学习力》。

研究的视角不一，导致各学者对其构成要素的说法不一，较为典型的有以下几种说法："四要素说""七要素说""综合体说"。美国哈佛大学柯伟林教授在长期的教学实践中，认为学习力应该是包括学习动力、学习态度、学习方法、学习效率、创新思维和创造力的一个综合体。另外，在学习力提升策略研究方面，美国诺埃尔·兰迪博士在《超级学习力训练》中，从学习的技巧、学习的方法、时间管理、记忆术、阅读力、记笔记、提升写作力、应对考试等多个方面阐述了如何提升学习力，成为一个优秀的学习者。

国内学者认为学习力主要包括"潜能论""要素论""总和论""生产力论""信息论""资源论""能力论""泛能力论""核心论"9个理论。国内教育界开展学习力研究较早的地区是南京和沈阳，均侧重于应用研究范畴。2007年以来，南京市教育局提出中小学教育要"提升学习力"的理念，并由南京市教育科学所组建中小学学习力研究实验团队。2008年，南京市教育局开展了"提升南京市中小学学生学习力案例研究"的活动。中国教育学会中小学整体改革专业委员会辽沈地区协作体连续进行了"十一五"课题"提升中小学生学习力"和"十二五"课题"中小学生学习力培养的研究",在各地设立了多个子课题学校,课题组分析了中小学生学习力发展特点、影响因素,在促进中小学生学习力提升方面,进行了深入的研究和实践。

关于数学学习力要素的研究,学者们的观点不一致,都有自己独特的观点。有的学者认为"数学学习力是学习动力、学习毅力、学习能力、学习转化力和学习创造力的总和",有的认为数学学习力大致包括三个方面,即"学习动机、学习毅力和学习能力"或者是"学习需求、学习意志和学习能力"。这几种观点简单地指出了数学学习要素的成分,但没有明确指出各要素是如何相互影响、如何构成数学学习力的结构的。也有学者认为,数学学习力是"学习动力、学习毅力和数学能力三个要素的交集",这个观点,不仅指出了数学学习的要素,而且试图指出各要素之间的关系及如何构成这个综合力。

那么,学习力是什么?百度百科中提出,学习力是指一个人或一个企业、一个组织学习的动力、毅力和能力的综合体现。学习力是把知识资源转化为知识资本的能力。我理解的是,第一句是从要素上来定义的,第二句是从能力上来定义的。个人的学习力,包括:

知识总量,即个人学习内容的宽广程度和组织与个人的开放程度;

知识质量,即学习者的综合素质、学习效率和学习品质;

学习流量,即学习的速度以及吸纳和扩充知识的能力;

知识增量,即学习成果的创新程度以及学习者把知识转化为价值的程度。

个人学习力=知识总量+知识质量+学习流量+知识增量。

组织学习力是人们创新能力的集中体现,能直接转化为创新成果。它倡导团队学习比个人学习更重要,团队具有整体搭配的学习能力,团体内信息和知识自由流动、高度共享,团队学习既是团队成员相互沟通和交流思想的过程,也是团队成员寻求共识和统一行动的过程,从而也是产生团队的"创造性张力"的过程。

组织学习力=集体创新能力+创新成果转换能力;

团队学习>个人学习;

团队学习=成员沟通、交流+寻求共识、统一行动。

二、学习力的要素

1. 三要素的定义

研究者的论述主要有：三要素说，四要素说，五要素说，六要素说，八要素说，四阶段，十要素说，十一要素说。我主要从三要素说来展开，即学习动力、学习毅力和学习能力。

学习动力，是指人学习的原动力，分为内在动力和外在压力。内在动力由个人对社会的认知程度和主体要实现的目标所决定，且与认知程度成正比，认知程度越高，学习动力越足；也与要实现目标的高低成正比，伟大的目标产生巨大的动力。外在压力与这个时代的生产力水平和政治、经济、社会体制密切相关，社会竞争越激烈，学习压力就越大。内在的动力即"我要学"，外在的压力即"要我学"，内在动力与外在压力密切相关，相辅相成，互相转化。

学习动力是以学习动机为核心，由学习情感、学习兴趣和学习需要共同构成的一个动力系统，对学习起始动、定向、引导、维持、调节、强化的作用。没有动机，就没有动力。根据引起动机的原因，可以把学习动机分为外部学习动机和内部学习动机。外部学习动机是指行动的推动力是外力诱发出来的，如努力学习是为了获得奖励或别人的肯定；内部学习动机是指个体内在需要引起的学习动机，也就是说诱因来自学习者本身的内在因素，即学生因对活动本身感兴趣，而产生求知欲、好奇心等，内部学习动机比较稳定，如很多学生都喜欢上体育课和艺术课，即使这些课程在考核中权重不是那么多，但是学生学起来还是会很认真很刻苦，其实就是课程本身对学生具有很大的吸引力，这就是内部动机。

故事：孩子为谁而玩。

一群孩子在一位老人家门前嬉闹，叫声连天。几天过去，老人难以忍受。于是，他出来给了每个孩子25美分，对他们说："你们让这儿变得很热闹，我觉得自己年轻了不少，这点钱表示谢意。"孩子们很高兴，第二天又来了，一如既往地嬉闹。老人再出来，给了每个孩子15美分。他解释，自己没有收入，只能少给一些。15美分也还可以吧，孩子仍然兴高采烈地走了。第三天，老人只给了每个孩子5美分。孩子们勃然大怒："一天才5美分，知不知道我们多辛苦！"他们向老人发誓，他们再也不会为他玩了！

启示：在这个故事中，老人的算计很简单，他将孩子们的内部动机"为自己快乐而玩"变成了外部动机"为得到美分而玩"。

所以，内部动机比外部动机重要。

学习毅力，即学习意志，是指自觉地确定学习目标并支配其行为克服困难实现预定目标的状态。现代社会的竞争和生存规则是优胜劣汰、不进则退，残酷的淘汰法则促使学习成为人的终身过程，意志力、持久力是学习行为的保持因素，成为学习力中不可或缺的要素。

学习能力，是指学习主体在不断获取新知、选择处理信息的过程中分析问题、认识问题、解决问题的智力，解决的是"怎样学习"的问题，是学习力最核心的部分。

除了学习动力、学习毅力、学习能力，还有学者提出学习转化力和学习创新力。下面我们就来谈一谈学习转化力与学习创新力。

学习转化力是指学习成果的转化能力，这种能力主要体现在知识应用、更新自我、推进创新和变革社会的效果上。毛泽东同志曾说："读书是学习，使用也是学习，而且是更重要的学习。"学以致用、用以促学、学用相长，既是学习的本质要求，也是学习的内在规律。人真正的力量不只是来自对知识的掌握，而是在掌握知识的基础上，将知识转化成能力和素养，来武装头脑、指导实践、推动工作。

如果说学习转化是学习前人的成功经验，让自己更高、更快、更强，那么，学习创新则是不满足于只学习前人确定的答案，渴望探索不确定的问题，在看似无路的地方，找到全新的路径，在应对不确定性中获得成长。

我认为，学习转化力是最关键的学习能力，因为，学习既是一种认知活动，也是一种实践活动，学习就在于转知成智。而学习创新力是最高阶的学习能力，是一种对现状的突破力，一种不走寻常路的魄力，一种勇于超越的能力。所以，我们团队在研究学习力时，把学习转化力和学习创新力暂归属于学习能力。

2. 三要素之间的关系

学习的动力体现了学习的目标，学习的毅力反映了学习者的意志，学习的能力则来源于学习者掌握的知识及其在实践中的应用。

一个人、一个团体（组织）是否有很强的学习力，完全取决于这个人、这个团体（组织）是否有明确的奋斗目标、坚强的意志、丰富的理论知识以及大量的实践经验。

如果要用一个模型来表示三要素的内在联系的话，我觉得是两两相交（见图1-1-1）。学习动力解决的是"为什么学习"的问题，没有学习动力，学生不爱学；学习毅力解决的是"持续学习"的问题，没有学习毅力，学生学不长；学习能力解决的是"怎样学习"的问题，没有学习能力，学生学不会。学习力是三个要素的交集，只有同时具备了三要素，才能形成真正的学习力。

图1-1-1

还有人说，学习力的高低遵循"木桶原理"，即一只木桶能装多少水，取决于构成该木桶的木板中最短的那一块。一个人学习力的高低也由这三个要素中最弱的那一个方面所决定。当你有了学习动力，也有较强的学习毅力，但学习能力不强时，往往是花了很多的时间和精力，学习却达不到理想的效果，常常事倍功半；当你有了学习动力和学习能力，却缺乏意志时，学习很容易半途而废；当你既有学习能力，又有学习毅力，但是没有找到学习的目标，缺乏一定的学习动力时，你所学到的东西通常是杂而不精。只有将三者合而为一，集于一身，你才能真正拥有学习力。

三、学习力的本质

相比学习力，"学历"一词更被大众所熟知。那么，学历与学习力有关系吗？它们之间又是一种什么样的关系？首先，我们来厘清概念。在百度百科中，学历是指人们在教育机构中接受科学文化教育和技能训练的学习经历。也就是说，学历，就是学习经历的简称，指曾在哪些学校肄业或毕业。我国已实施学历教育，因此，我们通常所说的学历，是指一个人最后也是最高层次的一段学习经历。

虽然学历与学习力不可画等号，但它们是相辅相成，互相"成就"的。学历作为进入工作岗位的一块敲门砖，实际上是必不可少的。如果没有大学学历，在现今社会，可能连工作都不好找。但是我们只有学历就够了吗？许多学霸拿到文凭，走出校门，就停止了学习，把大把大把的时间花在应酬、娱乐上。他们虽然有一张大学的文凭，但思维僵化、认知局限、目光短浅，自诩是高才生，因而自视清高、自以为是。他们的读书，只是为了一份工作，安稳生活，人生再无建树。

下面用几组数据来说话：

复旦大学原校长杨家福教授曾说，一个大学生在毕业离开大学的那天里，在这四年里所学的知识有50%已经过时。

人类知识总量翻番所需要的时间从过去的100年、20年、10年缩短到目前的3年左右。

有人预计，在50年后人类所拥有的知识总量中，现存知识只占其中的1%。

因此，个人社会竞争力不仅仅取决于你现在掌握的知识量，更大程度上取决于你学习掌握新知识的速度和能力。而一个人能够快速获取知识，并让它产生价值的能力就是学习力。我将学历与学习力的关系总结如下：

（1）学历重要，学习力更重要；

（2）学历是一时的，学习力是一辈子的；

（3）学历代表过去，学习力代表未来；

（4）学历有最高点，学习力则无止境。

学习力的本质是竞争力，提高自己的学习力是提升个人竞争力的关键。理解了学习力的要素，为我们提升学习力提供了基本的理论依据。

首先要为自己制定一个明确的学习目标。其次要不断摸索适合自己的学习方法，提高学习效率。最后要加强意志品质的锻炼，尤其要锻炼自我控制能力。心理学家通过研究得出：自我控制力很强的人，一生的成就比自我控制能力差的人大得多。从群体意义上说，高成就群体的自我控制力比低成就群体的人要高出很多，这也从另一角度证明了社会竞争力强的人往往都是意志品质坚强的人。

1. 符合时代发展要求更新观念的能力

社会时时刻刻地发生着变化，你的思想就是你最大的敌人。这就要求我们时刻转变思维和观念，只有如此，我们才能顺应时代的发展。

有一幅漫画，描述的是两只乌鸦喝水的故事，一只乌鸦按照原来的思路找来石子，准备往瓶子里投石子，待水溢上来的时候再喝水；而另一只乌鸦却不知道从哪里找来了一根吸管，捷足先登，轻易就喝到了水。所谓小故事大智慧，这幅漫画告诉我们，守旧就会挨饿，改革才能生存。同样的借力，一只乌鸦用的是老旧思维，借用石子；而另一只乌鸦能够与时俱进，借用吸管，如此就出现了不一样的效果。

2. 快速获取知识并产生价值的能力

在当今这样一个知识信息对社会的发展起决定性作用的时代，唯一不变的就是"变"。谁对变化的反应更快，谁就掌握先机，谁对变化把握得全面，谁就掌握竞争的主动权。

很多人都以为，在大家都在推自己的智能手机的时候，诺基亚的广告仍然是超长待机，它因为没有跟上时代的发展，所以被淘汰。其实并不是诺基亚衰败的原因，是因为它故步自封，没有将自己的特色创意变成现实。

我们在iPhone上输入字母和数字的时候，所触碰的某个虚拟键会瞬间变大，足以让我们确认是否输入正确，恐怕没人知道，这竟然是诺基亚的创新。诺基亚也为此申请了专利，但这样美好的体验却只发生在苹果的设备上，是否也暗合了某种结局？

有很多例子足以证明诺基亚一直专注于技术创新和研发，并申请专利，但由于塞班系统所带来的阻碍，这些创新技术仅仅是专利，并被束之高阁。

诺基亚当时的CEO康培凯曾在2006年准确预言出：互联网与手机未来将融合在一起，而诺基亚要成为"真正融合互联网和移动性的公司"。

事实证明，苹果和Google用行动告诉诺基亚：你只是说说而已。

3. 有利于推动发展的创新思维能力

学习创新能力是最高境界，创新是一个人、一个城市、一个国家综合竞争力的核心。20世纪80年代全世界都通用模拟式电视机，这时，发展高清晰度电视机成为日本与美国竞争的一个前沿阵地。当时，日本判断，在模拟设置的基础上发展高清晰度电视机进展快，风险小，是自己的一个强项，以为胜券在握。哪知道美国另辟蹊径，搞了个原始性创新，即数字化电视，一下子超越了日本的发展之路。这种原始性创新源于何处？其实，正是一个国家整体学习力强盛所为。

当下的世界处于一个充满竞争和不断变革的时代，新的企业不断诞生，传统企业可能会销声匿迹。据统计，1970年的《财富》五百强企业，到20世纪80年代已经消亡了1/3，到20世纪末已经所剩不多了。风起云涌的信息技术革命、共享知识经济正在快速地切换或淘汰传统产业。当下，商业新物种、新知识、新经验层出不穷，科技、经济、文化的发展日新月异，企业的学习力一旦薄弱，就可能会逆时代潮流，被时代的节拍抛弃。实践证明，企业只有通过自我超越、心智模式、团体学习等学习力方面的修炼，才有可能在旧有基础上焕发生机、浴火重生。

四、学习力的价值

古今中外的专家和学者都十分重视学习和学习力的价值。在百度百科中，学习是指通过阅读、听讲、思考、研究、实践等途径获得知识的过程。狭义的学习是指通过书本或在他人辅导下获得知识的过程；广义的学习是指一个人从外界获取信息并对信息进行加工整理的全过程。

学习，既是古老的又是全新的。"古老"是因为自从有人类就有学习，人类的生存离不开学习。学习是从猿到人、从愚昧到文明的助推器。还有，我们人类从生命之始就学观察、学说话、学走路。《论语》："学而时习之，不亦说乎？"《礼记·学记》："玉不琢，不成器；人不学，不知道。"都强调了学习的重要性。"全新"是指我们处在一个新事物、新知识、新经验、新思想层出不穷的时代，在科技、经济、文化如此发达的今天，我们不得不重新认识、审视、思考学习问题。国际著名学术团体罗马俱乐部在1979年发表的研究报告《学无止境》中说："人类的状况正在恶化，产生的问题多于解决的问题。对付可怕的挑战毫无准备，日益增长的复杂性与落后的对付能力，形成恶性循环，使人类陷于困境之中。人类的这种差距源于学习不足和学习方法令人震惊的落后。"所以，终身学习，学会学习，拥有核心竞争力——学习力，才能拥有面对未来的力量。

为什么要提升学生的学习力？

1. 学习力是成就一个人才的需要

世界著名未来学家阿尔文·托夫勒说："未来的文盲不再是目不识丁的人，而是那些没有学会怎样学习的人。"美国加速学习系统公司的创始人柯林·罗斯在《学习地图：21世纪加速学习革命》中提出，几乎各行各业的知识，每隔两三年就会倍增，这意味着你的知识也必须倍增，否则你会落伍。我们的学校，我们的教育，如果还只是教会学生一些知识和技能，只会培养出一批批"代加工人"。授人以鱼仅解一饭之急，授人以渔则解一生之需。目前，最需要我们教育人做的，就是教会学生如何思考和怎样学习，只有这样，我们的学生才能提升学习力，拥有可持续发展的素养，适应飞速发展的信息时代。

2. 学习力是保障学校发展的需要

你有没有听过这样的一句话？"没有升学率，学校过不了明天；只有升学率，学校没有明天。"全国政协委员、江苏省锡山高级中学校长唐江澎，在被问到什么是教育的真谛时说："学生没有分数，就过不了今天的高考，但如果只有分数，恐怕也赢不了未来的大考。如果我们的教育只关注升学率，国家会没有核心竞争力。我认为好的教育应该是培养终身运动者、责任担当者、问题解决者和优雅生活者，让孩子们拥有健全而优秀的人格，赢得未来的幸福，造福国家社会。"有人说，满地都是六便士，他却抬头看到了月亮。

诚然，在当前基础教育阶段，评价一个学校、一个班级的重要指标是学生的学业成绩。社会看一所初、高、中学校的质量主要是看这所学校的中、高考升学率。而真正能从根本上提高学业水平、提高升学率的就是学生的综合素质。一个学习力强的学生，他的综合素质是经得起中、高考检验的。因此，为了学校的生存与发展，我们需要提升学生的学习力。

3. 学习力是提高国际竞争力的需要

有人说，现在的世界有点乱。其实，最乱的不是军事上的侵略与反侵略斗争，也不是经济上的市场经济与计划经济的碰撞，更不是文化上的国际化与本土化的较量，而是教育上的改革与创新。但是，再怎么改革，教育质量是世界各国关注的永恒主题。20世纪90年代末，在《中共中央 国务院关于深化教育改革全面推进素质教育的决定》文件的指引下，素质教育闪亮登场。我们站在全面发展、终身发展的高度制定素质教育的目标，沿着勇于实践和改革创新的思路坚定不移地推进素质教育，以期通过素质教育提高教育质量，提升国民综合素质。但是，素质教育遇到了一个强劲的对手，即应试教育。应试教育有着顺应民意的教育目标——应试升学，应试教育有着习以为常的教育方法——反复训练，应试教育有着"客观公正"的评价手段——中考、高考，而素质教育目标尚存在不同的声音，素质教育手段还在探索之中，素质教育评价更是雾里看花。因此有人说："素质教育轰轰烈烈，应试教育扎扎实实。"

21世纪，课程改革风起云涌，很多国家将提高教育质量的希望寄托在课程改革上。我国2001年颁布的《义务教育课程设置实验方案》和2011年颁布的义务教育各课程标准，坚持了正确的改革方向，体现了先进的教育理念，为基础教育质量提高做出了积极贡献。随着义务教育全面普及，教育需求从"有学上"转向"上好学"，必须进一步明确"培养什么人、怎样培养人、为谁培养人"，优化学校育人蓝图。《义务教育数学课程标准（2022年版）》指出，课程教材要发挥培根铸魂、启智增慧的作用。新课标既强化了课程育人导向，也研制了学业质量标准。也就是说，当前的基础教育，既要全面发展，又要应试升学。全面发展是为了孩子的未来、国家的未来，应试升学是为了孩子的现在、家庭的现在。有没有一个两全的方法，兼顾的举措？笔者认为，那应该就是提升学生的学习力。教育的出发点和归宿都是学生的学习，而学习力是学生学习的关键能力。作为教育研究者和教育工作者的我们，应该以素养教育为价值取向，以提升学生的学习力为主要追求，以课堂教学为重要阵地，树立既承认功利又超越功利的教育质量观。

第二节　学习力现状

一、学习力现状调查分析

笔者所在区为泰州医药高新技术产业开发区，地处城郊接合部，特殊的地理位置使得这一地区的家庭状况很复杂，学生的来源也具有特殊性，主要由两部分构成：一是城郊农民子女。由于近年来市区扩大，不少家庭得到了较为可观的动迁款，家庭很快富裕起来，但是家长的素质并未有明显提高，甚至有的家长认为有经济后盾，学习不是很重要，对孩子教育不得当。二是进城务工人员子女。这部分学生来源地域广，流动量大，家长成分复杂，文化层次普遍不高，导致子女在学习习惯、学习能力等方面存在很大差异。2017年9月，笔者和志同道合的教师一起成立了"小学生数学学习力提升的实践研究"课题研究小组，在文献研究的基础上，课题组成员通过开展问卷调查、教师访谈、学生座谈、课堂观察等，了解区内学生学习力的现状。

下面是本区域小学生数学学习力现状问卷调查分析报告。

本区域小学生数学学习力现状问卷调查报告

一、调查的目的与内容

学习力的发展与整个社会的发展息息相关。小学阶段正是学生成长的关键期，小学生学习力水平直接影响着学生的学习效率及教育教学的质量，因此，在小学阶段培养学生良好的学习力已成为一个重要的教学目标。数学学科有别于其他学科，它在小学直至大学乃至人的一生中扮演着非常重要的角色，因此数学学习力的提升至关重要。为了解我区小学生数学学习力现状，发现问题，找出原因，为开展"小学生数学学习力提升的实践研究"这一课题提供依据，2017年10月，课题组设计了调查问卷，从学习动力、学习能力、学习毅力、学习创造力四个方面对实验班学生进行了调查。

二、调查对象与方法

本次问卷发放的对象包括泰州市塘湾实验学校、泰州市康和实验小学、泰州市寺巷中心小学、泰州市鲍徐中心小学、泰州医药高新区第一实验小学5所学校，1~6年级每个年级挑选一个班作为实验班，总共发出问卷1585份，回收问卷1585份，均有效。

问卷共设计了10道单项选择题，其中，第1~2题关于学习动力的调查，3~7题关于学习能力的调查，第8题关于学习毅力的调查，第9~10题关于学习创造力的调查，要求学生根据自己的情况作答。

三、调查结果与分析

泰州医药高新区小学生数学学习力现状调查问卷数据汇总见表1-2-1：

表1-2-1

年 级		一年级	二年级	三年级	四年级	五年级	六年级
11	A	90.0%	68.2%	81.4%	57.9%	64.3%	66.7%
	B	9.0%	29.7%	17.6%	39.2%	31.9%	31.2%
	C	1.0%	2.0%	0.9%	2.3%	3.8%	2.1%
22	A	84.1%	47.5%	50.6%	37.9%	54.0%	50.9%
	B	12.9%	43.6%	44.3%	54.7%	43.7%	46.6%
	C	3.0%	8.9%	4.9%	7.0%	3.4%	2.6%
33	A	80.5%	60.6%	70.1%	59.9%	66.4%	68.4%
	B	15.1%	34.3%	28.5%	35.5%	32.3%	29.1%
	C	4.6%	5.0%	1.3%	4.2%	1.3%	2.6%
44	A	80.5%	86.4%	85.2%	81.3%	68.1%	79.9%
	B	12.5%	7.2%	4.9%	10.3%	25.1%	8.9%
	C	7.0%	6.4%	9.9%	7.9%	6.8%	11.1%
55	A	69.3%	30.5%	57.0%	29.4%	41.3%	46.2%
	B	25.7%	55.5%	34.9%	60.7%	53.2%	44.4%
	C	5.0%	14.0%	8.1%	4.7%	5.5%	9.4%
66	A	82.7%	57.2%	67.4%	54.7%	65.1%	59.8%
	B	12.1%	32.2%	26.2%	35.0%	28.9%	30.3%
	C	5.0%	10.6%	6.3%	9.8%	5.1%	9.8%
77	A	65.8%	49.6%	64.3%	53.7%	57.9%	48.3%

续 表

年级		一年级	二年级	三年级	四年级	五年级	六年级
77	B	19.1%	44.1%	29.0%	39.7%	35.3%	41.5%
	C	15.1%	6.4%	6.7%	6.0%	6.8%	10.3%
88	A	67.5%	44.5%	61.0%	52.3%	61.7%	52.6%
	B	14.2%	33.5%	26.7%	31.3%	32.8%	40.6%
	C	18.2%	22.0%	12.2%	15.9%	5.5%	6.8%
99	A	72.3%	33.1%	49.3%	38.3%	48.1%	46.2%
	B	20.3%	52.5%	38.0%	49.5%	46.8%	44.4%
	C	7.0%	13.1%	12.7%	11.7%	5.1%	9.4%
110	A	61.5%	26.7%	37.1%	23.4%	43.4%	35.5%
	B	30.3%	53.0%	47.1%	57.1%	47.2%	50.4%
	C	8.2%	20.3%	17.8%	19.2%	9.4%	14.1%

1. 小学生数学学习动力现状分析

学习动力取决于学习的动机，学习的动机取决于学习的需要，因此，要解决学习动力的问题，首先需要解决学生对学习的内在需要，只有当学习成为学生的内在需要时，学生才能成为学习的主体，才能积极主动地学习。关于学习动力设计了两道题：①你喜欢数学的程度。有3个选项：A.喜欢 B.一般 C.不喜欢。数据分析发现，学生喜欢数学的程度，随着年级升高逐渐降低，其中，一年级学生喜欢数学的占90.0%，是所有年级中最高的。②你认为自己能积极主动地学习数学知识吗？有3个选项：A.能 B.一般 C.不能。从数据可以看出，低年级中觉得学习是很快乐的学生明显多于中高年级，并从低段到高段呈逐渐减少的趋势。我们分析，这很可能是由于低年级学生对学习感到新奇，且学习负担较轻，学习的兴趣和热情要高于高年级的学生。因此，在教学中教师要用心、耐心、细心地呵护学生的好奇心，并优化教学结构确实减轻学生的学业负担，激发和培养学生的学习兴趣。

2. 小学生数学学习能力现状分析

小学生数学学习能力包括自学能力、动手操作能力和知识运用能力等。自学能力是指在没有教师或他人的帮助下学生能够进行自我学习的能力。动手操作能力是指通过小组合作研究、交流讨论去学习新知的能力。知识运用能力是指运用已掌握的概念、原理和方法，去解决实际问题的能力。依据上述分析，我们围绕三个方面设计了题目，每个题目有3个选项：A.能 B.一般 C.不能。

调查显示，在自学能力方面，表面看低年级学生的自主学习能力强一些，但通过对学生的访谈，发现低年级学生的预习大部分是在教师的要求和家长的督促与指导下进行的。这一结果启示我们在教学工作中要多与家长沟通联系，争取家庭教育的配合，逐步培养学生的自主学习能力。虽然高年级学生的自学能力在数据上相对低一些，但他们自己主动进行自学，已经形成了良好的学习习惯，但部分学生还需加强这方面的能力。在动手操作能力方面，6个年级基本差不多，同学们都喜欢通过小组合作、动手操作来解决问题。在运用能力方面，一半以上的学生表示能够把所学的知识运用到解决实际问题中，少数学生认识到自己的解题思路不够清晰，拿到题目直接动笔去做，对于做错的题目认为错了就错了，不会去想一想为什么错了？错在哪里？缺乏一定的反思力。

3. 小学生数学学习毅力现状分析

学习的毅力主要是指行为强度和持久性。学习的毅力虽然与学习的动力、学习的能力有着很大的关系，但是与人的个性特征、行为习惯有着更加密切的联系，我们主要从学习的自觉性来调查，设计了"你平时是否有计划地预习和复习"一题，选项有3个：A.是　B.一般　C.没有。

调查显示，这一项呈现出低年级学生预习自觉性高于中高年级学生的特点，这可能是因为低年级学生学习负担轻，学习的兴趣和热情要高于高年级的学生，也可能是因为低年级学生预习要求低，容易做到。问卷调查还发现，女生在自觉性和自制力方面明显高于男生。

4. 小学生数学创造力现状分析

学习的创造力主要是指学习的改造、运用与创新。学习需要举一反三，灵活运用，甚至根据已学知识，结合自己的经验与想象，进行新的创造。这才是学习力的最有价值的内容，是学习力的最高境界。这方面主要设计了两道题目来研究：①对于有些题目，你能一题多解吗？②在课堂上，你能想出跟老师不一样的解题方法吗？有3个选项：A.能　B.偶尔能　C.不能。

数据反映：低年级的学生表示在遇到新问题时，会自己想办法解决，中年级的学生，在这一能力上稍显不足，可能是因为数学知识变得越来越难，高年级的学生相比中年级又稍微好点，可能是因为高年级的学生经过长时间的训练，思维能力达到了一定的水平。从男女生来看的话，整体来说，男生的思维创造力比女生稍好些。

四、建议与对策

分析小学生数学学习力现状，目的在于培养学生良好的数学核心素养。我

15

们从问卷调查中发现了一些问题：很大一部分的学生存在学习动力缺乏、学习毅力不够坚定、学习能力薄弱、学习创造力欠缺的情况。针对这些情况，我们课题组认为可以尝试从以下几个方面来改变。

1. 加强提升学习力的研究

教学质量的好坏是衡量学校办学水平高低的试金石，教学质量的好坏又和学生的学习力强弱息息相关。要想提高教学质量，应重视学生学习力的培养，这才是抓住了根本。如何提升学生的学习力是一项重要的课题，学校应成立专题小组，拟订研究计划，构想管理策略，实时监控与反馈。教师应结合学科特点和学生特点，找准切入点实施培养计划。

2. 营造快乐学习的氛围

对小学生而言，良好的学习情绪、学习态度、学习习惯比考试分数更重要，心理品质比学习成绩更重要。当然，有了良好的学习情绪、学习态度、学习习惯就会有满意的考试成绩。所以，作为学校，作为教师，让学生在轻松愉悦的氛围中学习，会收到事半功倍的效果。小学生学习的动力源是学习带给他们的成功与快乐的享受，因此，教师可以把竞争机制引入课堂教学，关注学生的进步，哪怕是点滴的进步也要适时适度地给予赞扬鼓励，这就是学习的快乐源、动力源。所以教师要有一双善于发现学生美的眼睛，去激活学生学习的热情，变"要我学"为"我要学"，变学习的兴趣为学习的需求。

3. 加强学习方法的指导

没有哪个学生没有学好的愿望，可往往是不知道怎么学。常言道："授之以鱼不如授之以渔。"它精练地说明了传授方法的重要意义。班级授课的方式在学生一生中大约只占2%，伴随学生更多的学习方式是自学。教师只有在教学中加强学习方法的指导，教给学生一些学习的策略，学生才会独立解决学习中的问题。学习方法的指导是提升学生学习能力的有效途径也是必由之路。

4. 重新找准教师的定位

随着学生年龄的增长，教师要逐步由辅助学习到尽可能放手让学生自学；根据学生水平差异，确定辅助与放手对象；根据教学内容的难易程度，把握辅助与放手的分寸。习惯方成自然，教师只有适时创造机会鼓励学生勇敢战胜困难，持之以恒，学生学习毅力才会得以形成。

5. 拓宽学生学习的领域

在学生幼小的心灵中树立大课堂意识，让学生明白广泛意义上的学习活动不只发生在学校课堂，在书店、图书馆、街道、家庭等场合也可以学习，学习资源无处不在，学习方式灵活多样，从而激发学生学习的主动性和创造力。

总之，教学的目的在于不教而教，在于令学生为学而乐、学有所获、学有所成，提升学生的学习力势在必行。

2021年7月，笔者所在的医药高新区与原高港区实行"两高"融合，小学由原先的7所变为19所。为聚焦数学思维发展，进一步探索提升小学生数学学习力的策略与路径，笔者带领团队展开了"指向数学思维发展的小学生数学学习力提升的实践研究"。为获取真实的数据和有价值的资料，了解当下新区域小学生数学思维发展和学习力现状，课题组研制了师生调查问卷并进行了发布、统计和分析。

指向数学思维发展的小学生数学学习力提升的实践研究问卷调查报告

一、调查目的

2021年9月，我们成立了"指向数学思维发展的小学生数学学习力提升的实践研究"课题研究小组。为充分了解区域学校教学研究与学生思维发展和学习力的现状，找准基点，从而顺利开展指向数学思维发展的小学生数学学习力提升的实践研究，特进行本次问卷调查。课题组希望通过问卷调查，获取翔实的数据和有价值的资料，了解当下区域小学生数学思维发展和学习力现状，获取研究灵感和启发，能以科学的精神和专业的态度开展研究工作。

二、调查工具

为了获得更全面的调研数据，本次调查以网络问卷调查为主，制作了学生数学思维发展与数学学习力现状调查问卷（教师卷）和小学生数学学习力和数学思维能力调查问卷（学生版）。通过某云平台进行调查问卷的制作、发布和数据分析。参与问卷的调查人员可通过手机链接或扫码直接作答。回收的问卷经过审查核实后，采用Excel软件和数据统计技术进行有效分析。

三、数据采集概况

根据课题研究的需要，结合调查内容的具体特征，本次网络问卷调查通过QQ、微信等平台邀请全区19所小学数学教师及学生参与，获取的数据信度具有较强的普遍性，对课题组工作具有启发和借鉴意义。截至5月5日，共收回185份教师问卷、3135份学生问卷，问卷IP地址不同，答卷均有效。

（一）教师问卷调查结果及分析

本次问卷调查对象涵盖了全区各个年龄层次的小学数学教师，其中37.84%为工作20年以上经验丰富的老教师，27.57%为中青骨干教师，34.59%为富有理论、充满活力的新教师。在参与问卷调查的教师队伍中，12.43%的教师任教的学校位于城市，35.68%的教师在城镇，51.89%的教师在农村，其中34.59%的教师任教第一学段，31.89%的教师任教第二学段，33.51%的教师任教第三学段。

1. 对学习力和思维能力认识的分析

（1）你是否了解学习力的概念？

网络问卷调查发现，185名教师中，46.49%的教师表示非常了解学习力的概念，53.51%的教师表示有点了解，说明教师还需要加强学习力有关内容的学习（见图1-2-1）。

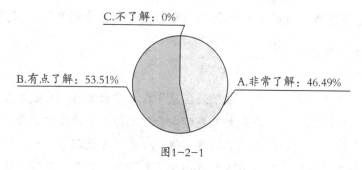

图1-2-1

（2）你教学时是否关注学生学习力提升？

从调查的结果看，71.89%的教师非常关注学生学习力的提升，但是28.11%的教师只是偶尔关注，大部分教师在平时教学中关注到了学生学习力的提升，而有一部分教师可能忽略了关注学生学习力的提升（见图1-2-2）。学习力是客观存在的，是有大小、强弱之分的。学习力强的人不仅能够较快地吸收和运用所学知识，而且学习欲望非常强烈，学习意志力很强，学习能力突出，学习效率很高。因此，我们在教学中应该注重提升课堂教学品质，进而提升学生学习力。

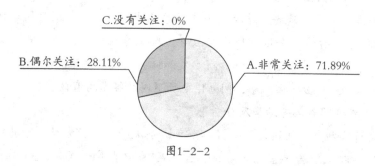

图1-2-2

（3）你在平时教学中是否关注学生数学思维能力的培养？

从调查的结果看，80%的教师每节课都关注学生思维能力的培养，20%的教师偶尔关注，绝大部分教师有意识每节课都关注学生思维能力的培养，小部分教师没有关注这部分内容（见图1-2-3）。学生数学思维能力的培养是教学的一项基本任务，也是一项重要的任务。数学教学本来就是一门思维活动的教学，所以要在小学数学的教学中提高教学的质量，提高学生的数学综合能力，就要运用各种有效的手段激起学生数学思维的火花，让学生在思维的海洋中畅快地遨游，从而收获知识，全面成长。

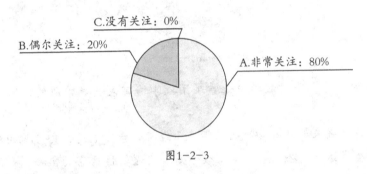

图1-2-3

2. 对促进学生学习力提升和思维能力发展方式的分析

（1）你是否了解母题研究的概念？

从调查结果看，绝大多数教师对母题的概念不是很清楚（见图1-2-4）。而掌握母题是一种快速、扎实地掌握学科知识点的方法，母题运用得好，可以起到以一当十的作用。

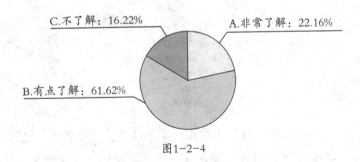

图1-2-4

（2）你在平时教学中是否关注学生借助思维导图进行学习？

从统计结果来看，有小部分教师有借助思维导图学习的意识，但是大部分教师意识不强（见图1-2-5）。思维导图具有激发思维、记忆暂存、发散思维和集中思维的好处，还可以帮助我们厘清事物关系，并且在使用思维导图时，大脑并不是一次性思考很多问题，而是一层一层地进行分析。图文结合相比传统的教学方式往往能够更好地引起学生的学习兴趣，而思维导图利用图文层级关系可将知识点进行组织、归纳、总结等。因此，在教学过程中，每个单元结束都可以让学生用思维导图去整理单元知识点，将知识点串联，并且形成一定的体系。

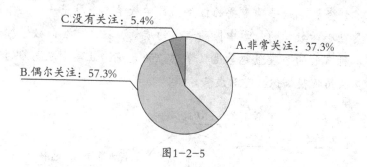

图1-2-5

（3）你是否在平时教学中让学生用数学语言表达数学课的内容、方法、思路？

从统计结果来看，86.49%的教师表示经常让学生表达，13.51%的教师表示偶尔让学生表达（见图1-2-6）。数学是一门逻辑性严密的学科，而语言是思维的工具，人们常常借助语言思考和分析问题，表达思维。训练学生表达是培养思维能力的重要途径，因此，教师在数学课堂中可以运用多种方式培养学生用数学语言表达数学课的内容、方法、思路。

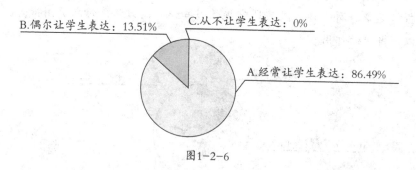

图1-2-6

3. 对"指向数学思维发展的小学生数学学习力提升的实践研究"的感悟

（1）如果在你们学校实施"指向数学思维发展的小学生数学学习力提升的实践研究"，你是否参加？

从图1-2-7中可以看出，大部分教师表示愿意积极参加，小部分教师表示顺其自然，极少部分的教师表示不想参加。教师对于课题并不陌生，但是在经验或理解上有欠缺。课题研究是教师专业成长和解决问题的需要，所以我们必须认真、积极、努力去做。

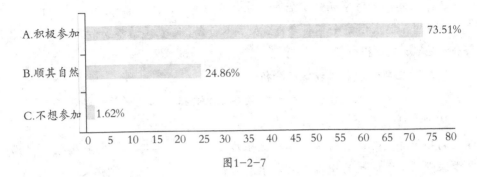

图1-2-7

（2）你认为数学小讲师、思维导图、母题研究对提升学生哪些方面的思维能力有帮助？（多选题）

从图1-2-8中可以看出，91.89%的教师认为数学小讲师、思维导图、母题研究对提升学生的分析和综合能力有帮助，其次是观察和比较能力（86.49%）、抽象和概括的能力（84.32%）、建模和创新能力（70.81%）、归纳和演绎能力（66.49%）、结构和逻辑能力（65.41%）、猜想和实验能力（63.78%）、其他能力（9.73%）。所以数学小讲师、思维导图、母题研究这些方式对提升学生各方面能力都有很大帮助，我们在接下来的教学中可以进行实践，帮助学生提升学习力和思维能力。

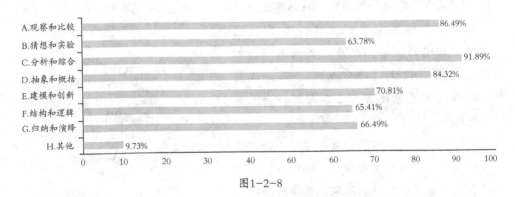

图1-2-8

我们需要立足课堂教育教学，关注学生数学思维发展，通过学进去讲出来（以下简称"学讲"）、结构化学习、思维导图、母题研究等具体数学教与学活动，对学生数学学习力的提升开展实践研究，总结、提炼出学生数学学习力提升的方法与策略，形成指向数学思维发展的小学数学学习力提升的评价标准。

（二）学生问卷调查结果及分析

本次问卷调查对象涵盖了全区19所小学的学生，共计3135份。

问卷中：A表示完全不符合，B表示不符合，C表示基本符合，D表示比较符合，E表示完全符合。

1. 对学生数学学习力现状的分析

（1）我很期待上数学课，并且在数学课上会很有兴致地听老师讲课。

从调查结果来看，大部分学生对数学课充满期待并能够认真听讲，证明现在的数学课堂注重以学生为中心，激发学生的学习热情，得到了越来越多学生的认可，但依旧有少部分学生对数学课不是很感兴趣（见图1-2-9）。"我因为喜欢数学，所以愿意去学它，在学习过程中遇到任何艰难险阻也愿意去克服；克服困难所得来的成功体验又增强了我学习的兴趣和信

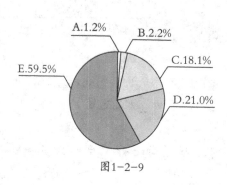

图1-2-9

心，所以我更喜欢学数学了。"一个很简单的正循环摆在我们面前，所以说，学好数学，调动学生的兴趣是关键。让学生期待上数学课，是学生学好数学的开始。

（2）当同学遇到困难时，我愿意主动帮助他，当他的小老师。

从调查结果来看，大部分学生愿意帮助有困难的同学，愿意给其他同学讲解题目，只有极少数的学生不愿意，这极少数人当中可能还有自己本身就不会做的（见图1-2-10）。

有个学生说："我的数学学习成绩是讲题讲出来的。因为我有耐心、脾气好，所以很多同学都会向我讨教问题，在讲解的过程中，我逐渐发现，自己的知识巩固了，思维

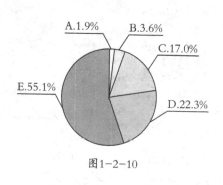

图1-2-10

能力提高了。"另外，与水平相近或比自己水平稍高的同学争论自己掌握的或未掌握的知识也是非常重要的，往往会达到事半功倍的效果，甚至通过争论使学到的知识理解得更深刻，终生难忘。

（3）课上不太敢回答问题，怕表达不清楚，但其他同学的正确答案表达后

觉得和自己心里想的一模一样。

从调查结果来看，大部分学生不太敢积极主动回答问题，他们虽然已经知道了答案，但是害怕自己表达不清楚（见图1-2-11）。教师在课堂上要鼓励学生多说，从用自己的语言表达到模仿说得好的人表达再到用数学语言去表达。

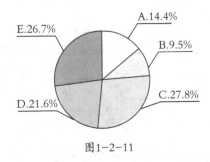

图1-2-11

（4）对于老师提出的问题，我心里知道答案，但不想表达出来，会写出答案就行，怕自己表达时因为紧张说错了。

从调查结果看，很多学生即使心里有了答案也不想表达出来，更愿意写出答案，因为怕回答错误，或者因为紧张说错（见图1-2-12）。学习过程是一个对知识理解的过程，是一个从不懂到懂，从不会到会的过程。在这个过程中，学生难免会出现这样或那样的错误。学生在数学学习中出现的"错误"是美丽的，是他们最朴实的思想，最真实的暴露。对于学生出现的"错误"，教师一定要正视，并辅之以策略处理，充分利用，让"错误"变"废"为宝。

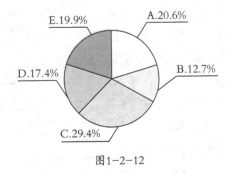

图1-2-12

（5）在日常生活中，我习惯把生活实际与数学知识联系起来。

从调查结果看，大部分学生在日常生活中，可以把生活实际与数学知识联系起来，但是有一小部分人可能没有明显感觉到数学与生活的联系（见图1-2-13）。数学知识来源于生活，并运用于生活。我们在日常生活中要善于捕捉，使学生能从生活经验和已有的知识背景出发，主动探索数学规律。在教学活动中，教师可以创设各种丰富的生活情境，帮助学生在生活实践中运用所学的数学知识解决生活中所遇到的问题。在小学数学教学过程中，我们应该把培养学生实践意识、创设实践情境、感知数学知识与现实生活的密切联系贯穿数学教学的始终。

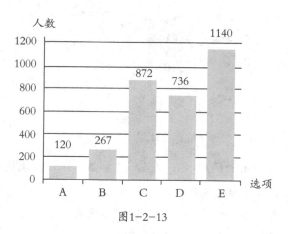

图1-2-13

（6）我认为学习数学有助于提高自己的数学素养，如空间想象能力、语言表达能力、逻辑推理能力等。

从调查结果看，绝大多数学生认为学习数学有助于提高自己的数学素养和自己的各方面能力（见图1-2-14）。学习数学的价值在于它能有效地解决现实世界向我们提出的各种问题。学生数学素养的形成是一个长期的、不断体验的、慢慢积淀的过程。我们教师在教学设计时，应更多地关注如何挖掘数学知识本身的内涵，设计富有逻辑性的数学活动引领学生层层深入；在课堂教学中，应给学生提供足够的思维时间和空间，让学生自主建构数学知识或解决数学问题；在这个过程中，形成问题意识，学会数学思维，领悟数学精神，体验数学价值，将数学素养的形成真正落实到课堂教学中并有效地融入学生的学习过程中，持之以

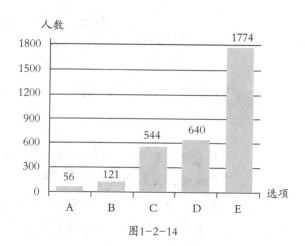

图1-2-14

恒，学生的数学素养才能真正得到培养和提升。

（7）我能及时订正数学作业中的错题，并整理到错题本上。

从表1-2-2中可以看出，41.5%的学生有整理错题的好习惯，46.9%的学生可能没有坚持整理错题集，只是单纯停留在订正错题上，而11.6%的学生没有整理错题的习惯。错题订正在作业本、练习册或试卷上，比较分散，对于想要巩固的孩子，由于难以查找，不便整理，如果换了作业本，更是无从检查，等到时间长了，记忆就淡了，复习的时候没有了依据，只好全面撒网，导致复习没有针对性，效率大大降低。因此，在教学中指导学生有意识地收集错题集，对减轻学生负担，提高教学质量是十分必要的。我们应致力于学生的错题收集、分类及错因分析，并探寻相应的实施策略运用于平时的教学中，从而使学生的学习过程达到"减负增效"。

表1-2-2

我能及时订正数学作业中的错题，并整理到错题本上	人数	百分比/%
完全不符合	133	4.2
不符合	231	7.4
基本符合	783	25.0
比较符合	686	21.9
完全符合	1302	41.5

（8）我会根据错题举一反三，做一些同类型的题目进行巩固练习。

从表1-2-3中可以看出，大约50%的学生会根据错题举一反三，做一些同类型的题目进行巩固练习，29.1%的学生偶尔会举一反三，没有养成举一反三的习惯，而17%的学生只停留在完成订正错题上。举一反三其实就是在培养学生的变式思维，让学生敢于创新、习惯创新。教师可以在讲课过程中故意出错，让学生来思考、纠正，这样上课时学生就不会处于被动接受的状态，而始终处于主动思考的状态：老师讲得对不对？还有没有其他方法？此外，教师还可以采用以下方法：一节课只讲一道题，一题多解，方法越来越好；一道题今天讲，明天再讲，常讲常新。这样既可以让学生充分感受到数学的乐趣，又可以培养学生变式思维的意识和能力，这种意识和能力对学生将来的人生发展都大有裨益。

表1-2-3

我会根据错题举一反三，做一些同类型的题目进行巩固练习	人数	百分比（%）
完全不符合	154	4.9
不符合	378	12.1
基本符合	911	29.1
比较符合	686	23.2
完全符合	966	30.8

2. 对"学生思维能力现状"的分析

（1）我能根据数学问题，画出图形来辅助解决问题。

（2）在做"解决问题"的题目时，我总是有明确的思路，很容易厘清各数量之间的关系。

从图1-2-15、图1-2-16中可以看出，大多数学生可以用画图的策略来解决问题，在做"解决问题"的题目时，很容易厘清各数量之间的关系，有小部分学生可能是找不到合适的方法或者是需要花费较长时间去思考，还有极少数学生解决问题时没有思路，思维跟不上。在解决一些实际问题时，有些数量关系比较隐蔽或比较复杂，用直观的图形把变化表示出来，能直观地显示题意，再借助所画的示意图，就便于发现数量之间的关系，确定解决问题的正确思路，给我们的学习带来很大的好处。

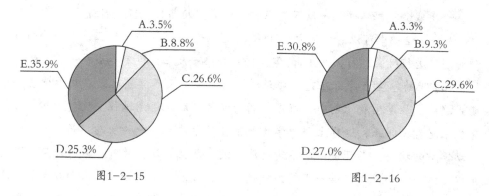

图1-2-15   图1-2-16

（3）每个单元结束，我会总结，并能用思维导图整理。

从图1-2-17中可以看出，只有一小半学生在每个单元结束后会进行总结，并能用思维导图进行整理，很多学生还是没有这方面的意识，也可能是老师偶尔布置了才会整理。

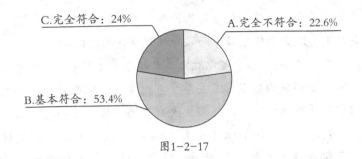

图1-2-17

思维导图拥有丰富的色彩和图像，这些色彩和图像会更容易让学生记住。因此，当学生的大脑习惯这种记忆模式后，学生的记忆力会大大提升。小学生学思维导图，可以进一步打开思维。思维导图具有发散性，可以让孩子更好地进行联想，从而进一步拓宽孩子的思维。教师可以利用思维导图帮助学生归纳分类，更加清晰、高效地掌握知识点。

（4）对同一个问题，我会采用多种解法，对它们进行比较，并选择最简单的解法。

（5）在解题后，我会思考自己的解题方法是否正确，有没有更好的方法。

从图1-2-18、图1-2-19中可以看出，大约50%的学生会反思自己的解题方法并可以采用多种方法解题，小部分学生还只是停留在解题上，想到一种就停止了，也没有养成检验的好习惯。在数学教学中，积极、适宜地进行一题多解的探究，不仅能开阔学生解题思路，提高学生数学运算、分析、概括的能力，还能巩固学生已有的知识；不仅能培养学生思维的灵活性和发散性，激发学生学习数学的兴趣，还能发展学生智力；不仅能使学生领悟数学思想和数学方法，灵活高效地解决数学问题，还能培养学生积极的情感态度与价值观。检验是培养学生思维能力的有效途径，可以促进学生数学思维能力的形成，所以教师要培养学生"回头看"的好习惯。

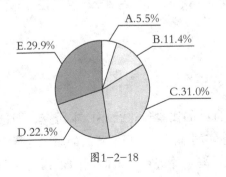

图1-2-18

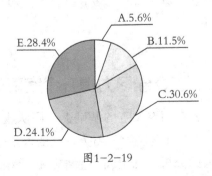

图1-2-19

（6）平时家长会给我买一些练习卷，并要求我在家有空时完成。

（7）我特别喜欢做数学题目，而且题目越难我越喜欢做。

从图1-2-20、图1-2-21中可以看出，大部分学生家里会有家长买的数学学习资料，在家会做相应的练习，有些学生可能是迫于家长的压力去完成，喜欢挑战难题的学生并不是很多，证明学生没有爱思考的习惯和迎难而上的品质。思考难题会让我们对学过的知识有更深的理解。思考会让人变得更聪明（脑回路增加），思考会提升人的分析能力，思考会让人变得更加理性、理智，等等，这些都会让我们受益一生。而感性地说，思考出来一道难题带给我们的自信和成就感，足以让我们乐呵半天，也会让我们慢慢爱上数学。

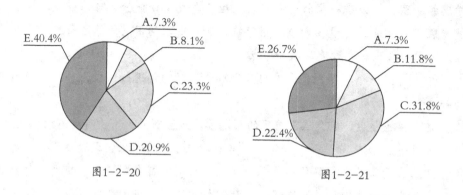

图1-2-20　　　　　　　　　　　图1-2-21

通过本次问卷调查分析，不难看出大部分教师愿意运用课堂实践来提升学生的思维与学习力，但是需要有一定的方法；有些学生不喜欢数学或者不爱做数学题，可能就是因为学习力和思维跟不上。一方面，本次调查对于一线教师来说，能帮助他们关注课堂教学中数学思维培养的问题，基于问题来优化教学方式，提升自己的专业水平，提高课堂教学效果；另一方面，通过对学生数学思维发展的实践和研究，在后续实践中形成一定的方法与策略，能有效提高学生的数学思维能力，提升学生的数学学习力，让学生在数学学习中获得持续发展。

二、学习力提升个案研究

在问卷调查的基础上，团队成员在自己的实验班进行小样本研究，即选定特定个体，对学习力存在的现象进行翔实的描述，对现象背后的原因进行深入的分析，确定问题症结，提出相应的对策，并进行一段时间的干预指导和跟踪观察。

（一）动力篇

案例1

学生姓名：YYQ，性别：女，年龄：11岁。

【基本情况】

YYQ是个性格比较内向的女孩，胆子比较小，我们跟她说话的声音稍微大点，就能感觉到她在发抖。她的学习态度还是比较端正的，无奈基础太差，特别是关于计算，她真的是毫无兴趣。上课基本不举手发言，成绩不太理想。据了解，孩子的父母是开网店的，平时比较忙，只是抽空辅导孩子，脾气都比较急躁，孩子也是吓得发抖。

【症状描述】

一段时间的观察发现，该生身上存在着如下缺点：

1. 性格内向，胆子比较小。

2. 上课基本不举手发言，基础比较差，对学习没有兴趣。

3. 对学习没有自信，总怕自己做错了会挨骂。

【教师问诊】

对该生的观察了解到，她的问题来源于老师的忽视和家长简单粗暴的教育方式。该生胆子小，在班级从来不主动讲话，不会和同学打闹，老师对她的关注度不高，基本不会去表扬她，造成她学习上不够主动积极。父母平时很少与孩子交流，看到孩子的成绩不理想，就用简单粗暴的方式教育，甚至打骂，使孩子更加对学习失去信心。

【药方】

1. 表扬鼓励法

及时发现孩子身上的闪光点并进行表扬，鼓励她课上大胆发言，增强自信，同时激发她的学习兴趣。

2. 个别辅导法

利用课余时间对孩子的功课进行辅导，让她感受到学习的价值，体验成功的乐趣。给她安排一个乐于助人的优秀学生作为帮扶小老师。

3. 家校联系法

与家长电话沟通交流，适当指导家长教育孩子的方法，向家长汇报孩子在校的学习生活情况，告知孩子的点滴进步，争取家长的积极配合。利用家校联系单，对孩子进行跟踪性评价。请家长到校看看孩子的学习状态，感受孩子的进步，希望家长平时多关注孩子，以表扬鼓励为主，提升孩子的数学学习动力。

【重要干预记录】

2018年9月某天放学后与孩子沟通："不要害怕，老师和家长都是非常爱你的，你要相信自己是最棒的，同学们都很喜欢你。"同时提醒她上课要专心听讲，积极举手发言，作业要认真按时完成，这样成绩就会有很大的进步。

2018年10月某天班会课，针对该生近段时间的表现，在全班同学面前提出表扬。同时鼓励她继续努力，做到不懂就问，只要坚持下去，一定会有更大的进步。

2019年1月，多次与家长联系，指导家长如何对孩子进行教育，肯定孩子的进步，互相交流孩子各方面的情况，制定合适的方法，激发孩子学习的兴趣。

【疗效】

孩子的胆子变大了，能够主动大声地与同学交流。学习兴趣提高了，作业能够按时完成，上课也能积极举手发言。学习习惯改善了，回到家能主动做作业，而且书写很工整。在最近几次的小练习中，她的测试成绩也有所提升。孩子的父母与孩子能够经常交流，孩子脸上的笑容灿烂了许多。

案例2

学生姓名：SHW，性别：男，年龄：12岁。

【基本情况】

SHW同学性格外向，头脑灵活，课堂上积极举手发言。但学习态度不太端正，作业的书写不太认真，时不时就有偷工减料的现象发生，质量也不是太高，学习成绩一直在中等偏上或偏下间徘徊。据了解，该生家长平时忙于工作，对孩子的学习关注不太多，孩子在学习上不太自觉，需要家长和老师经常操心。

【症状描述】

一段时间的观察发现，该生身上存在着以下一些问题：

1. 做作业时只能看到题目表面的简单条件，不能认真审题发现深层次的、隐含的条件，因此只能解决简单的问题。

2. 遇到稍微难一些的问题，就不想认真思考，想求助老师和家长，或知难而退干脆放弃。

3. 有的问题可以通过多种方法解决，但是该生只满足于一种方法，对"一题多解"不关心。

【教师问诊】

对该生的观察了解到，该生具备一定的思维能力，上课时思维很活跃，很积极，只是做作业时态度不端正，不认真读题，不认真思考，存在思维惰性，作业只求做完，不求做好。

【药方】

1. 单独找该生谈话，表扬他上课积极举手发言，勉励他认真完成作业，认真审题，认真思考。

2. 针对某些数学问题对该生进行个别指导，让他能够利用两种以上的方法去解决某些问题，并对几种方法进行比较、优化。

3. 当作业质量有改观时，给予适时的表扬，并鼓励他持之以恒，提高对自己的要求。

4. 让他做学困生的小老师，来激励他更加严格要求自己。

【重要干预记录】

2019年9月某天课间，针对他作业书写不认真、质量差提出批评，并肯定他的学习能力，鼓励他只要端正态度，成绩就能明显提升。

2019年11月某节课，针对这段时间该生作业中的表现提出了表扬，鼓励他继续坚持下去，认真读题审题、认真思考解答。将该生作业中的一题多解进行展示，引导全班同学读懂他不同的解题思路，并让全班学生鼓掌表扬该生。

2019年12月某天放学后与该生谈心，鼓励他参加学校举行的数学解题大赛，勉励他认真思考，细心计算，巧妙答题，争取在比赛中获得"解题小能手"的光荣称号。

【疗效】

学习行为：该生在课堂上一如既往积极举手发言，作业的书写认真了，质量也提高了，在解答问题时有时也能用不同的方法进行解答。

测试结果：他的几次测试成绩都在班上名列前茅，且比较稳定。

学习情感：看得出他对数学有了兴趣，增强了学好数学的信心。

（二）毅力篇

案例1：

学生姓名：LWY，性别：男，年龄：12岁。

【基本情况】

智力不错。二胎。父母关注不够。每次给他批改作业、试卷时都会发现或多或少的错题，但是一旦给他指出，他就能马上改对了。后来让他自己先检查，但效果还是不好。总结错题类型无非就是计算和理解上的错误，他自己也很郁闷，说感觉自己已经很仔细了，可结果还是有错。功课会越来越难，如果不及时帮他找出原因和调整状态，将会对他以后的学习带来很大的阻碍。

【症状描述】

一段时间的观察发现，该生身上存在着如下缺点：

1. 数学学习的自信心强，但缺乏坚持性，易受挫。

2. 自觉性不足，没有养成良好的学习习惯。

3. 数学学习的注意力容易分散。

【教师问诊】

数学学习是数学知识不断构建的过程，是艰苦的脑力劳动，作为学习者，必须有充分的心理准备。只有对未来学习上的困难有充分的认识，并且有足够的精神准备，才能遇险不惊，遇烦不退。把解决数学难题当作乐趣，从克服困难中找到成功的喜悦，这样学习数学就会越学越有意思，和其他学科相比，学好数学更需要恒心持久、意志坚强。

【药方】

1. 题目多读，启动宜慢，逐渐加速。

2. 每周制订计划，给定目标，达到目标表扬激励。

3. 学会控制自己，适时调整，稳定情绪，排除外界的干扰。

4. 坚持每天做20道计算题，坚持下去，磨炼意志。

【重要干预记录】

2018年9月某天，与该生谈话："你最近在课堂上表现得自信了，这非常重要。"询问接下来的学习目标，指导该生调整制定得不合理或给自己造成过大压力或动力不足的目标。

2018年11月某天，对该生采用了表扬干预：让该生每天坚持做计算，并对他的计算正确率和速度提升进行表扬。坚持、有毅力是该生身上的美好品质。

2019年1月某天放学后，鼓励该生参加数学周"巧算24"。该生在比赛中获得一等奖，期末测试成绩近满分。

【疗效】

学习行为：课堂上总能积极举手发言，恒心持久、意志坚强。

测试结果：可以仔细审题，测试少丢分，且稳定。

学习情感：生活和学习上变得自信，乐于学数学。

案例2:

学生姓名:THC,性别:男,年龄:11岁。

【基本情况】

THC同学有积极向上的愿望,也有未来的理想和目标设计,可他常常管不住自己,课堂上容易走神,作业也经常拖拉,无法按时完成,自己也很苦恼:时间总是不够用,浪费了太多的时间。没有完成的作业越来越多,学习积极性也逐渐下降。自己感兴趣的事情也无法坚持下去,经常"三天打鱼,两天晒网"。

【症状描述】

一定时期的观察发现,该生身上存在着一些容易被老师忽略的缺点:

1. 学习缺乏自觉性,对于老师布置的作业完成了事,多一点也不想做,没有毅力克服学习上的困难,根基打得不牢,使学习成绩处于下游。

2. 学习缺乏主动性。能完成作业,但不刻苦,缺乏毅力,没有钻研精神。

3. 没有养成良好的行为习惯,有依赖和惰性心理,聪明但不爱多动脑。

【教师问诊】

对该生的观察了解到,他的问题来源于家庭环境的影响和学校教育的影响两个方面:

1. 在家里,由于是父母晚来得子,该生从小娇生惯养,被捧为掌上明珠,凡事随心所欲,被家庭主要成员所溺爱,过于放纵,过着衣来伸手、饭来张口的生活,缺乏自理自立能力,养成了依赖别人和惰性心理。

2. 缺乏认真、刻苦的学习精神,对较难的问题不愿意动脑筋,又不肯问别人,不懂装懂,长此以往,知识掌握不牢,于是产生了自卑心理,认为自己也就这样了,甘拜下风,自暴自弃,致使成绩下降。

【药方】

1. 家校互通,与父母电话联系,沟通该生在校情况和在家的情况,制定小目标。

2. 采用鼓励机制,制定得星积分榜,对于作业中有进步的地方,给予星星奖励,培养他的毅力,以及增强他的自信心。

3. 积极鼓励他参加各种活动,包括劳动教育,锻炼其不怕吃苦的精神。

【重要干预记录】

2018年9月,多次与THC父母电话联系,对该生在校的课堂情况和作业情况进行交流,并了解其在家的情况,制定干预措施如下:针对作业拖拉的情况，建议其父母实时监督；针对作业完成质量不高和有难题无法解决的情况，与其父母建立QQ联系协议，每天将作业拍照发到我QQ，每天进行打卡。

2018年10月某天课间，针对近段时间以来该生课堂中的表现提出了表扬，要求她能继续坚持下去，制订每课答题计划，每节数学课至少回答一次问题，并给予鼓励。作业中有进步的地方，制定得星积分榜，只要有进步就加星，让他体验日积月累坚持不懈地努力后获得成功的喜悦，从而培养他的毅力，以及增强他的自信心。

2019年1月，积极鼓励他参加各种活动，锻炼其不怕吃苦的精神。例如，在数学周举办的"跳蚤市场"活动中，勇于担任秩序管理员的身份，维持活动的顺利开展，并获得"市场小达人"的称号。

【疗效】

经过近半年的了解及教育，THC同学有了一定的进步。人的性格不是一朝一夕就能改变的，它具有稳定的特点，要彻底改变要经过长时间的努力。现在，THC对老师尊重，学习目的明确，能坚持上满上好各门课程，成绩逐步提高。他对生活也满怀信心，情绪较稳定，冲动事件逐渐减少，对劳动有了初步认识，值日主动、热心肯干，犯了错误能认识到错误在哪儿。任性、固执得以缓解，办事能有目的性，逆反心理在减弱，他现在仍缺乏刻苦学习的精神，对较难的问题易放弃，缺乏坚强的毅力，抗挫折能力较弱，对于他今后的教育仍是长期的，我希望他会成为坚强、有知识的身心健康的人才。

（三）能力篇——计算能力

案例：

姓名：PZY，性别：男，年龄：10岁。

【基本情况】

PZY学习态度端正，作业工整，行为习惯较好，学习积极主动，学习成绩在班上处于中上水平，每次测试大多是计算出问题，导致测试成绩不能拔尖。

【症状描述】

观察发现，该生身上存在着以下一些问题：

1. 对计算不重视，抱有侥幸心理。对题目只求"会"，不求"解"，甚至认为计算是浪费时间。

2. 经常动口不动手。在教学过程中，老师让学生进行计算训练，他都是眼睛盯住算式，口中念念有词，而后报出自认为"正确"的答案。

【教师问诊】

对该生的观察了解到,该生存在一定的惰性,觉得自己计算能力不差,计算后没有检验的习惯。

【药方】

1. 培养认真计算的习惯。训练学生做题要有耐性,不急躁,认真思考,即使做简单的计算题也要谨慎。计算时要书写工整,格式规范,即使是在草稿纸上计算也要书写清楚,方便检查。

2. 培养及时检验的习惯。检查时要耐心细致,逐一检查。一查数字符号,二查演算过程。养成"一步一回头"的计算习惯,即在计算时做一步回头检查一步。检查数字、符号抄写是否正确、得数是否准确等,并根据各种相应的计算法则耐心细致地计算,克服粗心大意的毛病。

3. 培养巧妙估算的习惯。一是系统计算前进行估算,可估计出得数的范围;二是系统计算后进行估算,可判断出得数是否正确合理。

【重要干预记录】

2018年9月某天,和该生进行了谈话,分析该生计算错误多的原因是书写不够认真,明确计算要求,并让他严格按要求的步骤进行计算,打草稿也要认真书写,合理布局,计算后要养成检验的好习惯。

2018年12月某日课堂上,针对最近几次的课堂、家庭作业的正确率较高的情况,展示该生作业,在全班对该生进行表扬,并要求其继续保持良好的计算习惯。

2019年5月某日,经统计,该生在本学期的计算正确率一直较高,我将该生少数的错例进行整理,鼓励该生参加班上举行的计算能力比赛,该生获得一等奖。

【疗效】

计算习惯有了很大的进步,打草稿也变得工整,作业中的计算正确率很高,速度也比以前快了,计算能力得到了很大的提升。

(四)能力篇——创新能力

案例:

姓名:JQX,性别:女,年龄:12岁。

【基本情况】

JQX同学性格内向,学习态度不太认真,课堂上不怎么爱举手发言,有疑问也不主动请教同学和老师。测试成绩在班上一直处于中等水平,对有难度的题目总是不理解，学习成绩一直未见显著的提升，解题思路也局限书本上的一种。

【症状描述】

一定时期的观察发现，该生身上存在着如下容易被老师忽略的缺点：

1. 对题目的理解欠缺思考，没有理解到位。

2. 解题"优化"能力欠缺。

3. 遇到较复杂的问题，不知道从何下手。

【教师问诊】

对该生的观察了解到，该生因为性格内向，不太敢表达自己的想法，对学习缺乏一定的自信，遇到不会的随意写，也不花太多的心思去思考，完成作业就可以了，甚至会出现题目写不全或不写的坏现象。

【药方】

1. 对该生进行重点关注，如课堂上经常喊她回答问题、板演，鼓励她争做课堂小主人，培养她做小讲师。

2. 针对某些数学问题对该生进行个别指导，让她能够自己学会分析题目，并讲给组员听。

3. 尝试一题多解，小组内比较优化学习方法。

【重要干预记录】

2019年4月某天课堂，复习到平方米、公顷和平方千米之间的进率，该生板演，把长度单位、面积单位整理了一遍讲给同学听，还画图讲解，获得了全班同学的掌声，树立了学好数学的信心。

2019年6月某天放学，对该生采用了阅读干预：要求该生积极参加小数报，每天读15分钟，完成任务会增加班级的积分。定期在班级举行阅读小达人的评选活动，促使她爱上阅读，增强理解能力和分析能力。

【疗效】

学习行为：课堂上能积极举手发言；在学习中遇到不懂的问题能主动问同桌和四人小组组长。

测试结果：几次测试成绩都有所进步，解决问题的方法变多了，思考问题的方式也正确了，且比较稳定。

学习情感：看得出对数学有兴趣了，热爱上了学习数学。

（五）能力篇——表达能力

案例：

学生姓名：JZH，性别：男，年龄：11岁。

【基本情况】

JZH同学头脑灵活，思维活跃，课堂上不爱举手发言。测试成绩在班上一直稳定在中上水平。该生语言表达能力欠缺，不能有条理地将自己的想法表达清楚。另外，该生作业书写不够清楚，作业书写有待进步，学习成绩一直未见显著的提升。据了解，该生家长平时忙于工作，很少过问孩子的学习，孩子的自觉性、自理能力也有待加强。

【症状描述】

一定时期的观察发现，该生身上存在着如下容易被老师忽略的缺点：

1. 能根据给定的条件解决问题，但是遇到需要对条件进一步加工时，往往容易出错。

2. 对问题进行讲解时，往往直接说解法，没有条理性，缺少相应的衔接语言。

3. 课堂上不够主动，不愿意在小组内或班级分享自己的想法。

【问诊】

对该生的观察了解到，该生的思维水平还是挺不错的，理解能力还是可以的，就是表达能力不强，表现为表达没有条理性，自身存在一定的惰性，凡事只求做完，不求做好。

【药方】

1. 针对不同类型的问题，对该生进行个别指导，告诉他讲解时有哪些步骤。

2. 让该生做小组组长，培养他讲解和组织讲解的能力。适时地对该生的一些学习表现进行肯定，让他及时获得成功的体验。

3. 课前提醒他，课上会让他回答问题，给予一定的心理暗示，同时提醒他注意表达的条理性。

4. 适时鼓励法。

【重要干预记录】

2019年9月某天，遇到行程问题，针对该生不能挖掘隐含信息，建议该生多读几次题目，指导其先利用画图的方法，将问题的条件和问题完整地表示出来，在此基础上再去思考解法。

2019年10月某天，对该生进行第二次指导，指导该生在讲解实际问题时，要先充分理解问题的条件和所求的问题，其次通过画图、列表等方法，拓宽思路，之后才是列式解答，最后还要对结果进行检验。这样讲解时，就比较有条理性。

2019年11月某天放学后，与该生商量好，通过每日一题的形式，让他连续进行了三天的讲解，除了第一天讲解得有些不足，第三天的讲解还赢得了同学们的掌声。

【疗效】

讲解方面：课堂上总能积极举手发言，而且在讲解时注意讲解的步骤，整个讲解过程比较有条理，表达能力有所提高。

理解方面：几次在做课外的思考题时，都能通过画图等方法将问题解答出来，对有些问题还能够一题多解，可见该生对问题的理解还是比较充分的。

情感方面：通过讲解，该生获得了成功的体验，对数学学习的热情、兴趣提高了。

（六）能力篇——自学能力

案例：

学生姓名：XZM，性别：男，年龄：12岁。

【基本情况】

XZM同学活泼开朗，学习的方法单一，事先没有针对性的预习，课后被动地完成老师布置的作业，作业能认真完成，但学习不积极主动，处于被动学习的状态，成绩在班上处于中上水平，一直未见显著的提升，该生学习还有一定的上升空间。据了解，该生是留守儿童，学习缺乏指导性，也不主动自学。

【症状描述】

1. 只完成指定作业，不进行及时的复习和预习。

2. 对新事物不感兴趣，缺乏自主探索、质疑批判的学习素养。

3. 学习目标不明确，不具备自学的动力。

【教师问诊】

对该生的观察了解到，该生学习有一定的基础，存在一定的学习惰性，学习没有明确的目标，缺乏动力，凡事只求做完，不求做好。

【药方】

1. 激励策略。和该生谈话，找出他的优点和不足，帮助他制定合适的学习目标和学习计划，鼓励他更上一层楼，让该生产生学习的动力。

2. 个别督促策略。针对不及时复习预习的情况，通过课前完成导学单、上课提问的方式检查其复习、预习效果，督促他自学，并指导他自学的方法，如用各种工具书、泰微课等进行自学。

3.赏识策略。对该生的进步及时给予表扬，帮助他获得成功的体验，从而获得自主学习的乐趣。

【重要干预记录】

2018年10月某天，我与该生谈话分析，该生了解到自身存在的不足是不及时复习和预习，表示自己制定学习目标和计划有困难，我针对该生不会自学的情况进行了方法指导，教会该生用工具书、泰微课等资源尝试自主自学，激励他不要满足于现状，每天提前自主学习。

2018年12月某天班会课，对该生采用了表扬干预：针对上半学期该生积极自主学习的表现进行表扬，该生分享自己自学方法和进步心得，全班同学投票选他做自主学习小组的组长。

【疗效】

学习行为：不但能积极主动学习数学知识，还能善于应用已学的知识进行解题，起到触类旁通、举一反三的作用，而且富有独立性。

测试结果：学习成绩有了显著的提高，已经名列前茅。

学习情感：学习数学的兴趣明显提高。

（七）能力篇——空间想象能力

案例：

学生姓名：MYR，性别：男，年龄：13岁。

【基本情况】

MYR同学学习态度比较认真、端正，作业书写工整，正确率较高，测试成绩基本位于中上水平。但在空间想象力、作业等方面反映出较大问题。据了解，家长偶尔会陪孩子一起学习，孩子的学习比较自觉，基本不需要家长操心。

【症状描述】

一定时期的观察发现，该生身上存在着如下容易被老师忽略的缺点：

1.从实物中抽象出图形，以及在脑中构建图形模型的能力较弱。

2.课堂中，只是在认真听，参与较少。

3.认为只要能把题做出来就行，不愿意去想为什么。

【教师问诊】

对该生的观察了解到，该生的空间想象力较弱。同时发现该生因为性格内向，有疑惑时不敢与老师沟通，长此以往，空间想象力一直得不到锻炼和提高，该生在这方面逐渐产生了无所谓的态度，不愿意去思考。

【药方】

1. 联系生活实际，多观察生活中的几何模型，如家里的水杯、牙膏盒、教室里的粉笔盒、体育课上的篮球等。

2. 自己多动手测量物体，增加实践活动，如剪一剪、拼一拼、量一量、折一折等。

3. 绘制几何图形，从以前的知识开始，从简单的画起，一步步地提高该生的空间想象力。

【重要干预记录】

2019年9月某天课间，与该生探讨生活中的物体：哪些物体和我们数学上学习的几何体有关，有什么关系？哪些物体可以作为数学模型请到课堂上来？

2019年11月课堂上，请该生讲解某一较难的面积计算问题，该生还画了辅助线，全班学生鼓掌表扬该生。针对近段时间该生在空间想象力方面取得的进步提出了表扬，请该生分享心得。

2019年12月某日放学后，鼓励该生参与了学校举办的"数学周"活动，在对空间想象力要求较高的"神奇的小棒"活动中，该生获得二等奖。

【疗效】

学习行为：课堂上总能积极举手发言；在学习中遇到不懂的问题能主动问同学、老师；在遇到空间想象力类问题时显得游刃有余，能够指导其他同学如何去分析图形，解决问题。

测试结果：几次相关测试成绩都在班上名列前茅，且比较稳定。

学习情感：数学学习热情较高；面对空间想象力类问题时，显得非常有自信。

（八）能力篇——推理能力

案例：

学生姓名：WYZ，性别：女，年龄：12岁。

【基本情况】WYZ同学的父亲常年在外面打工，母亲不管不问，该生性格十分内向，课堂上从不举手发言，作业计算题正确率尚可，学习成绩在班上属于中等水平。

【症状描述】该生对死记硬背的内容掌握得比较好，面对应用题需要别人提醒才能找到解决问题的方法。做题只能机械地模仿，不会变通，计算题正确率很高，解决实际问题能力较弱。

【教师问诊】

该生自主性差，仅限于上课听讲、课后完成作业，不注重数学的理解，只是偏重于数学书上的公式、定义、例题，造成题目条件一变化，便无能为力。

【药方】

1. 在随后的课堂上，我当众提问该生，在其回答完问题后，对其进行表扬，增强其自信心，使其获得成功的体验。

2. 让她经历由表象思维到抽象思维转换的过程。在教学中，鼓励她多进行课堂实践操作，让她参与推理的全过程，引导她的思维由直观向抽象转化，使她能够从个别特殊的事物中发现规律，进行归纳。

3. 培养该生举一反三的能力，即能掌握实际问题的本质内容，以及基本的数量关系。

【重要干预记录】

2019年3月某日，在学习列方程解决稍复杂的百分数实际问题时，有一道环形跑道的思考题，该生不理解第一次追上是什么情况，我指导该生理解题意，并且和她模拟题目中的场景，然后该生通过画图、实际操作、列方程的方法解决了这道题，课后她还和我分享了写算式进行解答的方法。

2019年4月某天课堂上，在我讲解完一道求阴影部分面积的题后，该生提出，她还见过类似的几道题，并在黑板上画出来和大家一起探讨。该生体会到了其中的奥秘，还学会了举一反三。

2019年6月某日，针对课堂上某道题的错误，该生勇敢提出，立即解答并进行验算，以确保答案的准确性。课堂中该生学会了说理由、理清解题思路和要领。

【疗效】

经过近三个月的辅导，该生的数学成绩有了显著的提升，通过观察，我发现了她的进步，具体表现在：逐渐养成了良好的学习态度，掌握了一定的学习方法，能联系新旧知识，参与数学学习的热情空前高涨，推理能力也有一定的提升，还乐意和身边的人分享自己的想法。

三、"学习力课堂"样子

2019年7月，泰州市教育局组织名特优教师送培到新疆，分配给我的任务是作一个命题讲座，让我谈一谈高效课堂。我尝试用思维导图中的圆圈图让自己进行思维发散，同时，我在我带领的培育站QQ群里发布了这个中心词，让大家也来一次头脑风暴（见图1-2-22）。

图1-2-22

著名的特级教师贲友林在《重新认识课堂》中写有这么一段文字：

显然，课堂是什么样子的，并没有一个统一的标准答案。但对课堂的想象，是教师对课堂所追寻的目标的描摹，是教师对课堂行进方向的选择。这其实是一位教师对自己课堂所做的"顶层设计"。蒙田在《论想象的力量》中写道："强劲的想象产生事实。"对课堂的想象，就是为了改变现实的课堂，从而使想象成为现实。

也就是说，我们在头脑风暴中想到的与"高效"课堂相关的，无论是联想，还是想象，其实都是我们所追寻的高效课堂的一种样子，是我们所要努力的目标。那高效课堂在我心中是什么样子呢？（见图1-2-23）

图1-2-23

我首先想到的是"有效课堂"，高效基于有效又高于有效，有效关注教学效果，而高效比其多了一个时间维度，主要关注在有限的时间内获得理想的教学效果。与高效课堂相对的自然是低效课堂。

因此，高效中的"效"，大概有这么两个内涵：一是效率高，二是效果好。何为效率高、效果好？应该说，在研究这个热点话题的过程中，一些教师在如何贯彻高效理念以及如何评价方面还存在不少误区。

误区之一：时间利用率高就是高效课堂

教学效率指的是学生学习效果与教师教学投入的比值，教学活动追求以尽可能少的时间、精力，获得尽可能多的教学效果。因此，有的教师备课时把每个教学环节精确到分钟，课堂教学节奏紧凑，争分夺秒，惜时如金，诸如此类，只是为了完成教学任务，而忽略了学生心智、思维、情感的培养和发展。

误区之二：高效课堂的评价标准是学生对学习内容的理解和掌握程度

有些评价者以学生对本节课教学内容的理解和掌握为标准，拿出试题当堂检测，学生做得快、答得准就视为高效，否则就视之为无效或低效。

其实，通过解读以上两个误区，我们不难看出，异化的高效课堂，或者说走偏了的高效课堂，一味追求的是教学目标过于简单化，以落实知识目标为主要任务，使实现学生发展的目标有所缺损。

那么，学生发展的目标应该包含什么？在近几年的教育流行语排行榜上，"核心素养"榜上有名。我记得我小时候常常听到的是"学好数理化，走遍天下都不怕"，现在这句话被很多人替换成了"有了六大素养，走遍天下都不怕"。这六大素养提出的背景是什么？六大素养是为了落实立德树人根本任务，适应世界教育改革发展趋势，提升我国教育在国际上的竞争力，由教育部组织研究并提出来的。核心素养，主要指学生应具备的，能够适应终身发展和社会发展需要的必备品格和关键能力。国家督学成尚荣教授也指出："课堂教育改革就是要超越知识教育，从知识走向智慧，从培养'知识人'转为培养'智慧者'。"知识，只是让人看到一块石头就是一块石头，一粒沙子就是一粒沙子，而智慧，让人从一块石头里看到风景，从一粒沙子里发现灵魂。

这里，跟大家分享三段发言。

1. "学习能力的重要性"（北大才女、嫒创文化CEO刘嫒嫒）

在《演说家》决赛的时候，我作了一个演讲叫"寒门贵子"，那是一个非常励志的演讲。据说那个演讲后来在网络上的点击量累计起来有将近一亿人次。大家喜欢那个演讲是因为在演讲中看到了希望，看到了"逆袭"这两个字。那么，在逆袭的过程中是什么东西在起作用，我可以告诉大家那是"天赋"，因为在我还听不懂老师讲什么的时候，我就知道自己要主动去研究怎么背他说的东西，而且我能用很快的速度背下来。我可以跟大家说那是"勤奋"，因为挑灯夜战在我这儿根本就不是什么励志故事，我可以在凌晨五点，北方的早晨摸黑起床，然后在路灯下面背英语单词。但是在这个过程中，真的是这些东西在起作用吗？其实，起最重要作用的是方法与策略。再往大一点方面说，这叫学习能力。学习能力真的太重要了，我是真心觉得自己并不聪明，也没有什么天赋和其他好的学习条件，但正是因为学习能力，所以我能很快地摸索出做事的方法与途径，然后就比别人少走了很多的弯路，一直完成我自己的一个又一个梦。学习能力有多厉害啊，它就像是一个吸星大法一样，可以让你把自己听到的、看到的、觉得好的、别人验证过的东西，通通都变成自己的东西，让你像一个雪球一样，越滚越大，越滚越大，直到有一天，你发现自己不再是那种一无所有的弱者，你已经变成了一个可以做到很多事情的人，而且在这个过程当中，你的学习能力在增强，你能够吸收的东西更多，所以这样的人生是无往不利的。我经常说，学习能力就是一个人的核心竞争力，或许我们的起点比较低，或许我们得到的教育资源也不够好，但正是因为拥有这种能力，我们就能拥有人生进步的加速度。起点低没关系，出发晚也没关系，加速度快就够了！正是因为学习能力不一样，所以很多人刚开始的时候，看起来是一样的，但是后面的人生会发生那么大的不同；正是因为学习能力，所以即使我今天完不成我自己的梦想，将来有一天，我肯定可以完成，因为我只要继续学习就行；正是因为学习能力，所以我的人生不管做得好不好，都能够拥有一个很恒定的自信心，因为我一直都在成长跟进步。学什么，有的时候真的不那么重要，知道怎么学更重要。

2. "上了清华我才懂什么是人生最重要的能力"（清华大学 子贤老师）

当时我考上清华，分数好像不是特别高，在整个清华学霸里面，我就是个"学渣"，但事实上后来在清华，我走得还可以，包括我在大四那年代表清华大学的学生会去美国的哈佛大学、普林斯顿大学这些地方交流。后来我在大学里尤其是在清华大学里发现，真正让人拉开差距的东西是什么？其实就是一个人的学习能力。首先清华里所有东西基本上都靠自学，老师一周就上一节课，那你最后考试你怎么办？就是自学，这是学习。其次是什么呢？我们发现有的时候人智商很高，但是解决问题的能力不一定强，在清华里你总是面临一些课本上不教的一些知识，比如我后来成为篮球队队长，要面对管理，我们当时是在乙组出线的边缘，这球队就快不存在了，你今年要不要冲刺一个好成绩？你还有没有机会去冲刺一个好成绩？队里都是学霸，而且都是刚考上清华的，那个时候是最有傲气的一个阶段，你怎么管理这些学生去达成一个目标，这东西是什么？就是管理学。这不是我们专业的知识，但是我记得当时大概七天吧，我就看完了一本很厚的书——罗宾斯的《管理学》，我到今天都还记得什么是管理，即计划、组织、控制、领导，我觉得这个东西就是一种学习能力。毕业以后，你进入了一个陌生的行业，你怎么样快速地收集信息，去了解这个行业里关键的利害关系？然后你如何在团队中快速地脱颖而出？我觉得从本质上，这都是一种高效学习的能力，其实它就是解决问题的能力。刚才我说的这项能力，我管它叫"学习力"。我觉得学习力就是发现问题，首先你发现的是不是真问题，其次你能不能高效地解决问题。我们的学生会，我们的学习部，我们的"清锋明辩"的这样一些活动，当时在北京的高校都很有传播性，都很有影响力，我觉得一方面是清华给了我们很大的舞台，另一方面是我们拥有卓越的学习能力。真正的学习，不是说你把知识学完，把试卷上的问题解决了，而是在人生中有大量的问题，你怎么发现问题再解决问题的能力，而且你不焦虑。我发现，如果这样的能力能从孩子小时候开始培养，只要具备了这样能力，第一你获得了应试教育，第二你不容易在大学的时候停滞，你很容易在未来的人生中，去解决那些所谓人生困惑的大问题。

3. "我们该培养孩子的什么能力才不会被社会淘汰"（剑桥大学出版社前教学顾问　李昕）

主持人："猩猩都能打游戏了。我们该培养孩子什么样的能力呢？"

李昕："你根本不知道未来你的孩子会从事什么职业，因为现在最厉害的十个职业当中，有八个在十年前根本没有出现过。所以，我们现在在培养未来我们也不知道他要干什么的孩子，那你觉得什么东西最重要呢？我觉得第一个就是学习力，就是能够保持一个终身学习的能力。"

上面三段文字中都提到了学习能力和学习力。21世纪，学历代表过去，能力代表现在，学习力才代表未来。在这个不确定的时代，没有终身的职业，只有终身的学习者。所以，我们在课堂上要做的是"长智慧"，就是不只让学生学会知识，还要让学生学会学习，形成自我发展的能力，获得立足社会的智慧。让学习成为师生共同成长的生命历程。

如果说效果、效率都是从产出，即课堂学习的结果来看的，那么，课堂学习的状态该是如何的呢？我们感官所能感受到的又是什么样的呢？我将

　　"高"赋予了两层含义：一是参与度高；二是学习热情高。参与度高指向的是"面"，即全体学生都积极参与；热情高指向的是"点"，即学生个体在学习时表现出的状态，积极、想学、乐学。学生这种越学越有兴趣，越学越快乐的状态，我们可以称之为"智慧学"。

　　无论是"长智慧"，还是"智慧学"，都与"智慧"密切相关，智慧与高效是二维相生的，有了智慧才能高效，有了高效才能生发智慧。因此，我认为，建构"学习力课堂"，从"学会"走向"慧学"，是高效课堂的必然追求。

02

第二章

学习力

方法论视界

第一节　中国经典文化启示

2016年9月13日教育部发布《中国学生发展核心素养》这一研究成果，中国学生发展核心素养，分为文化基础、自主发展、社会参与三个方面，综合表现为人文底蕴、科学精神、学会学习、健康生活、责任担当、实践创新六大素养。与学习力密切相关的学会学习是重要的核心素养之一。

五千年的华夏文明光辉璀璨，诞生了孔子、孟子、荀子等一大批思想家和教育家，推出了《学记》《论语》《劝学》《师说》等一部部经典的教育著作，其中的有教无类、教学相长、举一反三、因材施教等教学主张经历千年历史长河的沉淀，仍然历久弥新，在新时代焕发生机，对教育教学起到指导作用。我们尝试通过深度研读，援引具体案例，解读中国古代经典教育论著中与学习力相关的思想，获得启示，探寻提升学生学习力的路径。

一、学习动力

学习动力，是指自觉的内在驱动力，主要包括学习兴趣、学习情感和学习需要。

1. 关键词：好学乐学

原文：子曰："知之者不如好之者，好之者不如乐之者。"——《论语·雍也》

解释：孔子说："知道学习的人比不上爱好学习的人，爱好学习的人比不上以学习为乐趣的人。"

启示：知之、好之、乐之是学习的三个层次，这段话强调了爱好和兴趣在人们学习中至关重要的作用。其中，"知之"是学习的较低境界，相当于"要我学"；"好之"是学习的较高境界，相当于"我要学"；"乐之"是学习的最高境界，相当于"我爱学"。兴趣是最好的老师，学习的最高境界则是喜欢学习并且能够从学习中获得快乐。因为只有乐学者才会对学习保持持续的动力，面对学习过程中的种种困难不会退缩，主动克服，对学习始终抱有热忱之心，将要学的内容扎实掌握。"乐学"是求知道路上最为持久的原动力，能够指引我们不断探索，最终实现终身学习的理想目标。我们要善于从学习中发现快乐，对学习感兴趣，做一名乐学者。

2. 关键词：亲其师，信其道

原文：亲其师，信其道；尊其师，奉其教；敬其师，效其行。——《学记》

解释：师生关系和谐，学生愿意亲近老师，才能心悦诚服地接受老师的教育；尊重自己的老师，并且信奉老师的教导，听从他的教诲；敬佩自己的老师，以老师为榜样，遵行他的做法。

启示：苏霍姆林斯基说过："如果学生不愿意把自己的欢乐和痛苦告诉老师，不愿意与老师开诚相见，那么谈论任何教育都终归是可笑的，任何教育都是不可能的。"教师不仅仅是知识的传授者，智慧的启迪者，还应是学生慈爱的父母和知心的朋友。教师与学生间的交流不应当局限于课堂上，仅是关于学习问题"问答"式的交流，教师还可以在生活中多与他们分享自己的快乐，让学生了解生活中的美好，做一个快乐的学生。良好的师生关系有助于提升学生的学习内驱力，在学习上获得发展；不良的师生关系则消退了学生的学习热情，阻碍了学生的进步。历史上张良、魏昭拜师的故事传为佳话，程门立雪的典故更是流传千古，亲师信道对一个人的成长具有重要作用。

3. 关键词：教学相长

原文：虽有嘉肴，弗食，不知其旨也。虽有至道，弗学，不知其善也。是故，学然后知不足，教然后知困。知不足然后能自反也，知困，然后自强也。故曰：教学相长也。——《礼记·学记》

解释：即使是美食，但是不吃就不知道它的味道；即使有最好的道理，但是不学，就不知道它的好处。因此，学习之后才知道自己的欠缺，教人之后才知道自己哪里理解得不透。知道自己有困惑之处，然后才能勉励自己奋发上进；知道自己有所欠缺，然后才能刻苦地钻研。所以说教导和学习是相互促进的。

启示："教学相长"深刻地揭示了教与学之间的辩证关系，即两者相互依存，相互促进，"学"因"教"而日进，"教"因"学"而益深。古希腊著名哲学家芝诺曾经说过："知识就好像一个圆，已知的在圆内，未知的在圆外，知道得越多，这个圆越大，圆越大，未知的就越多。"从学生角度出发，学生只有通过学习才能够发现自己学习的水平不够，发现自己水平的不足，才能督促自己加紧学习；只有知道自身的不足，才能够持续不断地学习，才能够获得成长。"知不足"是学习的动力，也是个人成长的关键所在。

"教学相长"启示我们，要建立平等互动的师生关系，充分利用教学资源，营造出良好的学习氛围。可以采用"学讲"方式进行教学，让学生成为课堂的"小老师"，把知识学进去并讲出来，以"兵教兵"的方式共同得到成长，形成"教"与"学"的良性互动，提高课堂教学的效果，有助于学生学习力的提升，同时实现教学相长。

二、学习毅力

学习毅力即学习意志，是指自觉地确立学习目标并支配其行为克服困难，实现预定学习目标的状态，它是学习行为的保持因素，在学习力中是一个不可或缺的要素。

1.关键词：锲而不舍

原文：锲而舍之，朽木不折；锲而不舍，金石可镂。——荀子《劝学》

解释：拿刀刻东西，中途停止，腐朽的木头也不能刻断；不停地刻下去，金石也能雕刻成功。

启示：学习是一个由显而微、由粗到精、逐步深入的过程。老子曾经说过："天下难事，必作于易，天下大事，必作于细。""合抱之木，生于毫末；九层之台，起于累土；千里之行，始于足下。"要想走到千里之外，脚下的每一步都必不可少。量变导致质变，学习同样如此，靠的就是积累，从点滴做起。

从点滴做起，到"金石可镂"，看似很容易做到，实际却并不如此。就像马拉松比赛一样，出发时是人山人海，但是穿过终点线的人数却少了许多。为什么淘汰了这么多人呢？一是缺乏耐心，觉得自己的能力不止于此，好高骛远、眼高手低，最终高不成低不就，徘徊于此。"骐骥一跃，不能十步。"圣贤的境界与学识并非一日之功，治学修习应从简易处入手，踏踏实实学习才能行稳致远。二是缺少信心，也许是天资不足或基础薄弱，总觉得这样学下去没有什么用，看不到希望因而中途放弃。曾经有这样一位长跑运动员，身体素质没有那么出色，但是几乎每次比赛都能取得理想成绩。记者询问她成功的秘诀时，她告诉记者当自己后半程体力严重透支时，会把剩下的路程分成若干个5米，每跑完一个5米也就意味着完成了一个目标，同时开启了下一个目标，就这样自己一路跑到了终点。

从点滴开始做起，要有坚强的信念，像这位运动员一样专心有恒，一直跑到终点。同时要善于运用方法，如设定一个又一个小目标，让自己在学习上有获得感，既激发了学习的动力，也增强了学习的毅力。"驽马十驾，功在不舍。"一步一个脚印，即使天资不足，但只要信念坚定、锲而不舍，也能滴水穿石、金石可镂。

2. 关键词：择善固执

原文：诚者，天之道也；诚之者，人之道也。诚者不勉而中，不思而得，从容中道，圣人也。诚之者，择善而固执之者也。——《礼记·中庸》

解释：真诚是上天的原则，追求真诚是做人的原则。天生真诚的人，不用勉强就能做到，不用思考就能拥有，自然而然地符合上天的原则，这样的人是圣人。努力做到真诚，就要选择美好的目标执着追求。

启示："择善"要以"仁义"为核心，"固执"需要真知睿智的勇气，才有可能走向至善的境界。诚者和诚之者，就像是学习过程中的两类人。比如：有些同学天生就很聪明，学习新知识看一眼就会，这是天资；有些同学没有那么聪明，但是勤能补拙，经过努力同样能学好，这就是后天的努力。天资聪明的人是很好，但是大部分人都需要后天的努力。所以，我们多的是诚之者，需要确立目标，朝着它不懈努力，这就叫作"择善而固执之"。

在教学中，不少天资不够聪慧的学生往往因缺乏信心，再加上教师的呵斥，而陷入迷茫，这是学习意志薄弱的体现。陶行知先生曾说："千教万教教人求真，千学万学学做真人。"教师应当积极引导学生求真向善，择善而从，树立学好的信心，以及增强不畏艰难的勇气，以"咬定青山不放松"的毅力向着树立的目标奋勇前进。

3. 关键词：博学笃志

原文：博学而笃志，切问而近思，仁在其中矣。——《论语·子张》

解释：博学而志向坚定，好问而多想当前的事情，仁德也就在其中了。

启示：博学就是要广博地学习科学文化知识。《论语集解》中注："博学而笃志，广学而厚识之也。"不仅要"博学"还要"厚识"，"笃志"就是"厚识"。子夏曰："日知其所亡，月无忘其所能，可谓好学也已矣。"博学就是日新，就是"日知其所亡"。笃志就是"不失"，就是"月无忘其所能"。

国学大师南怀瑾先生曾说："内在没有一个中心，知识越渊博，思想越危险。"这就是说，博学不一定有用，博学要笃志，有一个中心，意志坚定，建立人品。那么知识渊博，有如一颗好的种子，意志的坚定是肥料，培养出花和果来。内在没有一个中心，知识越渊博，思想越危险，觉得样样都有道理，容易动摇，应该是真理只有一个，要把它找出来，所以要笃志。

2022版新课标提倡跨学科学习，学科之间的壁垒越来越淡薄，广博的科学文化知识为学生的发展提供了无限的可能，也顺应了时代发展的需要。但是思想教育也是必不可少的，习近平总书记曾提出过"扣好人生第一粒扣子"。作为基层教育者，不仅要传授知识，更要传递思想，帮助学生明确学习的志向，"为中华之崛起而读书"，"为实现中华民族伟大复兴而奋斗"，脚踏实地，追求人生理想。

锲而不舍、择善固执、博学笃志都和学习毅力有关，但是它们的侧重点不同。锲而不舍讲的是积累，"读书破万卷，下笔如有神"。学习重在积累，大量积累产生的质变是学习收获的果实，也是学习迈向成功路径的铺路石。

学习是一条光明大道，但是也有不少人中途放弃，或者是缺乏信心，或者是缺少耐心，从根本角度出发，是缺了学习的信念。信念是美好的、真诚的，择善固执，在追求真理的途中注入一剂强心剂，怀揣着真诚、美好的信念奋勇前进、勇攀高峰。

没有最好，只有更好，学习同样如此。俗话说："艺多不压身。"在潮流涌动的新时代，学会更多知识、掌握更多本领才能经历风吹浪打、勇立潮头。把锲而不舍中的积累，择善固执的信念迁移到其他学科，变"专才"为"通才"，博学笃志，走向更高的境界。

三、学习能力

学习能力，是指由学习动力、学习毅力直接驱动而产生的接受新知识、新信息，并用所接受的知识和信息分析问题、认识问题、解决问题的智力，主要包括感知力、记忆力、思维力、想象力等。相对于学习而言，它是基础性智力，是产生学习力的基础因素。

1. 关键词：和易以思

原文：君子既知教之所由兴，又知教之所由废，然后可以为人师也。故君子之教，喻也，道而弗牵，强而弗抑，开而弗达。道而弗牵则和，强而弗抑则易，开而弗达则思。和易以思，可谓善喻矣。——《礼记·学记》

解释：君子只有已经知道教育成功的原因，又知道教育失败的原因，然后才可以作为老师。所以，君子教育学生，重在晓喻，引导而不牵制，鼓励而不抑制，启发而不灌输。引导而不牵制就能够融洽相处，鼓励而不抑制就感到平易近人，启发而不是灌输就会专心思考。既能够融洽相处、平易近人，又能够让人善于思考，就算是善于教育人了。

启示：这段话在总结了"喻"教学的基础上提出了"善喻"的构想，即"和易以思"。道而弗牵则"和"，引导学生而不牵着学生走，师生关系才会融洽，这是和谐的师生观；强而弗抑则"易"，有要求但不让学生感到压抑，学生才会感到平等，这是民主的教育观。开而弗达则"思"，启发学生而不代替学生作出结论，学生才能独立思考，这是自主探究的学习观。"和易"不仅是一种教育原则，更是一种教育思想的灵魂，而"思"则是在"和易"思想作用下的一种学习过程性状态，是具体的教学方法。

教师不再是"满堂灌"的压榨式教学，而是启发诱导学生，注重培养学生的自我学习能力和自我反思能力。《学记》中提出："善待问者如撞钟，叩之以小者则小鸣，叩之大者则大鸣；待其从容，然后尽其声。"重视学生的自主探究学习，鼓励学生善于答问，提升学习能力，形成良好的思维品质。

2. 关键词：知类通达

原文：九年知类通达，强立而不反，谓之大成。夫然后足以化民易俗，近者说服而远者怀之，此大学之道也。——《礼记·学记》

解释：第九年考查知识畅达，触类旁通，能遇事不惑，不违背师训，这就叫作"大成"。像这样，就能够教化民众，改变风俗，使近处的人心悦诚服，使远处的人都来归附，这就是大学教育的道理。

启示：知类通达指的是"知义理事类，通达无疑"。能够闻一以知十，能够触类旁通，融会贯通。对于学问，不仅仅是有基础，也不仅仅是对某方面有专精的造诣，具备广博的学识，而是博大精深，融会贯通，达到这样的一个状态，就叫知类通达。也就是孙希旦所讲的："物格知至，而精粗无不贯，知之成也。"我们对万物的规律原理都已经明了、通达，对它的表里精粗无不贯通，这是知之成，是我们学问真正的成就。

在数学教学中，我们可以通过母题研究实现举一反三、知类通达。数学母题，是指能反映解题基本思路的数学习题。通过母题改编出许多子题，子题是对母题的延伸和补充，母题是所有子题的核心所在，是解决所有子题的一把金钥匙。例如：书架共有两层，上层图书是下层的3倍，下层图书有30本，上层有多少本书？（母题）书架共有两层，上层图书是下层的3倍，上层给下层30本图书后，两层图书一样多，上层有多少本书？（子题）通过对母题的研究，根据上层是下层的3倍进行乘法计算，运用到子题上。在画图分析中理解上层给下层的30本书就是其中的一份，就是下层的图书数量，得出上层有90本书。

通过子母题的研究，帮助学生在复杂题型中"透过现象看本质"，"顺藤摸瓜"，"拨开云雾见月明"，真正做到触类旁通、举一反三，显著提升数学学习力。

3. 关键词：学思结合

原文：子曰："学而不思则罔，思而不学则殆。"——《论语·为政》

解释：只是学习却不思考就会望文生义，迷惑而无所得，只是思考却不学习就会精神疲倦而无所得。

启示：《国家中长期教育改革和发展规划纲要（2010—2020年）》提出"注重学思结合。倡导启发式、探究式、讨论式、参与式教学，帮助学生学会学习"。学思结合，提升学生的思维品质。

孔子重视在教学中把"学"与"思"有机地结合起来，教学过程中要以学为思的基础，以思为学的途径，学思并重。学习和思考是基础和深入的关系，只有把学习和思考结合起来，才能达到理想的学习效果。思维能力是人的智力能力的核心因素，决定一个人的智力水平，智力是指一个人的思维能力和实践能力的综合能力，主要通过思维能力反映出来，表现在思维的广阔性、深刻性、独立性、批判性、逻辑性、灵活性、敏捷性等。通过学思结合教学模式，培养学生良好的思维品质，提高学生的学习力，这不仅是学好中小学各学科的需要，更是学生终身发展的要求。

如何让学生做到学思结合？首先要打破课堂教学"满堂灌"、教师"包办代替"的格局，把课堂还给学生，把学习的主动权还给学生。教师要精心设计课堂提问，充分调动学生思考问题的积极性；课堂上要给学生足够的自主学习和思考问题的时间；要鼓励学生不迷信课本，不迷信教师，敢于对书本知识和教师进行质疑；同时，要改变现有的课堂教学组织形式，通过小组合作学习等方式，让学生体验探究问题的乐趣。

中国古代经典教育论著就像一个"百宝箱"，蕴含了许许多多教学主张，其中就包含许多与学习力相关的思想；又像一壶"封坛老酒"，经历了岁月的积淀，在新时代散发出醇香；更像一枚"指南针"，指导着我们的教育教学实践。作为新时代教育工作者的我们，应守正创新，继承和发扬传统文化中的教育智慧，提升学生学习的动力，锤炼学生学习的毅力，发展学生学习的能力，引领学生走上学习正道，让学生过一种幸福完整的教育生活！

第二节　教育教学实践探索

2021年至2022年，教育上有两大热词，或者说是关键词，那就是"双减"政策和"新课标"。2021年7月底，国家出台了《关于进一步减轻义务教育阶段学生作业负担和校外培训负担的意见》（简称"双减"政策），针对校外机构的"三限"与"三严"，针对校内教育的"三管"与"三提"，无疑成为这两年影响最深远、波及面最广的政策，有人把它称作开启新时代教育改革的新篇章。那么，立足"双减"谋思路，我们认为，无论是教学还是研训，都应该关注两个热点：高效的课堂教学设计，高质量作业设计与命题设计。

2022年4月，国家发布了《义务教育课程方案和课程标准（2022年版）》（简称"新课标"），通过与2011版课标的对比以及专家们的解读，我们认识到小学数学教学定位发生很大变化，加强了对数学观念与核心素养的整体规划，要求立足学生核心素养发展，集中体现数学课程的育人价值。具体来讲就是通过数学学习获得"四基"和"四能"，形成正确的情感、态度和价值观。

基于以上认识，我们立足"学教评一体化"，从课堂转型、作业设计、评价改革、教材开发、课程建设五个方面展开研究与实践。框架定了以后，到底怎么研、怎么改？首先，我们明确一个根本任务，就是提升儿童数学学习力，这个任务的核心理念，就是帮助儿童从"学会"走向"慧学"。

实践过程中，我们主要以团队建设为抓手，成立了课堂转型、作业设计、评价改革、教材开发、课程建设五个项目组，通过点、线、面相结合的方法，分层实施、有序推进。所谓点，如课程建设，目前以泰州市扬子江小学为试点。所谓线，即在作业资源建设方面，推进"母题研究"和"学讲方式"，这项工作主要是项目组成员先实践。所谓面，即要求所有学校探索"学习力课堂"范式，追求高效课堂；在综合评价改革方面，借助数据分析，加强命题设计，带动全面育人和质量提升；所有教师，不仅要做教材的使用者，更要做教材的开发者。

一、课堂转型

上一章，通过对中国古代经典教育论著中的学习力思想解读探析，我们认识到，新时代的我们应守正创新，引领学生过一种幸福完整的教育生活。"守正"即传承，就是要激活优秀传统文化中特有的教育思想、教育方法、教学经验，以继承和发扬其教育智慧和教学成果。"创新"就是在教育教学实践当中进一步创造性地落实国家发布的《中国学生发展核心素养》《关于进一步减轻义务教育阶段学生作业负担和校外培训负担的意见》以及《义务教育数学课程标准2022年版》等文件的精神和要求，践行新课堂，赋能新课堂。

有了这样的目标，我们该如何来构建高效的"学习力课堂"呢？我想，须通过教师的教学艺术与教学智慧，变学生被动地学为主动地学，变学生枯燥地学为有趣地学，让学生慧学，在此基础上，把复杂的内容变简单，把死板的课堂变得智慧生动，也就是教师要慧教，从而提高课堂教学效率效果。

本章，我将从慧学、慧教两个方面来谈自己的思考与实践。

（一）慧学

所谓慧学，就是智慧地学习，越学越有兴趣，越学越轻松。

1."互联网+"，让学生站在学习的中心——微课

互联网是学生独立学习的又一个助推器，拓宽了学习的领域。在传统课堂中，课内与课外的界限相对分明，学习就是课堂上的事儿。而互联网时代，学生可以借助手中的笔记本电脑或ipad，突破了教室这个空间，让学习更加开放。学生可以得到各种各样的帮助，学习不只是发生在课堂上，而是在任何时候任何地点。

正因为改变了课内与课外学习边界，让学生站在了学习的中心，所以，互联网时代的学习又凸显了个性化与民主性。这句话怎么理解呢？我们都知道，学生的学习步调是不一致的，有些学生的学习要快一些，有些学生要仔细琢磨之后才能理解。面对现实存在的不同，传统课堂"一刀切"，教室里的所有学生，几乎都是在同一时间段做着同样的事，这样就满足不了不同学生的不同需求。互联网时代，保证了不同层次的学生"异步"学习的公平机会。比如，对于疑难问题，有的学生在课堂上就解决了，而有的学生在课堂上可能一知半解甚至一窍不通，那么，课后可以通过互联网找相关微课再来学习。一遍不行可以看第二遍、第三遍，反复观看，直到弄明白为止。另外，在学生自主学习的

过程中，知识不只是通过教师的讲授而传递，网络环境为学生学习提供了海量资源，能够让学生源源不断地获得学习材料，使学生的学习更具自主性、针对性和个性化。

另外，互联网时代的学习可以改变学生的习惯与性格。为什么这么说呢？刚刚我们提到了，学生之间有差异，以往一些基础差的或者天赋稍微差一点的学生，也许在课堂上不自信，没机会展示自己，因为可能自己总是慢一拍。那互联网时代提供的前置学习，如通过微课学习的高效性让学生在小组讨论与展示中大大增强了底气。学生在讲台上落落大方、侃侃而谈的情形已成为新常态。变被动为主动，学生得到了更多锻炼的机会。互联网改变的不仅是学习方式，还有学生的性格，原先不爱说话的学生提高了语言表达能力，可以畅快地表达思想。互联网学习方式还增强了学生个体的责任感，原先对自己的学业漠不关心的学生开始明白自己的责任，曾经懒散懈怠的学生变得刻苦努力。学生性格的改变成为成绩提升的动因。

不可否认，即使在技术如此发达的今天，优秀教师的讲授依然是必不可少的，团队会营造出共同学习的氛围，那种试图用机器取代教师进行教学的想法是错误的。同时，互联网的使用会给教育带来新的问题与挑战，尽管如此，我们不能因噎废食，而应该积极地扬长避短，让现代技术助推我们的高效学习。

（1）巧用微课预习，提前做好课前准备

① 动态化预习，让知识立体生动

培养学生的学习力，要从预习开始。因为，预习是习惯，更是一种能力。有效预习可以使学生发现旧的知识结构中的薄弱环节，并在上课前迅速补上这部分知识，为听课扫清障碍。学生预习后发现不明白的地方，听课时目的性会更强，注意力会更加集中，学习效果显著提升。同时，在预习的过程中，学生不只是获得了知识，更是经历了一个过程，用所学知识或方法去获取新知识的过程，实际上就是学生在主动进行探索的过程。

然而，在实际教学中，很多学生并不会预习，如果教师放任自流，可能会导致预习的低效甚至无效，特别是低年级的孩子，由于预习的习惯尚未养成，极有可能把教师布置的备学任务给忘光了。所以，教师对学生自主备学的积极介入，可以有效地提高学生预习的成效。我们可以巧妙地利用微课来组织学生开展动态化预习，把书本上生硬的知识用视频的形式形象生动地展现出来。这样一来，学生的预习就不再是简单看看，而是变成了跟随视频看、听和思考。

以"平移与旋转"这节课为例,这节课的知识侧重于培养学生的空间认知能力,课本上的文字介绍对于小学生来说并不是那么容易理解,于是教师组织学生利用微课来进行预习。微课首先向小学生播放了一段充满平移和旋转现象的动画,电风扇、小火车、电梯、螺旋桨……各种各样的设施都在正常运行着。接下来,微课对不同的运动现象进行了分类和整理。例如,小火车和升国旗都是沿着直线运动,小火车直线向前,国旗直线上下。对于这样的运动,我们把它们归成一类,取名"平移"。再如,螺旋桨和电风扇,它们都是在绕着一个点转圈,对于这样的运动,我们也把它们归成一类,并取名"旋转"。接着,微课向学生再一次强调了平移和旋转的概念后,在视频的末尾呈现了许多日常生活当中能够见到的平移和旋转现象,如商场里的电梯、卧室床头的时钟等。

微课最主要的特点就是能够把静态的书本知识用动画或视频的方法动态地呈现出来。所以,利用微课来进行预习,可以打破传统的预习模式,给学生带来更新鲜的学习感受。最重要的是,微课让知识变得立体生动,大大提高了学生数学学习的兴趣和动力。

②精准化预习,让预习更有侧重

小学生在预习的过程当中还会出现这样的问题——找不到知识重点。大部分小学生眼里的预习就是把老师布置的需要了解的知识内容从头到尾浏览一遍,这样的浏览式预习没有侧重点,可以说是无效预习。而利用微课视频来帮助学生预习,除了能够让刻板的知识变得立体生动之外,还能够强调预习知识当中的重点内容,让学生在预习时更有侧重。众所周知,微课是一种视频模式的课程资源,其最大的特点就是时间短、重点突出。所以,我们可以利用微课视频来对学生进行引导,告诉学生哪些内容是即将学习的重点内容,在学习这些内容之前需要进行哪些思考。这样一来,学生的预习就能变成精准化的预习,既不浪费时间,又能掌握重点,从而提高学生的数学学习能力。

例如,在开展"小数的意义"的教学之前,教师组织学生通过微课进行预习。在微课视频中有这样一个片段:请你拿出一张正方形纸,如果我们用它来表示1,那么0.1该怎么表示呢?将纸平均分成10份,每份就是$\frac{1}{10}$,也就是0.1。其中的4份就是0.4,9份就是0.9。之前我们已经学过了一位小数,表示十分之几,它的计数单位是$\frac{1}{10}$。那如果把这张纸平均分成100份,其中的1份就是

$\frac{1}{100}$，也就是0.01。这时，其中的4份就对应的是0.04，0.39表示的就是其中的39份。两位小数表示的就是百分之几，因此它们的计数单位就是$\frac{1}{100}$。"小数的意义"是这节课教学的重点内容，也是难点内容。这部分知识相对来说比较抽象，不容易理解。利用微课来组织学生预习，先引导学生理解一位小数表示的意义，再通过视频演示两位小数的形成过程，学生自然就能够清楚两位小数的意义。提前预习了解了"小数的意义"，对于后面学习"小数的性质"也有很大的帮助。

如果大部分的学生都能够做到精准化预习，那么他们的课堂学习效率将会有很大程度的提升，这样一来，教师在开展教学时也能够事半功倍。因此，教师在为学生布置预习任务时，可以结合微课视频，让学生的预习更有侧重点。

（2）结合微课授课，全面提升课堂效率

① 集中学生的注意力

实施教学的目的是向学生传递更多的知识，并让学生逐渐形成主动获取知识的能力。小学生的年龄小，注意力容易被其他事物所吸引，为了集中学生的注意力，让学生专心致志地学习新知识，我们可以采用微课来辅助教学。微课最主要的形式就是视频，视频教学相较于教师的口头讲解教学更容易吸引学生的注意，也更加生动形象，受到了广大学生的欢迎。通过播放微课来吸引学生，有多种形式可以选择。第一，我们可以在课堂的初始阶段播放微课，快速抓住学生的眼球。第二，我们可以在口头讲解一部分知识之后，学生的注意力开始分散时播放微课，让学生的注意力再次集中。第三，我们可以在学生对知识掌握得不够透彻时播放微课，让学生在集中注意力的同时进一步理解所学知识。

例如，在教学"等式的性质"这节课时，刚开始上课的时候，学生的注意力不容易集中，考虑到等式的性质这个知识内容比较简单，于是教师用微课来集中学生的注意力。微课视频向学生呈现了一架天平保持平衡的实验，实验开始前，天平的指针指向零刻度线。视频中的教师将一个盆和两个盘子分别放在天平的左右两端，此时天平保持平衡。如果说一个盆的质量是x克，一个盘子的质量是y克，那么此时的状态就可以表示为"$x=2y$"。接下来，视频中的教师在天平的左右两端又各放了一个相同的盘子，天平依然保持平衡，此时可以表示为"$x+y=2y+y$"。之后，视频中的教师又在天平左右两端各放了一个相同的盆，天平还是保持平衡，这时可以表示为"$x+x+y=2y+y+x$"。通过实验展示，学生发现如果在天平的两端放上或取下同样质量的物体，天平依然保持平衡，由此对等式的性质有了初步的认识——等式两边同时加上或减去相等的数或式子，等式仍然成立。

小学数学课程中有很多知识点相对来说比较容易理解，利用微课视频来开展教学要比教师口头讲授更加高效，不仅可以集中学生的注意力，提升学生的学习毅力，还能够让学生快速理解和掌握这些简单的知识点，同时加深学生的印象。

② 突破重、难点知识

理解和掌握重难点知识，是小学生提高学习水平的重要途径。随着年级的升高，小学生接触的知识越来越难，重点知识也越来越多。这时，如果拥有突破重难点知识的能力，必然会对小学生的学习产生积极的影响。课堂的时间是有限的，很多时候，即使教师花费了大量的时间向学生讲解重难点知识，也无法获得理想的教学效果。基于这种情况，我们可以尝试改变教学方法，利用微课视频来帮助学生理解和突破重难点知识。微课视频篇幅短小，直观形象，可以将抽象的知识变得更加具体，从而方便学生理解。另外，微课视频可以将重难点知识进行分解，引导学生建立知识结构框架，这样的教学方式往往能够提高学生的学习效率。

例如，"小数除法"对于很多学生来说是一个难点内容，尤其是"小数除以小数"。为了帮助学生突破重难点知识，掌握小数除以小数的计算方法，教师利用微课来辅助教学。微课视频以动画为主题，动画中，懒羊羊遇到了一个小数除以小数的算式：$38.5 \div 2.2$，由于不会计算，于是找到聪明的喜羊羊来教他。前面我们已经学过了除数是整数的小数除法计算，那么除数是小数时该怎么办呢？我们可以把小数转化为整数。如何转化呢？结合之前已经学过的商不变的性质，将被除数和除数同时扩大10倍，也就是小数点向右移动一位，算式就变成了$385 \div 22$，这样就可以快速计算了。在微课视频中，教师对除数是小数的小数除法计算进行总结，归纳出以下步骤：一看，看除数是几位小数；二移，将除数和被除数的小数点同时移动相同的位数，使除数变为整数；三算，按照除数是整数的小数除法法则进行计算。通过微课视频的讲解，大部分学生都能掌握小数除以小数的计算步骤。

突破课程中的重难点知识，既能够提高学生的知识水平，又能够为其带来成功的学习体验。教师在备课时要对重难点知识进行仔细钻研，巧用微课将其逐个击破，进而达到提升学生学习能力的效果。

（3）课后运用微课，强化巩固已有知识

① 微课——查漏补缺的好帮手

每节课都有对应的教学内容和重难点知识，然而课堂的时间是有限的，总会有一部分学生在课堂上无法完全理解和掌握所学知识。而数学知识又有很强的连续性，如果不及时查漏补缺，不把这节课的知识完全吃透，就会在很大程度上影响后续知识的学习。

基于这种情况，我们可以利用微课来解决这个问题。将一节课的重要知识内容浓缩成几分钟的微课视频，然后将微课视频上传到可供家长查阅的平台，即使学生在课堂上没有完全透彻地理解这一知识点，也可以在课下通过家长的帮助再次观看微课，进行查漏补缺。微课是帮助学生查漏补缺的好帮手，在课后观看微课有利于培养学生及时复习的习惯。

例如，在学习了"小数乘小数"的计算法则之后，部分学生总是在结果中出现小数点点错的情况，如小数点本来应该点到积从右往左数的第二位，但是跟随乘法算式中的一个因数，点到了积从右往左数的第一位，如25.6×0.9，结果算成了230.4。之所以出现这样的错误，是因为学生受到了小数加减法计算的影响，总想着让积的小数点和因数的小数点对齐。针对这种情况，我们就可以利用微课来帮助学生查漏补缺，改正习惯性错误。微课视频当中强调了小数乘小数的算理：先按照整数乘法计算法则算出乘积。将小数变成整数，小数点会向右移动，也就是因数会扩大，如25.6变成256扩大了10倍，0.9变成9也扩大了10倍，那么积就会扩大$10 \times 10 = 100$倍，因此正确的结果就应当缩小1/100，也就是23.04。这样会加强学生对小数乘法的算理和积的变化规律的理解，进而将这节课的知识内容理解透彻。

只要学生有主动学习的决心，我们就可以利用微课视频来帮助他们查漏补缺。教师应当结合小学生的知识掌握情况来设计微课，助力学生吃透课本，强化计算技能，建立完整的知识结构。

② 微课——助力培养复习习惯

养成良好的复习习惯，学生不仅能够对所学知识进行查漏补缺，还可以加强对所学知识的印象，掌握知识之间的联系，从而锻炼思维能力，提高数学水平。从目前的教学情况来看，大部分的小学生还没有养成科学的复习习惯。微课的出现在很大程度上改变了这种情况。微课所包含的内容有很多，除了知识讲解之外，还有练习应用、变式训练等。因此，教师可以专门设计用以复习的微课，并在课后将微课视频推送给学生，让学生在微课的指导下有效复习重点知识内容，培养良好的复习习惯，进一步巩固所学知识。

以"长方体和正方体的体积"为例，在学习完这节课之后，小学生已经掌握了长方体和正方体的体积公式，并能够解决一些简单的实际问题。为了引导学生在课下对所学知识进行复习巩固和应用，教师在课后向学生推送了微课视频。视频首先对长方体和正方体体积公式的推导过程进行了简单的总结，之后呈现了两道实际问题。第一个问题是：将一个棱长4dm的正方体水箱中的水（满的）倒入一个长8dm，宽2.5dm的长方体水箱，此时水面有多高？第二个问题是：一个长方体无盖水箱，长12dm，宽5dm，高6dm，制作这个水箱需要多少平方分米的玻璃？放多少水能够使水面离水箱口1dm？这两个问题考查学生的应用能力，需要学生对问题进行剖析之后，反向利用体积公式进行计算。在微课的最后，还有对这两个问题的分析和详解，可供学生参考。

复习并不是简单地浏览一遍已经学过的知识或笔记，而是要能够利用所学的知识解决实际问题。在教学过程当中，想要提高学生的数学学习力，就要尽可能地培养学生良好的复习习惯，让学生学习的每步路都走得踏踏实实。

总之，除了教授知识之外，培养学生的学习能力也是教师的职责之一。正所谓"授人以鱼不如授人以渔"，当学生的学习能力有一定程度的提升时，教学效率也会随之提升。在信息技术不断发展的今天，微课在小学数学教学过程中的应用也越来越广泛。小学数学教师要不断尝试新型教学方法，尽可能地帮助学生取得进步。

2.思考，让学习更高效——思维导图

刚刚我们提到了，互联网的迅猛发展为我们的学习提供了很多便利，我们都知道，互联网时代，大到浩渺的宇宙天体，小到如何烧菜煲汤，几乎没有网上找不到的知识。我们这一代人觉得在网上查找资料已经足够方便了，我们的孩子，我们的学生这一代，他们的生活已经是这样的：

"小度小度，唱一首卖菜歌。"

"你好，小漫，明天天气如何？"（苏州漫际酒店的智能音箱）

小度是百度旗下人工智能助手，内置DuerOS对话式人工智能系统，让用户以自然语言对话的交互方式，实现影音娱乐、信息查询、生活服务、出行路况等800多项功能的操作；小爱是小米的智能音箱，支持语音交互，具有播放音乐、电台点播、教育学习等功能。有强大数据库和人工智能支撑的各种产品已经成为我们身边一位无所不知，有问必答，而且随叫随到的"老师"。什么都依靠网络，那我们人类岂不是将沦为"无价值的群体"？

回答这个问题前我先和大家分享一个故事。爱因斯坦刚移民到美国时知名度已经非常高了，所以常常受到记者的围堵采访。据说有一次一位记者问他，音速是多少？爱因斯坦摇摇头。记者很诧异："怎么会不知道？你不是一流的科学家吗？！"爱因斯坦说："这些可以在书上查到的东西，我没有记在脑子里。"

有人说，爱因斯坦这句话略显轻狂，但我们从另一个角度来看，也就是说，有比知识更重要的一种力量，是什么呢？是思考！在今天这个知识丰盈且获取异常便利的时代，"好记性"有高科技代劳，无处不在，对人类个体来说，思考比以往任何时候都更有价值。

大家应该发现，我们身边那些学习好，后来发展得好的同学，几乎都有一个共性，就是特别善于思考。成绩好不是因为死读书，而是学得很"活"。如果考试题目难度不大，大家成绩也不会有太大差别。但只要有一两道特别难的附加题，或者是竞赛水平的考试，差距立马就能体现出来。同一个班的孩子，为什么考试成绩有高下之分，知识掌握的程度有强弱差别呢？

原因是虽然孩子们接收到的知识是相同的，但筛选和加工的方式不同，每个人拿到知识后做的事情不同，使得知识产生的价值是不一样的。就像同样的食材，不同的厨师能做出不同品质的菜肴一样，能否对知识做更优质的加工，将成为决定胜负的关键因素。

和大家分享一种可以帮助学生建构知识、发散思维、独立思考、提高学习能力和学习效果的可视化工具——思维导图。

在国内，Mind Map和Thinking Maps都被译作"思维导图"，人们误以为它们是同一种思维工具，但事实上，这两种思维导图不仅起源不同，而且在图示特点、应用场景上都有较大的差异。

首先简单了解一下被大众熟悉的Mind Map。Mind Map起源于英国，是由东尼·博赞先生在20世纪60年代发明的一种思维工具。它运用图文并重的技巧，把各级主题的关系用相互隶属或相关的层级图表现出来，并将主题关键词与图像、颜色等建立记忆连接。

图2-2-1是六年级学生在最后整理与复习阶段，对数这部分知识进行整理的一个Mind Map图例。图上用不同颜色画出了四条主分支，分别是性质、分类、比较、运算，在每一条主分支下，又细分出多级小分支。借助这个图例，可以总结出Mind Map绘制四要素：关键词、连接线、布局、色彩。整个图示有

三个显著特点：第一，注意力的焦点在中央图像上，强调从一个中心进行发散联想。第二，具有多级分支，核心在中间，逐级展开。第三，各个分支由关键词（不是短语，更不是句子）、线条（连接线，类似于人脑神经元的曲线方式）、颜色（合理运用色彩，原则上每个要素用不同的颜色）等元素组成。

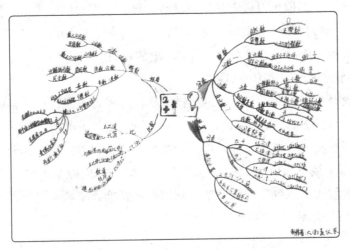

图2-2-1

英式思维导图的图示只有一种，可以表示多种思维类型，如发散联想、分类、顺序等。那Thinking Maps和Mind Map相比，有什么不同呢？

首先，Thinking Maps源自美国，它有八种图示，分别为圆圈图、气泡图、括号图、树形图、双气泡图、流程图、因果图和桥形图。每种图示表示一种特定的思维类型。

圆圈图（发散思维）：可视化地表示联想和定义的发散思维过程。

气泡图（描述思维）：可视化地表示描述事物特征的思维过程。

括号图（整分思维）：可视化地表示"整体—部分"之间关系的思维过程。

树形图（分类思维）：可视化地表示分类的思维过程。

双气泡图（比较思维）：可视化地表示比较和对比的思维过程。

流程图（顺序思维）：可视化地表示顺序排列的思维过程。

因果图（因果思维）：可视化地表示分析原因和结果的思维过程。

桥形图（类比思维）：可视化地表示事物之间类比、类推关系的思维过程。

正因为八种图示和思维类型具有一一对应的特点，所以美式思维导图比较适合低年级学生的思维启蒙，从圆圈图的发散联想开始，学生逐步学习气泡图的描述、树形图的分类等，循序渐进，以此打好思维能力的基本功。

目前，我们在教学中尝试使用的大多是英式思维导图，它具有适应性强、展示效果好、表达方式直观等特点。在小学数学的教学过程中，运用思维导图这种思维工具，不但可以激发学生的潜能，培养学生发散性思维，提升学生的学习力，还能够帮助教师提高备课质量，改善枯燥乏味的课堂气氛，有利于学生在学习过程中透过现象看本质，促进学生的全面发展。

（1）巧用思维导图集体备课

对于教师来说，备课是教学的关键。如何才能提高备课的效果呢？除了教师自己认真研读教材、教学大纲，查阅有关资料之外，教师之间的讨论也是提高备课效果的重要方式，这样可以做到集思广益，智慧共享。然而在通常的备课过程中由于缺乏及时有效的记录和整理，集体讨论效果不好，而且容易跑题。如果我们按照思维导图的方法，利用一些思维导图软件记录备课过程，然后进行必要的整理，就能避免上述情况。

例如，在六年级下册总复习图形计算时，备课组首先整理出小学阶段的平面图形、立体图形的知识点，然后讨论，并在整个讨论过程中大家展开话题，由一位教师负责记录下每位教师的观点，通过讨论确定各个部分的教学内容和教学方法，最后将讨论结果进行整理，分别复制给各位教师，这样大家就得到了一份凝聚着集体智慧的教学设计。这种方式对于青年教师特别适用，这样可以使他们尽早地熟悉教学规律和教学内容（见图2-2-2）。

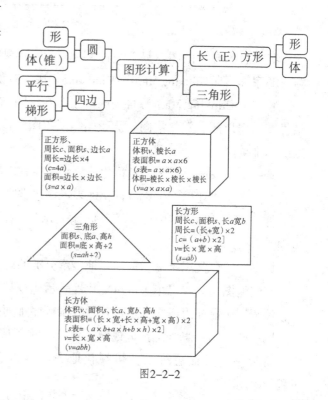

图2-2-2

（2）巧用思维导图有效预习

课前预习是学生提高听课效果的重要环节。如何才能让学生的预习达到较好的效果呢？可尝试指导学生运用思维导图进行预习。学生在预习新课内容时，可以采用思维导图的方式，在原有知识的基础上延伸出新的知识。这个时候，思维导图就能清晰地展现出新旧知识间的关系，可以促进学生的有效学习。

例如，预习《年、月、日》时，学生在白纸的中央以一个常用的图像（如一个云朵）为主题，在绘制草稿图形时能让大脑一下子进入快速思考的步骤，接着产生一系列的学习步骤。至于之后要修改中央主题图案，就随学生自己高兴去做。画上一个云朵后，在中央用一两个词写下预习的主要内容，同时从中央向外画上几条曲线作为几个主要分支，在主要分支的基础上可以有更小的分支。在预习时快速阅读每小节内容，圈选出该节的关键词，选择每节的主要关键词，填到主要分支的线上。当该主要分支上还有更细小的分支时，则继续重复上述操作。完成所有关键词填写后，接着在思维导图上做好相关的标记，如在各分支上用色笔标注上"已了解""已掌握""有疑惑"等（见图2-2-3）。

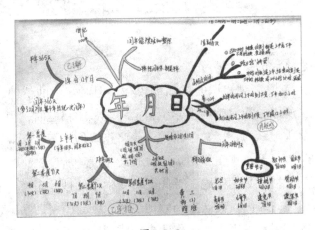

图2-2-3

（3）巧用思维导图突破难点

由于小学生知识有限，所以对抽象性的数学概念和一些思维逻辑性较强的理论知识的理解、掌握具有一定的困难。教师如果仍然采用传统的"满堂灌"的填鸭式教学方法，就很难让学生理解和掌握这些数学概念，而且容易混淆概念，教学效果不理想。为有效解决这一教学难点，教师可以采用思维导图法进行教学，将那些容易产生混淆的知识点进行导图设计，通过图文并茂的方式，直观解决教学难点，提高学生的自主认知能力和辨析能力。例如，在教学《周长和面积》时，由于本节课涉及的公式和单位较多，存在一定的异同点，学生很难理解和掌握，教师在教学之初可以在黑板上写出每一种图形，边写边告知学生该名称，再将这些单位之间的关系进行导图设置，使学生直观理解每个单位之间的关系，进而有助于学生理解其联系，不至于出现混淆现象，提高学生自主认知和辨析能力（见图2-2-4）。

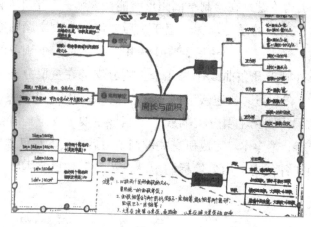

图2-2-4

（4）巧用思维导图帮助复习

对于小学生来说，对知识的求知欲较高，但对知识的整理、总结以及反思的能力较差。所以，当教师要求学生自己整理数学错题时，很多学生都表现得不以为意，简单地认为整理数学错题就是将正确的答案抄一遍，然后交给老师检查，有的学生甚至表现出不耐烦、反感的态度。所以，小学数学教师要让学生乐意并主动去抄写数学错题，首先要转变学生的抄题态度，耐心地向学生讲解让其整理错题的原因；其次要巧妙地运用思维导图帮助学生建立数学错题册，便于学生的复习和巩固。对于作业中的错题，可以集中成册，按题型、知识点等方式分门别类进行整理，便于我们复习和巩固。学习这些方法，就可以提高自己的学习效率、效果。例如，教学《混合运算》，把错误题目和相关的运算顺序结合起来，形成独特的错题集（见图2-2-5）。

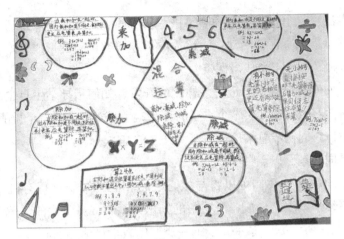

图2-2-5

3. 举一反三，让学生的理解走向深刻——母题研究

小学数学习题是"沟通知识与能力的桥梁"，课本中的练习题是开放、完整的数学课程资源中的有机组成部分。然而，教师在教材习题资源的利用上存在以下问题：①就题讲题，弱化了习题的内涵，没有体现课程资源的丰富性。②就题做题，简化了习题的功能，没有形成数学思维的灵活性。③就题论题，淡化了习题的目标，没有为实现数学素养服务。美国著名数学家波利亚曾说："一位专心认真备课的教师能够拿出一个有意义的但又不太复杂的题目，去帮助学生挖掘问题的各个方面，使得通过这道题，就好像通过一道门户，把学生引入一个完整的理论领域。"其实，很多题目都有其丰富的内涵与外延，我们只需在这些母题的基础上做适当的变形和衍生，用修改、整合、拓展等方式生发出与之关联的子题，引导学生了解这类题的基本框架，找出解题的基本线索，发现这类题在思维方法、解题技巧上的共性，这样不但能巩固其技能，减少题海作业的时间，达到减负增效的目的，还能有效培养学生的发散思维能力，提升学生学科综合素养，帮助学生学会举一反三，做到知类而通达。

实践中，我们主要通过以下5个步骤来研究，分别是选题—整理—讲解—评选—设计。首先教师选取教学过程中发现的经典题、易错题作为母题，设计好教师和学生的母题研究单。接着师生完成母题研究单。母题研究单分为我来讲、我提醒、我推荐三部分。我来讲：①对问题的理解。②对问题的分析。③解决问题的思路。我提醒：①解决问题的关键点。②本题中的易错点。③解决问题的方法。我推荐：推荐1~2道变式题。在此基础上，教师推行"学讲"方式，利用课前3分钟和延时服务时间，让学生在小组内讲，到讲台上讲，通过学进去、讲出来，争做"小讲师"，进一步巩固和内化知识。最后，教师定期开展"讲解小达人"评选活动，将优秀的母题研究单整理形成校本作业，将精彩的"小讲师"视频汇总成微课资源。

那么，如何对母题资源进行多样化的开发，如何指导学生自主对母题进行变式拓展的学习呢？这其实是个重要的环节，也是对教师的一个挑战。

研究中，我们初步总结出母题资源开发的基本策略。

（1）横向联系，以点带面

通过横向联系，我们可以将与核心主题相关的知识进行有机结合，从而更好地理解数学本质，形成一个完整的知识体系，促进学生的整体思维能力发展，从而实现"学一题、透一点、通一类"的教学目标。

案例1："多边形面积"

母题：平行四边形面积计算公式。

在探究平行四边形面积计算公式活动中，学生感受到"转化"思想，以此为基础，教师顺势出示子题，即三角形、梯形的面积计算，引导学生将"转化"思想应用到其他几何图形面积计算中，发现它们之间的联系，帮助学生建立几何图形的整体结构意识。教师甚至可以再抛出一个子题——圆的面积计算，促使学抓住"转化"思想的核心概念，进行研究，真正实现"学一题、透一点、通一类"（见图2-2-6）。

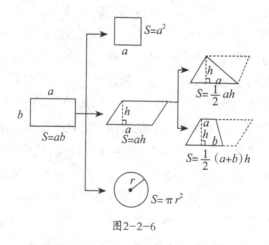

图2-2-6

（2）纵向延伸，连点成链

纵向延伸是一种将已有知识拓展到更广阔的领域的方法，旨在帮助学生更深入地理解同一主题或类似问题，从而使研究更深入全面。

案例2："周长与面积"

母题：王大叔用22根1米长的木条围一个长方形菜园。

在整个学习过程中，教师以母题为基点，组织学生读取数学信息，自主分析发现：当长方形的周长相等时，它的长和宽越接近，面积越大。学习单见表2-2-1：

表2-2-1

长/米	10	9	8	7	6
宽/米	1	2	3	4	5
面积/平方米	10	18	24	28	30

我发现：当周长相等时，长和宽越接近，面积越大。

然后教师出示子题，引导学生思考：48个边长1cm的正方形拼成长方形，会出现哪些情况？能发现什么规律呢？学生运用一一列举的方法进行列表，观察后可以从中发现规律：当长方形面积相等时，长和宽越接近，周长就越小（见表2-2-2）。

表2-2-2

长/厘米	48	24	16	12	8
宽/厘米	1	2	3	4	6
周长/厘米	98	52	38	32	28

我发现：当长方形面积相等时，长和宽越接近，周长越小。

母题和子题通过对长方形周长和面积的关系不断探寻与验证，从知识的一点延伸至其他点，使得学生知识结构从零散走向整体，学生能够辩证掌握知识，从而使学生的数学思维更具深刻性。

（3）变换题型，凸显本质

通过对母题的学习和研究，了解问题的核心知识与特征。只要把握其本质，就算面对千变万化的题目，也能在"变中找到不变"，达到"万变归一"的境界。

案例3：求图形阴影部分的面积

母题：图2-2-7由边长8cm和6cm的正方形组成，求阴影部分的面积。

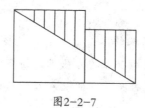

图2-2-7

子题1：图2-2-8由边长8cm和6cm的正方形组成，求阴影部分的面积。

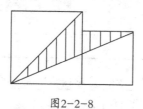

图2-2-8

子题2：图2-2-9由边长8cm和6cm的正方形组成，求阴影部分的面积。

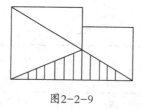

图2-2-9

子题3：图2-2-10由边长8cm和6cm的正方形组成，求阴影部分的面积。

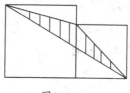

图2-2-10

子题4：图2-2-11由边长8cm和6cm的正方形组成，求阴影部分的面积。

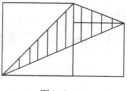

图2-2-11

教学中，教师充分利用图形的变化，挖掘题中的深意，延伸题目的广度。虽然阴影部分在变，但解决问题时都是运用了转化的策略，将阴影面积转化为两个正方形面积之和减空白图形的面积。通过变式设计与思维对接，培养和训练学生数学思维的概括性。

（4）开放设计，发散创新

将封闭式问题通过呈现方式的改变，或者条件和问题之间的变换改编为开放性的问题。让每个学生都参与进来，使不同思维水平的学生都能够得到发展。

案例4："和倍问题"

母题：一头牛和一只羊一共重375千克，一头牛的质量是一只羊的4倍。一只羊重多少千克？一头牛重多少千克？

此题是《除数是一位数的除法》的相关内容，其核心知识是基本数量关系。和÷（倍数＋1）＝1个单位。教师在学生建立数学模型后，采用开放式设计，引导学生主动变式。

"你能对原题进行变化，使它成为新题目吗？"大部分学生还会把"一只羊的质量作为1个单位"，只是改变一头牛和一只羊的倍数关系。这时，教师进一步引导学生开放探究，提出如果把条件改为"一头牛比一只羊重375千克"，那么该如何解决呢？说说你是怎么想的？从而引出另外一种题型——"差倍"问题。

通过创编习题开发子题，学生可以更好地理解问题的原理，并能够灵活运用模型和分析方法来解答变式难题，从而提高思维的灵活性、发散性和创新性。

实践证明，母题研究能够帮助学生更好地联系相关经验，促进思维发展，探索主题中蕴含的数学思维、数学方法和数学精神品质，从而大大提高学生的学习能力，值得我们不断努力探索。

（二）慧教

1. 设计中聚焦简约，因简约而高效

走过课改十多年，课堂的主要进步是什么？我想首先和大家分享这么一组材料。《小学教学》2016年第1期"齐华课堂"栏目中，编者如是说：

有人说，张齐华是小学教育界的"数学王子"，华丽、精致、灵动、厚重是他数学课堂最鲜亮的名片。

然而，随着课程改革的不断深化，随着数学教学的不断转型，在他的课堂上，我们开始见证一场"静悄悄的革命"：

曾经的华丽开始渐褪，质朴、干净、纯粹成为他数学课堂的崭新底色；

曾经的精致渐行渐远，开放、研究、对话成为他数学课堂的全新样态；

曾经的灵动依旧坚守，但灵动的背后，多了一份向着学生的关怀、等待与情愫；

曾经的厚重亦有保留，但厚重的不再只是数学历史、数学文化，学生丰厚的学习成果、开放的思维过程、多元的观点碰撞、精彩的课堂生成渐渐成为其课堂的"新常态"……

这期刊登的是张齐华的第五版"圆的认识"教学实录。张齐华老师有句工作格言："永远不重复别人，更不重复自己。"当代教育家研究院的陈洪杰老师在随后的评课《比卓越更卓越》一文中说：

"圆的认识"是齐华的成名课，第一版"圆的认识"至今还可以作为技术融入教学的典范来看。但那一版的精致，从"教与学"的视角看，呈现的是教师的教：设计环节的精巧，制作学具的精美，控制课堂的精细。在第一版中，看得到教师的匠心独具和技术的流光溢彩，却很难看到学生，或者说，这样的设计没有给学生留下空间。后来，看到齐华的第二版、第三版、第四版，真心为他的转变喝彩，佩服之心油然而生。看到今天的第五版，不得不击节而叹：百尺竿头！

以前那么细腻的课，到这次全课只有一张练习纸，纸上只有一道题的粗放的课，中间有千山万水的距离。

课改初期，我们为"精美"的课堂痴迷，更多关注课件等现代化手段在课堂中的演绎。而当前很多"观摩课"更接近"家常课"，这实际上体现了更为深刻的思考。

追求课堂的高效，我们应该摒弃教学中华而不实、流于表面、非本质的东西，直接深入数学内容的核心；摒弃教学中重复无用、低级作秀的环节，运用简单有效的教学方法帮助学生"快"而"乐"地学习。下面我从教学目标、教学手段、教学结构三个方面谈谈如何聚焦简约，实现因简约而智慧、高效。

（1）目标：简明而实际

教学目标是课堂教学的灵魂，教学目标如果定偏了，就会直接影响"怎么教"，从这个意义上说，"教什么"比"怎么教"更重要，关系到课堂教学的质量。"教育是慢的艺术"，一节课的教学不可能实现很多目标，但准、精、实很重要。

首先，要区分课内目标和课外目标，不能把原本应由课外完成的目标放在课内，造成目标膨胀和臃肿；

其次，要区分达成目标和方向目标，如"培养能力"等只能作为一种方向目标，如果两者混淆，就会脱离实际；

再次，要区分实然目标和或然目标，实然目标是通过教学全体学生都能达到的目标，或然目标则是学生通过自学、体验结合自身实际有可能达到的、拓展性的、个性化的目标，如果两者混淆，就会拔高目标。

一节课的三维目标是和谐统一、不可割裂的，千万不能把"三维目标"理解成三个目标。另外，一节课中不应该贪多求全，对教学目标要合理取舍，这就是"少则得，多则惑"（老子《道德经》）。只有强化目标意识，紧扣主线，我们的教学才能走向高效。

以"鸡兔同笼"这节课为例。"鸡兔同笼"作为一道经典名题，原生价值丰厚，催生多元取向，在国标新教材中，不少版本都有安排。曾经教学过北师大版教材的教师质疑：只教学列表法，太单薄了，不过瘾。执教过旧人教版教材的教师却"抱怨"：一节课要教列表法、假设法、方程法等方法，太多了。"鸡兔同笼"多元的解读即编者多元的取向，并不意味着教学可以"自由发挥"。

浙江数学特级教师朱乐平带了一个名师工作室，专门进行"一课研究"。来自杭州市临平区塘栖第一小学的戚国琴老师是朱乐平名师工作室第18组的成员，她曾经对3版不同教材中的"鸡鸭同笼"进行了比较研究，发现无论是"编排顺序"还是"解决方法"都存在明显差异。比如，人教版将"鸡鸭同笼"安排在四年级下册数学广角，直接从《孙子算经》上的古题引入，出现了列表法、文字假设法解答。北师大版将"鸡鸭同笼"安排在五年级上册"尝试与猜测"，通过一道现代的"鸡兔同笼"问题，引出了三种不同的列表法：逐一列表、跳跃列表、取中列表，最后通过"你知道吗"介绍了古代原题。苏教版将"鸡鸭同笼"安排在六年级上册"解决问题策略"，直接出现鸡兔同笼的类似题，让学生体会假设策略在不同情景中的应用特点和思考过程，然后分别通过画图和列表呈现了两种不同的假设方法，通过对假设后数量关系的变化进行研究。

不同版本教材侧重不同的解题方法，但我们不难发现，这里的列表、假设、画图等方法的主体思想还是猜想假设，所以假设可以作为最核心或相对核心的思想，应该成为这节课简明而实际的目标。

教学目标的简明不仅体现了对教材的把握，也可以使我们的教学不偏离"轨道"而实现高效。所以，只有围绕核心目标适度取舍，才能有的放矢做到简约而高效。善于就文本的内容进行教学选择，是一种教学眼光，也是一种教学智慧。

（2）手段：简朴而实用

教学手段是师生相互传递信息的工具、媒体或设备。随着科学技术发展，现代化教学手段如投影仪、计算机、视频展台及各种电子视听设备和多媒体网络等电教器材走进了课堂，与传统的教学手段———一本教科书、一支粉笔、一块黑板、几幅挂图相比实在是琳琅满目。现在很多课堂，尤其是上公开课，似乎不用现代化的设备，该教师就落后了，这节课就陈旧了。其实，我们的学习是要靠学生"做"和"悟"的。

高效课堂呼唤教学手段的选择，要返璞归真，力求简朴而实用。能用模型、卡片解决的问题就不要用课件，能用PowerPoint课件解决的问题，就不要花很大精力甚至熬夜去制作精美的多媒体动画。否则，就是杀鸡用牛刀，小题大做，或为应用而应用，偏离了教学的本质。

比如，"体积与容积"这个内容经常作为公开课展示与观摩，很多教师都借用《乌鸦喝水》的动画故事导入，增强内容的吸引力，以此来加深学生对"所占空间的大小"的概念的理解。但是有一位教师放弃了这一有趣的动画故事导入，在讲台上放了两个装满水的同样大的杯子，往其中一个杯子里放入一颗小土豆，分析水溢出去的原因，往另一个杯子里放入一个较大的地瓜，分析溢出的水为什么更多，让学生理解物体占了空间，把水挤出去了，占的空间大，挤出去的水就多，物体所占空间的大小叫物体的体积。动画演示赏心悦目，而实际操作、亲身体验更加真实可靠。

再如，在教学《平行与垂直》时，为了帮助学生认识平行线意义，理解"同一平面""永不相交"这一难点，教师常引导学生观察课件上a、b两条棱的位置，它们虽不相交但由于不在同一平面也不是平行线，这对我们成人来说非常容易理解，学生理解却很吃力，教学中能呼应的常是少部分学生，这是因为学生的年龄特点，受限于学生的空间观念发展的水平。有一位教师在这个环节怎么处理的呢，她舍弃了课件演示，启动了一个废弃的茶叶盒，将茶叶盒制作成一个平面展板，上下各画两条直线，学生轻松判断出它们是平行的。紧接着，教师通过旋转上下两部分，首先直观看出两条直线不在同一平面内，再让学生想象两条直线无限延长始终无法相交，从而形象地理解平行线的"同一平面""永不相交"的属性。

多媒体等现代化教学手段固然直观，但有时声影结合的画面未必比一块质朴的板子、一双手更能说明数学本质问题。教学手段是为教学目标服务的，我们应该选择最简朴、最实用的方式促使学生的学习向纵深发展。

（3）结构：简洁而实效

许多教师上课求新求异，设计了很多环节很多花样，学生没时间去思考哪个更重要。特别是有些环节还经常"撞脸"，教学环节所采用的形式差不多，没有新意，还有的是不同的环节解决的问题差不多，没有层次。

笔者认为设计教学方案时结构要简洁而有实效。结构简洁，就是减去重复的不必要的环节；结构简洁，就是让教学更加连贯一些，层次更加分明一些；结构简洁，就是让教学的重点更加突出，难点有效突破。

还是以苏教版二年级下册《认识直角、锐角和钝角》一课为例。

环节一：直角变式

师：你们听，谁在说话呢？

课件播放录音：同学们，你们好！我是直角，看，我坐得多直呀，我呀，还会变呢！不信，你们瞧！（见图2-2-12）

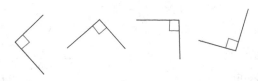

图2-2-12

看了直角的变化，你想说什么？

师：你们说得太好了，不管直角怎么变，它还是直角。

环节二：测量直角

师：在数学书的封面上一共有几个这样的直角？

师：让我们一起来把这些角请到大屏幕上（见图2-2-13）。

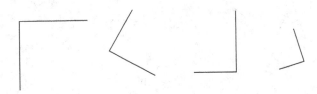

图2-2-13

师：让它们排排队，这样是直角吗？（转一转方向）这样还是直角吗？

师：老师感觉这个角的样子（指着第二个角）不像直角啊？

师：谁来用三角尺比给我们看看？（其他小朋友注意看他是怎么比的？）

本节课教学目标中有一个是：能用三角尺上的直角比一比的方法判断一个角是直角还是锐角或钝角。

环节三：认识锐角和钝角

师：同学们，我们认识了直角，它还有两个好朋友呢，让我们用掌声把它们请出来吧！（鼓掌）我们一起说：两位朋友，欢迎你们！（见图2-2-14）

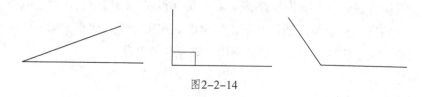

图2-2-14

环节四：练习巩固

下面这些角宝宝迷路了，你能帮它们找到家吗？（请小朋友在作业纸上用线连一连，帮这些角宝宝找到自己的家）（见图2-2-15）

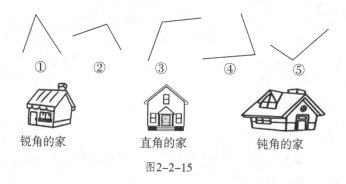

图2-2-15

虽然这样设计使得每个环节解决的问题目标明确，但环节太碎了，而且没有新意。于是，笔者将这几个环节进行整合。设计如下（见图2-2-16）：

图2-2-16

师：你们听，是谁在说话？

（播放录音：我是角宝宝，我还会跳舞呢，左三圈，右三圈，伸伸胳膊，踢踢腿，瞧！）（课件）

问题1：在这5个角宝宝中你能找到直角宝宝吗？1、3号肯定不是直角，一眼就能观察出来，5号是不是有争议？需要请出三角板来测量。这里渗透了比较的方法，先观察再重叠。

问题2：通过测量验证，知道了2、4号是直角，但跟上面那个直角比，有什么不一样？这里解决了直角变式问题，突出了直角的本质特征：大小都一样。

问题3：1、3、5号不是直角，它们有自己的名字，分别是什么呢？

课堂上时间是一个常数，加之小学生精力有限，所以要精心设计每个环节，不要太碎太花哨，可以一"材"多用就多用，一"材"多变就多变，使臃肿的环节瘦身，整合后这个板块通过直角宝宝的"变变变"，将下面要探讨解决的问题都藏在里面了，抽丝剥茧，层层深入，简洁而高效。

（4）情境：简单而实在

其实这里的环节，都用情境做了载体，之前也有过不同的声音，有的觉得情境"移步换景"比较好，有的觉得"一例到底"比较好，没有一个标准答案，以实际课例为准。

让学生在生动具体的情境中学习是新课标的重要理念，就是教师将教学目标外化为一个学生容易接受的情境，让学生身临其境，有直观的形象可以把握，有浓厚的气氛可以感受，使学生在学习过程中获得求知、认知的乐趣。情境创设的重要性已被教师认可，并在课堂上实施。

但在实践中不少教师创设情境的效率不高，价值不大。例如，有的情境不符合学生的生活实际，有的情境与下面要学的内容关系不大甚至是相去甚远，有的情境过于花哨，以至于分散了学生的注意力。所以，教学情境的创设要简单而实在，不可忽视教学内容的本质，而刻意追求形式上的标新立异，这样的情境只会喧宾夺主，达不到情境教学的实效性。

说到情境，很多人会联想到富有情趣的故事，以为只有故事的创设才叫情境，这其实只是情境中的一种——故事情境，还有操作情境、问题情境等。相对来说，低、中年级的教学情境和它的教学一样比较感性，以吸引学生的注意力和兴趣居多。到了高年级，学生已经有了一定的生活经验，他们的学习可以从已有生活体验出发，这时的教学情境以能比较理性地触动学生思考的问题情境居多。

创设简单有效的教学情境的例子不胜枚举，我们也做过一些思考。只要能引发学生的数学思考，激发学生的求知欲望，三言两语的情境未必不是一个好情境。

例如，在认识"长方体的长、宽、高"时，我们设计了这样的问题情境：

如果将长方体12条棱擦掉1条，你还能想象出这个长方体的形状吗？如果擦掉2条、3条甚至更多条呢？试一试，看至少留下几条棱，才能确保想象出长方体的形状？当学生在经历尝试、探索、操作、优化等数学活动后不约而同地选择了长、宽、高三条棱时，规定性的数学常识"长、宽、高"在这一刻被"活化"了。

再如，《圆的认识》一课，我们参赛的学员备课时用故事情境导入：去游乐场玩，然后从摩天轮导入，还要出示一个摩天轮的图片，其实就是想从生活中引入圆。后来重建：同学们，知道我们今天要学习什么内容吗？生活中，你在哪些地方看到过圆？（体上有面，面中有形）体—面—形。回忆一下，我们原来还学习过哪些平面图形？圆和这些平面图形有什么不同？（线段围成，曲线围成）出示一个椭圆，这个形状也是由曲线围成的，那它是圆吗？那圆究竟有什么特别之处呢？今天我们就来一起探究圆的奥秘。（揭题：圆的认识）

2. 教学中增长智慧，因智慧而高效

（1）结构化教学，着重联系，提升理解力

美国教育家布鲁纳认为："不论我们教什么学科，务必使学生理解该学科的基本结构。"也就是说，我们教给学生的不能只是孤立的知识和零散的结论，而应该站在学科结构的高度，关注所教内容的整体性和关联性，帮助学生从宏观上理解所学内容。

小学数学教材中的四大板块内容，都是按照数学知识的逻辑体系和学生的认知特点而建立起来的结构体。教师在准备和研究单课时教学内容时，要有整体意识和全局观念，即弄清楚本课内容与前后知识之间的联系，本课学习方法对未来学习的迁移影响，引导学生充分认识和掌握数学的知识结构和方法结构，体验数学知识发生和发展的全过程。

① 知识层面，见木又见林

小学数学知识绝不是一个个孤立的、碎片式的"散点"，而是具有内在联系的一个有机的整体。教师应引导学生前后联系、融会贯通，将知识点串成知识链，由知识链织成知识面，从而形成"点→线→面"立体交互式的整体知识网络，帮助学生形成较完整的数学认知结构。以苏教版教材四年级下册"图形与位置"中的"确定位置"教学为例，无论是四年级的"用数对确定位置"，还是六年级的"用方向和距离确定位置"，都属于二维空间确定位置范畴，即确定原点后需要两个元素才能完成。教学这部分内容时，应从第一学段中"第几"这个一维线性空间的知识点开始，引导学生回忆在一条线上是如何确定位置的，再通过想象感悟到，在平面上确定位置只有一个元素是不够的，有效地将前后知识进行沟通和融合，使学生原有的认知结构得到扩充和完善。

笔者写了一篇文章《合理设"坡"，教学有"度"》发表在《小学教学》2018年第22期，其中一个案例就是我工作室成员执教的"用数对确定位置"。"用数对确定位置"是苏教版四年级下册的内容，教材呈现了一个学生熟知的现实场景，即教室里有序排列的座位，并提出问题"小军坐在哪里"，引导学生利用生活经验进行不同方式的描述，产生认知冲突，体会"简洁、准确地表示小军位置"的必要性。从以往听课中发现，大多数教师直接利用教材主题图导入，几乎没有人把一年级的"第几"和新知"数对"做对比和联系。其实，在苏教版一年级上册"认识第几"教学中，学生已经认识到，在确定位置时，要先确定从哪个方向开始数，然后从1开始按顺序往下数，数到几，位置就是第几。本节课，教师把"第几"这个一维线性空间的知识点进行铺垫复习，让学生了解明确规定、统一标准是确定位置的重要前提和条件，为后续二维平面空间中"列和行"的教学做了结构上和思想上的"垫坡"工作，把旧知与新知进行了有效沟通和融合，满足学生的"最近发展区"，帮助学生真正弄明白确定位置的方法和标准是如何产生的，在思考体悟中逐渐抽象建模，使原有的认知结构得到扩充和完善。

又如，一位教师在执教三年级《认识面积》一课时大胆创新。首先，从周长开始，通过用10cm长的线段围长方形的活动，引导学生思考感悟：观察图形，除了看"线"的长短，还可以看"面"的大小，从而引出"面积"这一概念。接着，通过摸一摸、铺一铺、量一量等活动，带领学生体验、理解、建构概念。最后，通过"面积和周长相关吗？"问题驱动，带领学生在活动中交流收获，得出结论。我们都知道周长和面积，一个是"线"，一个是"面"，看似不相关的两个概念，却被教学者巧妙关联起来，从周长到面积，从区别到联系，帮助学生在思辨的过程中融通关系，增长智慧。

总之，我们应将课时知识置于单元或整册教材的结构之中，着重探寻知识之间的联系及规律，让学生既见树木又见森林。

②方法层面，授鱼又授渔

要培养学生的数学学习能力，就应该注重学习方法的指导。因为，学习方法既是学生知识体系中的一个重要元素，也是学生能力结构中的一个重要元素。构建完整的数学知识体系，学生除了需要认识结构，还需要有自主建立结构的方法和能力，因此教学时，教师除了要关注知识层面的联系，还应关注方法层面的迁移，为学生提供一个由已知到未知的通路。以"数的计算"教学为例，可以分为整数、分数、小数、百分数四个子结构，它们的要素不同，但学习的方法基本相同，都是"算理⇄算法"二维相生的方法结构，即从算理到算法，再依据已有算理推出新算理，依据新算理和已有算法推出新算法。

教学二年级《认识直角、锐角和钝角》时，一位教师设计了角宝宝"变变变"环节，引出一组5个大小不同的角，提问："在这5个角宝宝中你能找到直角宝宝吗？"学生一眼就能看出1号比直角小，3号比直角大，它们都不是直角，没有争议。剩下的2、4、5号，有的认为都是直角，有的认为5号不是直角，教师顺势引导："有些角通过观察的方法就能判断，有些角得请三角尺上的直角来和它重叠比一比才行。"边说边板书"观察"和"重叠"。这样设计，不但教给了学生比较角的大小的两种方法，而且使学生感悟到这两种方法之间的层次性，即能一眼判断时就选用观察法，当观察法不能够确定时再采用重叠法，方法的渗透和选择为三年级学习面积的大小比较种下了智慧的种子。

总而言之，我们在利用结构化思路组织教学时，除了要关注知识层面的结构，拓宽所学内容的宽度，还应关注方法层面的结构，呈现所学内容的深度，授之以鱼不如授之以渔，促使学生掌握知识的、方法的多重意义的建构，给学生创造一条能够有效地达到学会学习、丰盈智慧的途径。

（2）学科化教学，着眼本质，培植思考力

弗赖登塔尔曾说："没有一种数学的思想，以它被发现时的那个样子公开发表出来，一个问题被解决后，相应地发展为一种形式化技巧，结果把求解过程丢在一边，使得火热的发明变成冰冷的美丽。"教材所呈现的显性的内容，往往是形式化的结果，作为教师的我们应该努力地将静态的、冰冷的数学转化为动态的、有温度和深度的数学，关注数学概念、结论的内涵和意义，关注数学思想的提炼和渗透，让学生掌握数学的真谛和精髓，真正提高数学智慧水平。

① 突出过程，从形式到内涵

对于概念、结论这种定义式的知识内容，学生在学习掌握时大致可以分为三个层次：第一层次是形式化的记忆；第二层次是概括化的理解；第三层次是内涵化的吸收。要想让学生真正领会数学知识的本质，强化学生的数学理解，我们在教学中应重视知识的发生、发展过程，引导学生经历"再创造"活动，使学生知其然又知其所以然，真正从形式定义走向数学内涵。

例如，像刚刚说的"数对"这种描述性的知识，教师直接告知也未尝不可，但这样的话，学生对"数对"产生的背景及必要性就不能真切感受。首先让学生经历一番"再创造"的过程：通过"猜朋友"的游戏，发现根据描述不是都能猜对，引发认知冲突，从而体会准确表述位置的必要性。接着让学生用统一的"第几列第几行"的方法记录位置，教师越报越快，学生来不及记，发现写文字太麻烦，产生更简洁写法的需要。

再如，教学"距离"这一概念，如果只是简单地告知"连接两点的线段的长度叫作这两点间的距离"，学生并没有理解距离的本质，即"最小值"。所以，教师在教学时，可以先出示A、B两点，让学生尝试画出连接这两点的三条线，然后展示交流，提问："连接A、B两点的几条线中，哪一条最短？"从而揭示出"两点间的距离"的概念。接着，教师可以出示一条直线L和直线外一点P，通过操作交流让学生明白点P与直线L上任一点连成的线段中，最短的那一条叫作"点到直线的距离"。这样教学，帮助学生通过"具体—抽象"，经历概念的形成过程，深刻地理解了什么是距离，为后续学习"两平行线之间的距离""点到平面的距离"等概念实现知识迁移做了良好的铺垫。

②挖掘思想，从显性到隐性

小学数学教材在编写时通常有两条线：一条是明线，即数学基础知识；另一条是暗线，即数学思想。其中，数学基础知识以文字的形式直接在教材中呈现，我们称之为"显性知识"，它反映着知识间的纵向联系；数学思想往往并没有明确地写在教材上，常常隐藏在知识的背后，需要经过分析、提炼才能显露出来，所以我们称之为"隐性知识"，它贯穿着数学教材的始终，反映的是知识间的横向联系。数学知识与数学思想是数学整个板块内容的两根强有力的支柱，数学知识蕴载着数学思想，数学思想又产生数学知识。因此，在课堂教学中，教师除了要教给学生显性知识外，还要帮助学生建立数学思想，这既彰显了教师的水平和智慧，又影响到学生的素养和能力，因为，数学知识的教学只是简单的信息传递，而数学思想的教学才能使学生形成一定的方法和观念，使学生拥有终身受益的数学素养。

例如，在教学一年级"20以内退位减"时，有这样一组练习：

教师在教学时不能仅仅满足于让学生通过计算得出正确的答案，而应该进行深层次的挖掘。首先引导学生在计算后观察、思考，发现这三道算式被减数逐渐增大，减数不变，差也逐渐增大。从下往上看，则是被减

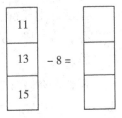

"20以内退位减"练习

数逐渐减小，减数不变，差也逐渐减小。接着可以鼓励学生利用生活中的事例来进一步说明这一发现。例如，笔者在教学时，有学生举例说，小红有11个苹果，小明有13个苹果，老师有15个苹果，三个人都吃掉了8个，原来总数少的小红剩下的苹果最少，老师原来的苹果最多，所以剩下的也就最多。虽然因为考虑到学生的年龄，教师没有明确说明这是什么思想，但学生在观察分析、举例说理的过程中充分地体会了其中的"变与不变"。

再如，小学平面图形面积的学习，如果在平行四边形面积计算方法的推导中采用了转化的方法，并让学生有了"转化思想"，那么后面学习其他平面图形的面积计算方法就很容易了。因为转化是数学学习和研究的一种重要思想，把不会的问题转化成会了的问题，将复杂的问题转化为简单的问题，这在解决数学问题时经常会用到。前面铺好了路，后面走起来就顺畅多了。

（3）形象化教学，着力表达，激发原动力

为了学生的智慧发展，让学生从"学会"走向"慧学"，我们除了要关注教什么，还应关注怎么教。上文所谈到的教结构、教过程、教思想意在从内容中寻找智慧，那么，如何在教学方法中实现智慧也应该成为我们的一种追求。

一位教授曾经说过："好的教师在于将抽象的数学知识用通俗易懂的语言进行描述，能够通过各种形象的教学手段对学生进行讲解。"形象化教学，旨在借助形象化的教学语言和教学手段传递信息、进行表达，尽可能地把抽象的、枯燥的数学内容形象化、生动化，让数学动起来、活起来，激发学生原动力，促使学生乐学、爱学。

① 形象化语言，为教学增色添彩

教学语言是教师课堂教学的直接载体，可分为有声语言和无声语言，其中，无声语言又包括肢体动作、表情眼神等。课堂上，无论是情境描述、讲解点拨或是激励评价，教师都要依靠教学语言传递信息、表情达意，教师的语言功底直接影响着教学的效果。而对于小学生来说，兴趣是最好的老师，小学数学教育的关键任务则是培养学生对数学的兴趣，因此，教师应运用形象化的语言，激活课堂气氛，激发学生学习兴趣，将抽象的事物具体化，将深奥的结论通俗化，将枯燥的知识趣味化，展现数学课堂的艺术魅力，引发学生情感的强烈共鸣。

例如，在教学二年级"认识直角、锐角和钝角"时，教师通过让学生指出教室中和身边物体上的直角，帮助学生建立直角表象、揭示直角概念。教师首次执教时问："这些角有什么共同的特征？"举手回答的同学寥寥无几，答案也不能令人满意。因为如此提问，教师语言过于数学化、专业化，二年级的学生也许对于"特征"这个词还不能领会，或者知道大概意思但难以用合适的语言把自己的想法表达出来。于是，再次执教时，教师换了一种问法："你们指出的这些角好像长得差不多，你能用手势把它比画出来吗？"课堂上顿时热闹起来，有的同学用右手大拇指和食指比画出一个"八"，有的同学用左手食指和右手食指搭出一个直角模型，还有的同学把左右手掌根靠在一起，用手掌当作边比画出一个直角。在这个环节中，教师不但用形象化、儿童化的语言进行了引导和提问，而且要求学生尝试用形象化的无声语言来"回答"，使学生学习的热情被激发，思维被激活，学生个个想方设法用肢体语言来创造，争先恐后想展示和表达，加深了对直角表象的感知和认识，培养了数学思维的敏捷性和独创性。

再如，在教学"体积单位"和"容积单位"相互之间的进率时，我们可以编一个简短的小故事，讲给学生听："立方米、立方分米、立方厘米"三兄弟刚出世不久，它们的"亲生父母"根据它们各自不同的性格特征，给它们取了不同的乳名分别叫"方、升、毫升"，后来它们又根据自己的年纪的排行，分别自称"老大、老二、老三"。学生听后大笑，并在笑声中受到启迪——抽象的数学内容包含着这么丰富而有趣的知识。

②形象化板书，为课堂画龙点睛

形象化的教学手段多种多样，如故事情境、游戏活动、教具模型、课件图片等。这些教学手段，能够调节学生学习的情绪，为学生提供探索发现的机会，将生硬枯燥的数学知识变得具体形象，较大程度上提高了数学课堂教学的趣味性和有效性，改善了教与学的效果。新课改以来，无论是教学理念还是硬件设施，都为教师实施这些形象化教学手段提供了支撑和帮助，它们的身影在课堂上多姿多彩、精彩纷呈。但笔者在不少课堂上发现，有些教师为了形象化而形象化，一些教学手段的运用只是流于形式，还有的教师为了现代化而现代化，整节课成了多媒体的大展台，忽略了传统教学手段——板书的设计和呈现。

科学研究显示：在进入人脑的各种信息中，视觉信息约占75%。而板书，就是教师在课堂上利用视觉形象向学生传递信息的一种重要的手段。因此，板书的设计直接影响着课堂教学的质量，影响着学生学习的思维和方法。一份优秀的板书设计，其内容是科学准确的，应做到重点突出、主次分明；其形式是有条有理的，应做到思路清晰、结构完整；其呈现方式是循序渐进的，应做到与讲解同步、与思维共振。

以二年级《认识直角、锐角和钝角》一课的教学为例，教师在最初的教学设计中呈现的板书如下（见图2-2-17）：

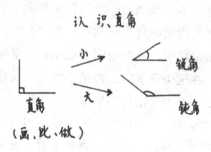

图2-2-17

从内容来看，这份板书不够准确严谨。第一，本节课的教学内容是直角、锐角和钝角的初步认识，虽然以认识直角为重点，但将板书的课题写成"认识直角"不够完整和全面。第二，本节课技能培养目标是"学生会借助三角尺上的直角辨认直角、锐角和钝角"，而板书中只呈现了知识目标中的内容，没有呈现技能目标涵盖的内容，即"怎么比"的方法，至于数学课程教学的精髓——数学思想，在这里更是找不到踪迹。再从形式上来看，这份板书以直角的初步认识为主，通过与直角的比较，直观认识锐角和钝角，体现了一定的条理性和结构性，但三种角的联系和区别表现得还不够具体、形象、生动，整个知识点和方法的结构还不够系统和完整。

经过研课、试教，教师最后将本节课的板书重新设计如下（见图2-2-18）：

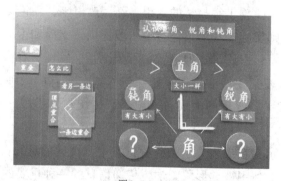

图2-2-18

从内容上来看，这份板书有知识层面的，即直角、锐角、钝角的初步认识；有技能层面的，即要辨认一个角是不是直角，用三角板上的直角"怎么比"；有方法层面的，即比角的大小，先用观察法，当观察法不能确定时再用重叠法；有思想层面的，即"变与不变"，直角的位置、方向或边的长短变了，但大小一样，锐角有大有小，但都比直角小，钝角也有大有小，但都比直角大。再从形式上来看，这份板书的右半边利用活动角这一材料，以直角为标准，将锐角、直角、钝角三者的大小关系直观形象地梳理出来，同时，将上一节课中认识的"角"纳入其中，并对"角"家族中其他成员进行了拓展，形成了一个相对完整的认知体系；左半边比较角的方法，思维层面先用观察再用重叠，重叠时怎么操作，层次分明、一目了然。整个板书将一节课的重点、精华及内容各部分之间的关系进行了呈现，条块结合、结构完整，帮助学生理清学习思路，总结学习方法，提高了学生的审美能力，使教学效果事半功倍。

学习力高效的课堂，是核心素养视角下教育教学的必然走向，也是教师专业成长、学生智慧生长的有效载体。立足学生终身发展需要，关注教学内容和教学方法的选择，着眼学科本质，着重结构联系，着力形象表达，让学生想学数学、乐学数学、会学数学、学好数学，在学习活动中生成学习力，增长智慧，真正从"学会"走向"慧学"。

二、作业设计

"减负"喊了多年，学生课业负担似乎越减越重，尤其是到了中学。造成学生课业负担过重的原因是多方面的。单纯从教学的角度看，大概有这么两个原因：一是不少教师坚持熟能生巧的教育理念，认为多做练习就能让学生学明白，就能取得较好的学习效果；二是很多教师担心自己布置的作业少了被别的学科抢了时间，把布置作业变成抢夺学生学习时间的手段。有了这样的心理，导致不少教师盲目地给学生布置过量的作业，这些作业质量不高，机械、重复得过多，精准性差。长此以往，不仅会加重学生的学习负担，还会引发学生的厌学情绪。

因此，教师要科学设计作业，加强对学生作业的指导，让学生把完成作业的过程当成提高学习水平、促进自主学习的过程，甚至当成一种更高层次的创造过程。

那么，如何让作业变得更有"含金量"呢？笔者有以下几点建议。

1. 作业贵在"适量"，并非越多越好

一门作业也许并不多，几门作业加在一起就不少，而学生的课余时间已经少得可怜，因为现在大部分家长都给孩子报了补习班和特长班，挤占了学生几乎所有的时间和空间。过量地布置作业是不科学的，也是不明智的。用最少的作业达成最大的目标，是优秀教师需要终身研究的永恒的课题，所以作业不是越多越好而是越精越好。

2. 作业贵在"适度"，并非越难越好

我们的教师会认为，学生进行高难度训练，就会超越他人，为班级争光；我们的家长总以为，自己的孩子学难一些，就会在竞争中获胜，从而光耀门楣。其实，适合的才是最好的，不适合的就是不好的，超越了学生的实际水平，作业就会适得其反，跳一跳还摘不到"果子"，学生也就不愿再跳了。盲目地对小学生进行高强度、高难度的训练，不仅不能达到目的，反而会影响基础性的学习，甚至会损伤学生的学习积极性。

3. 作业贵在"适用"，并非越"做"越好

这里的"做"，指的是传统意义上做作业，即书面作业。笔者以为，作业形式要多样，除了书面作业，也可以有口头作业和实践性作业，还有准备性作业，不能过于单一。例如，在学习了表内乘法口诀后，不是一定要让学生用纸笔来写来练，可以布置学生回去跟家长玩"对口诀"的游戏，我说"三五"，你对下半句"十五"，练个五六道后再换你说上半句我说下半句，这样在游戏中口头进行口诀练习，学生玩得不亦乐乎。再如，在教学苏教版三年级上册《千克和克》一课时，为了让学生体会1千克有多重，教师可以让学生走进超市，去超市找1千克的物体掂一掂，通过活动，学生不但感受到了1千克有多重，而且积累了丰富的生活经验。又如，我们有一位教师在学习了"长方形面积的计算"后，让学生为自己的房间"铺地板"设计合理的方案。这样学生首先要想办法测量出自己房间的大小，然后要调查目前市场上各种地板的规格与价钱，最后根据实际设计出自己认为既美观又合理的方案。学生在自己探索研究的过程中，能逐步学会去面对问题、思考策略、解决问题。

4. 作业贵在"适宜"，并非教师布置的就好

学生本身是有个性的，每个人的知识背景和思维方式都是不完全相同的。教师要善于激发他们创新的欲望和热情，帮助学生摆脱"唯一路径""唯一结论"的束缚，在作业设计时适当留白，鼓励学生参与作业设计，既调动学生对作业的积极性，又培养学生的发散思维能力。

例如，教学"长方体和正方体"后，教师只出示一个已知棱长的长方体，让学生去解决自己想解决的问题。因思考的角度不同，学生自己出的题目就不尽相同，自然得出的答案也不同。有的学生想到求长方体的棱长总和、表面积和体积；有的学生想到如果把这样的两个完全一样的长方体拼成一个大长方体，怎样拼大长方体的表面积最小；还有的学生想到如果在这个长方体的一端挖去一个小正方体，剩下图形的表面积是多少；等等。教师的这个做法，使不同层次的学生都得到了充分的发挥，为刻意留下的空白画上了美好的图案。

适当留白，激发学生从自己思考的角度去设计作业。其实，在实践中，我们还可以给学生一个"葫芦"，让学生去学着画"瓢"。那么这里的葫芦是什么呢？笔者在实践中体会到，要让学生完全自主设计作业，在小学阶段，特别是中低年级还是有点困难，当然不排除在教师的有意培养和指导之下，有些学生能达到一定的自主命题的能力。那么，我们如何既能调动学生的积极性，让他们过把老师瘾，又能体现这一初衷的价值，让学生命题既适用又适合自己？笔者认为可以要求每个学生准备一个错题集，每天将课中、课后作业中的错题整理下来，每周末让学生对本周的错题来个举一反三，既锻炼了学生改编题目的能力，又帮助学生有针对性地梳理知识。

我们有了以上对作业的认识，通过作业"减负"，让学生学得轻松，还能发挥作业的另一功能，即调动学生学习的积极性，提高课堂教学效果和效率。

我们可以通过分层分类布置作业来让学生拥有学习的自主权和作业的选择权。分类，即作业设计A类、B类，A类是基础题，B类是拓展提升题。分层，即学优生、中等生、学困生。学优生可以选择不做书面作业，也可以选做其中一些作业。中等生和学困生A类题是必做的，B类题可以选做。学困生只要把保底的A类题做对就能得优。B类题有点挑战或趣味，学生做对了到课堂上可以当小老师露露脸，体会成功的快乐，所以很多学优生和中等生都积极地完成B类题。

学优生为了保住"不用做作业"的特权，在课堂上自然就会提高学习效率；中等生也想成为"不用做作业"的那部分学生，因此想着法子争取进步，课堂上学习效率自然也有保证。因为学困生要争取不做作业的特权是非常困难的。那么，怎么激励学困生呢？我们可以课堂作业的质量决定学困生有没有课外作业的选择权。课堂作业其实是一节课质量监控测试题，如果学困生和中等生课堂作业情况良好，达到我们想要他们达到的要求，就可以获得课外作业的选择权，激励学生提高课堂学习的认真程度和效度，增强课堂学习的"效率意识"。在教师与学生"双主体"的课堂教学中，学的效率提高了，教的效率才能得到成倍的提高。

基于以上认识，我们在优化作业设计的实践中，从数学阅读、数学表达、数学实践几个方面展开了探索。

（一）数学阅读作业

数学是一门科学，也是一种文化，更是一种语言，数学学习离不开数学阅读，数学阅读能力是解决数学问题，特别是数学文本问题的必要前提。有效的数学阅读，既是对课堂知识的延伸，又是学生知识生长的"第二课堂"，能够激发学生学习数学的兴趣，提高学习能力。数学语言不同于社会科学语言，它包括文字语言、符号语言、图表语言，其中符号和图表带来的抽象性决定了数学阅读不同于语文、英语等其他阅读。数学阅读所经历的发现、思考、判断、分析、类比、推理、理解、转化、应用等活动，都是借助阅读材料理解数学知识、生成数学思想、发展数学思维的过程。现如今，数学阅读不仅在PISA测试中频繁出现，而且在近几年的中考、高考数学试题中，考查学生的数学阅读能力已成为一个趋势。在实践教学中也发现，阅读篇幅较长、条件较多、关系较复杂的题目，对学生来说是一个巨大的挑战。

例如，下面是考查"数与代数"中"正比例与反比例"的一道题（摘自泰州医药高新高港区2022年春学期六年级过程性监测卷）：

跷跷板是孩子们喜欢的游戏，也是一种民间体育运动，需要两个人相互配合。两个小朋友一起玩跷跷板，当强强的体重与强强到跷跷板支点（支柱与跷跷板的接触点）距离的积等于敏敏的体重到跷跷板支点距离的积时，跷跷板处于平衡状态。如果强强的体重是35千克，坐在距离跷跷板支点40厘米的位置，敏敏的体重是28千克，要使跷跷板处于平衡状态，敏敏应坐在距离跷跷板支点（　　　）厘米的位置上。

A. 20　　　　　B. 30　　　　C. 40　　　　D. 50

本题是反比例在生活中的实际应用，考查学生能否灵活运用反比例解决生活中的实际问题，让学生感受到数学模型在生活中的应用。另外也侧重考查学生从阅读信息中提取有用信息的能力，如"当强强的体重与强强到跷跷板支点距离的积等于敏敏的体重与敏敏到跷跷板支点距离的积时，跷跷板处于平衡状态"。本题正确答案是D，但区平均得分率只有76.8%，不难看出，学生在数学阅读理解能力方面有所欠缺。

《义务教育数学课程标准（2022年版）》明确指出："通过义务教育阶段

的数学学习，学生逐步会用数学的眼光观察现实世界，会用数学的思维思考现实世界，会用数学的语言表达现实世界。"数学阅读是学生数学语言形成和发展的重要前提，是学生数学思维发生和生长的必要条件。因此，核心素养时代，教师一定要以数学阅读作业为契机，实现小学生数学学习力的提升。

1. 营造数学阅读的氛围

为了提高学生的数学阅读能力，要多角度、多维度营造浓厚的阅读氛围。首先是环境布置。教师可以在教室里张贴伟大数学家的人生格言，在黑板报中留下适当的板块宣传数学故事、数学知识，还应该购置一定数量的有关数学阅读的书籍放在班级图书角或"流动书吧"里。其次是阅读指导。教师应当根据学生的特点和学习内容推荐阅读方式，可以是"师生共读""亲子共读"，让数学阅读成为学生成长进步的助力剂。最后是活动开展。教师可以在班级举办数学故事的分享会、交流会，也可以指导学生设计绘本、制作阅读小报、撰写小论文等。教师通过构建良好的数学阅读环境，让学生在数学阅读中享受数学带来的快乐。

例如，在苏教版小学三年级《年、月、日》的教学中，教师布置了一个数学阅读作业，阅读主题为"走进扑克牌"。阅读材料中的主要内容有：认识扑克牌，引导学生去认识大王小王、正牌、扑克牌与历法之间的关系。以最后一部分为例，一年有12个月，扑克牌单色有12张牌，一年有52个星期，扑克牌有52张，一年有四季，扑克牌中有4种色，每个季节有13个星期，每种花色有13张，$13 \times 7 = 91$天，$1 \sim 13$有91个点，一年有365天，扑克牌有364+1=365点。学生在这样的阅读中，开始发现扑克牌中原来隐藏了很多数学知识，顿时对这样的数学材料产生了很大的兴趣。同时，教师鼓励学生寻找更多的渠道，对于扑克牌的相关知识进行更多的解读，找到一个自己感兴趣的点，然后将这个内容讲述给同桌听，由此使实际阅读与语言表达形成交互。

营造数学阅读氛围，精选数学阅读作业，让学生感受到数学不再是冰冷严谨的学科，也有其火热张扬的个性。这样的作业能使小学生以更加积极的心态参与数学学习，成为小学生数学学习能力可持续发展的不竭动力。

2. 指导数学阅读的方法

数学的课外读物种类繁多，但教材永远是学生数学阅读的第一手资料，也是学生数学学习的重要依据。我们可以布置学生进行前置学习，通过阅读教材进行课前预习，提高学生的自主学习能力。一些教师虽然也会布置预习作业，但是没有指导学生阅读教材的方法，课前预习流于形式，毫无成效。教师可以指导学生将阅读教材分为三步：第一步是总览课本，对新授知识有整体的了解，在此基础上可以思考新旧知识之间的联系；第二步是仔细阅读例题，对新授知识有更深层次的理解，在此过程中将有疑惑的地方标记或记录下来；第三步是尝试重做例题或独立完成课本练习。经过这三步，学生就会主动去思考、主动去练习、主动去反思，学习效率定会有很大的提高。

例如，在学习"分解质因数"时，学生通过阅读教材可以得到"质因数"的概念，并且在阅读时一定会主动去联系之前学习过的"因数和倍数"等相关知识，初步建构自己的知识结构。但是仅仅阅读概念，可能还达不到理解和运用的程度。学生在阅读时，可能对分解质因数的方法和步骤存在疑惑，这时可以在教材上标记问题，在上课时通过教师的指导习得相应的知识和技能。阅读教材后，学生可以自我检测，重做课本的例题或完成部分课后练习，将有疑惑的地方标记或记录下来。阅读教材后，学生一定是带着问题进课堂的，带着思考学知识的，学生的自主学习能力怎会不高？

数学的概念、性质、法则、公式等，都具有很高的严密性和逻辑性，对于小学生来说，往往粗读并不能准确地把握内容的核心，需要在粗读的基础上细读，甚至反复推敲。课堂上，教师指导学生阅读时，要教会大家"咬文嚼字"，帮助学生彻底弄清数学语言里的每个要素，准确把握其内涵。例如，小数的性质是指"小数的末尾添上'0'或去掉'0'，小数的大小不变"。学生在阅读这一数学性质的时候，对小数的"末尾"容易泛化地理解为小数点的"后面"。因此，教师可以要求学生具体地解释什么是小数的末尾。如果是一位小数，那么小数的末尾指什么？如果是两位小数、三位小数呢？……在这样的引导下，学生就能逐步学会咬文嚼字地阅读，准确地体会文本表达的含义。

除了会读文，学生还应该会读图表。在读情境图表时，教师可以指导学生按一定的方向或顺序观察图表，特别是观察图表中蕴藏的数量信息，并将其圈画和记录下来。在读几何图时，教师可以要求学生读题时将数据和信息在图中标记出来，这样就不用来回读题，分析起来也就容易多了。在统计表或统计图中隐藏着大量的数量信息，也经常会出现开放性强、思维较发散的题目。可是有些学生只能看到表面的数字信息，无法深入思考，对于教师认为的"送分题"，他们经常无从下手。教师应在平时的教学中有意识地教给学生一些阅读的方法，从整体到局部，再从局部到整体。比如，教材中的题目：根据折线统计图估计张小楠13岁时的身高，就是从行和列的角度去研究，从横轴和纵轴的维度去分析。

读文、读图、读表是学生数学阅读最基本的能力，"授人以鱼不如授人以渔"，指导学生数学阅读方法，比教会学生解决某一道题更加重要。

3. 培养数学阅读的习惯

有效的数学阅读需要学生具备良好的阅读习惯。首先，教师可以指导学生运用一些常用的阅读符号，如圆圈、三角形、横线、波浪线、问号等。在课堂教学中，经常看见有学生双手抱臂读数学的情境，这是一种非常忌讳的数学阅读习惯。教师应指导学生以"动手"带动阅读，阅读时要求学生随时提笔在手，准备圈点、勾画关键字词和关键数据等。如试题：在一条长180米的小路两旁栽树，树之间的距离是3米。一共要栽多少棵？题中的"两旁"往往被学生忽视，读题时，可让学生用笔圈出来。到了中高年级，可以把题目转化成简单的图形和数字，让学生学会边看题边画线段图、示意图、实物图，找出题中的关键字词，列出等量关系以帮助解题。

其次，教师可以让学生尝试做阅读笔记。一是疑问性笔记，即在阅读中遇到不理解的地方，及时记录下来，随时寻求解决。教师鼓励学生自主去查阅资料，平时也要多关注生活信息，提高自己的自主学习能力。二是梳理性笔记，即把相关的内容进行梳理和归类，归纳出数学知识的基本规则、原理等，使知识的整体层次和结构一目了然。三是随想式笔记，即将数学阅读中的所感、所悟和发现随手记录下来。

4. 建立数学阅读的评价

评价的主要目的是全面了解数学阅读对学生数学学习的影响以及学生数学阅读能力的发展状态。设计评价题目不仅要关注学生的学习结果，关注学生在数学阅读过程中的发展和变化，还要关注学生获取信息的能力，在此基础上考查学生的推理能力、运算能力。比如下面这道题：

A、B、C三名学生，一名出生在北京，一名出生在上海，一名出生在武汉。他们有的喜欢数学，有的喜欢物理，有的喜欢生物。还知道：

① A不喜欢数学，B不喜欢生物；

② 喜欢数学的不是出生在上海；

③ 喜欢生物的出生在北京；

④ B不是出生在武汉。

试判断A、B、C三名学生的爱好和出生地。

这道题考查的是学生能否全面准确地获取信息，能否从文字中找到隐藏的信息，能否将文字转化为图形或符号，能否厘清信息之间的关系，能否根据获取的信息推理出结果，能否有逻辑地表达自己的观点。分析学生的评测结果，可以改进学生数学阅读方法，提高学生数学阅读能力。

总之，培养学生数学阅读能力是非常重要的，但提高数学阅读能力的过程不是一蹴而就的。教师需要根据学生的特点和学习内容，有针对性地选择数学阅读材料，提供有效的措施，帮助学生在数学阅读上更进一步，让学生在数学学习中体会到成功和快乐。

下面为大家推荐一些适合各年级段小学生开展数学阅读的阅读书目（见表2-2-3）。

表2-2-3

适合年级	书名	作者	出版社
一、二年级	《我要上学啦：数学真好玩》（5～7岁）	何秋光	北京少年儿童出版社
	《李毓佩数学童话集》（小学低年级）	李毓佩	海豚出版社
	《我是数学迷》（美国数学绘本，共16册）	辛迪·诺伊施万德	外语教学与研究出版社
	《我家漂亮的尺子》（长度单位和测量）	金成恩	长春出版社
三、四年级	《全世界孩子都爱玩的》700个数学游戏	柯友辉	新世界出版社
	《李毓佩数学故事》（全7册）	李毓佩	长江少年儿童出版社
	《曹冲为何能称象》（趣味数学专辑）	柳柏濂	中国少年儿童出版社
	《数学花园漫游记》（趣味数学专辑）	马希文	中国少年儿童出版社
五、六年级	《数学小丛书》（套装共18册）	华罗庚等	科学出版社
	《登上智力快车》	谈祥柏	中国少年儿童出版社
	《神奇的数学》	马库斯·索托伊	人民邮电出版社
	《李毓佩数学历险记》（小学高年级）	李毓佩	海豚出版社

（二）数学表达作业

新课标的颁布，发展学生核心素养已成为各学科教学的一个主旋律。数学表达能力作为核心素养的外显表现形式，受到了越来越多的关注。数学表达分为口头表达和书面表达。书面文字中所呈现的数学表达，其实就是学生运用文字、图形、符号等方式，清晰、简洁地分析数学问题、发表观点和描述结论。

小学阶段，学生处于思维发展的初期，有效的数学表达训练能呈现学生的思考过程，外显学生思维，促进学生的深度思考和交流。

1. 数学表达的价值和意义

（1）从浅显走向深层，促进学生的数学思维更深刻

学生对数学知识的思考往往是通过数学表达进行传递的，不管是语言还是文字，每次表达都是学生思维的再现。通过数学文字的呈现，学生利用书面化的数学表达将自己的思维外显化，深化数学理解；而教师亦通过学生的数学表达深入了解学生的学习历程和掌握程度，从而调整教学环节、强化教学重点，改善课堂生态环境。因此，关注和培养学生的数学表达能力，既能使学生适应社会发展需求，也能提高学生的核心学习力，从而教会学生能用数学的语言表达现实世界。

例如，在苏教版三年级上册《解决问题的策略》的教学中，对于条件"以后每天都比前一天多摘5个"，教师要求学生在纸上用数学语言呈现理解。纵观学生的数学表达，有的列数量关系式，有的画图，有的列表，有的列式，不同的数学表达呈现出不同的思维方式，显然画图、列表或列式计算更简洁明了，这何尝不是一种数学表达的智慧呢。

学生的数学表达：

1. 前一天所摘个数+5=第二天所摘个数。

2. 第二天摘的个数：30+5=35（个）。

第三天摘的个数：35+5=40（个）。

第四天摘的个数：40+5=45（个）。

3. 一至五天具体明细见表2-2-4。

表2-2-4

第一天/个	第二天/个	第三天/个	第四天/个	第五天/个
30	35	40	45	50

4. 具体图示见图2-2-19:

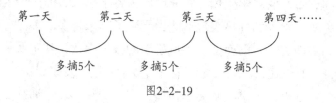

图2-2-19

对所学知识正确、全面、深入地进行数学表达是掌握知识的前提，也是学生深入学习的表现。学生语言、书面表达能力的提升也体现了学生的数学学习从粗糙囫囵走向了精致全面。教师应在课堂教学、作业反馈等方方面面尊重学生对数学知识的自主建构。

例如，在进行计算教学时，要注重对算理的理解。在初次接触竖式计算时就要求学生明晰算理，在竖式上以数学语言的形式表述其含义，杜绝仿其形而不知其神的情况。通过表述、倾听、书写表达等方式进行计算方法的交流与碰撞，脱离死板的模仿，聚焦算理，在充分理解算理的前提下掌握算法，举一反三。以两位数乘两位数的笔算教学为例，具体思路如下：

$$
\begin{array}{r}
24 \\
\times 12 \\
\hline
48 \quad \cdots 48 \text{个} - \\
240 \quad \cdots 24 \text{个} + \\
\hline
288
\end{array}
$$

（2）从偏差走向准确，使数学学习真正发生

对学生书面作业的研究发现，学生的数学表达主要存在不够准确、不够严谨、不够简明等情况。对于小学阶段的数学学习，要求学生提高数学表达的准确性，表达的内容与问题相符，能理解数学概念和定义，正确运用数学语言。在论述思考过程时要具有逻辑性，规范数学语言，如将"线段"书写成"线"，作图或列式不用直尺等，这都是数学表达不严谨的表现。亦有部分学生在运用数学语言表述时，出现较多无关信息，不能进行概括性论述，数学表达的精练性有待提高。

表达不严谨见图2-2-20：

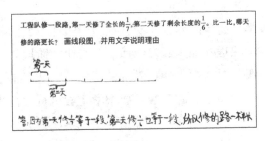

图2-2-20

表达不准确见图2-2-21：

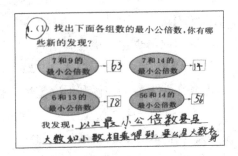

图2-2-21

表达不简洁见图2-2-22：

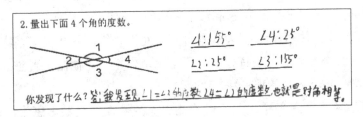

图2-2-22

在书面语言表达上，教师要提供明确的学习任务并起到示范指引作用，给予学生足够的表达空间和机会，要求学生用标准、严谨、精练的数学语言表达自己的观点。最终就像华罗庚先生说过的，使学生在数学表达上做到"想得清楚，说得明白，写得干净"。

2. 数学表达的培训和训练

在认识到数学表达的意义和价值的基础上，我们开展了一系列学生数学表达的培训和训练，主要从数学语言表达能力的培养和数学书面表达能力的培养两个方面展开。

（1）数学语言表达能力的培养

由于小学阶段学生的年龄差异，对其在数学表达方面的要求也有所不同。根据《义务教育数学课程标准（2022年版）》将小学阶段划分为三个学段。第一学段为一、二年级，要求学生能在教师的指导下，从日常生活当中提出简单的数学问题；第二学段为三、四年级，要求学生尝试从生活当中独立地发现和提出数学问题，探索分析解决问题的方法；第三学段为五、六年级，要求学生在真实的情境当中发现和提出问题，探索运用基本的数量关系，以及集合直观、逻辑推理等其他的学科知识相互关联。基于新课标对数学表达的相关要求，我们也从低、中、高三个学段入手，分析并提出解决的策略。

① 培养低学段学生数学表达力的策略

研究表明，低学段学生的数学表达欲望远高于高年级学生，因此教师要多采取肯定的反馈语言，努力保持学生"乐于表达""敢于表述"的精神状态。一、二年级孩子的数学语言常伴随着无序性和不完整性，教师要本着包容的心态，进行正面反馈，有策略地引导学生尽量规范、完整地表达。

第一，创设表达情境，提供表达机会。低学段的数学课堂可以把时间还给学生，充分提供表达机会。可以同桌或4人小组为单位，通过互相表述、复述、补充等形式，每个学生都有表达的机会。教师更多地承担起倾听者的角色，在耐心听完后帮助学生提炼语句，优化表达。当然，教师也可以利用板书提示相应的关键词，为低学段学生搭建起数学表达的"脚手架"。

第二，利用榜样力量，激发表达欲望。对于班级里一些善于表达、乐于表达的学生，教师可以充分发挥他们的模范示范作用，让他们充当"小老师"，激发更多学生数学表达的积极性。

第三，联系生活实际，训练表达能力。数学表达是数学思维的阐述，低学段学生处于形象思维阶段，与生活息息相关的情境、教材插图更符合学生思维，教师要利用好这些教学资源，训练学生的数学表达能力。

② 培养中学段学生数学表达力的策略

随着年龄的增长，自我意识逐渐增强，有的学生越发在意别人对自己的评价，害怕出错；有的性格逐渐内敛，不愿表达。因此教师要尽量激发学生的表达欲望，培养学生的表达能力。

第一，营造和谐氛围，促进数学表达。在课堂上，有些学生会对当众表达产生畏惧心理，害怕受到别人的嘲笑和老师的批评。因此，教师要营造一个和谐、民主的课堂氛围。对于数学语言运用规范、表述完整的，教师和同学们应给予最热烈的掌声；对于回答得不严谨甚至出错的，教师要引导学生体会"错误"的价值，体会数学交流的乐趣和成功感。

第二，注重语言规范，形成话语体系。教师作为传道授业者，要做到教学语言准确、严谨，起到正确的示范作用。对于"陈述性知识"，要描述准确、全面；对于"程序性知识"，要体现过程；对于"原理性知识"。要描述清楚理由和结论。

第三，利用阅读材料，丰富数学语言。从教材每单元"你知道吗？"板块中可以发现，数学阅读是学生积累数学语言的重要方式。可以建议学生利用阅读课细致阅读数学教材，对其中的概念、公式、知识背景等强化理解，也可以利用丰富的课外阅读资源，如《少儿数学智多星》《数学家的眼光》《好玩的数学》等。在阅读的过程中，用标准、严谨的数学语言进行交流，从而潜移默化地提高数学语言表达能力。

③培养高学段学生数学表达力的策略

高学段学生思维具有一定的逻辑性和缜密性，因此高年级学生的数学表达要做到"言之有序、言之有理、言之有物"。

第一，明确表达要求，完善评价机制。学生在表达前，要将自己的思路和内容进行自我梳理、审视和调整。如果是对同一问题进行评价性或思辨性表达，要在认真倾听的前提下进行信息的加工，力求表达准确。作为教师，可以鼓励同学参与表达评价的过程，生生互评，共同进步。课堂上教师的评价语言也应具体化，"他的数量关系表述得真清楚""你能灵活运用转化的策略"比"你真棒"更能让其他同学知道哪里值得学习，有助于提升学生的数学语言表达能力。

第二，规范教师语言，构建表达范式。在教学中，教师应充分发挥示范作用，做到口头语言的准确传递。"除""除以""除尽"，"轴对称图形"与"图形的对称轴"，虽然表达上仅相差一字，但含义天差地别。所以，教师在课堂上要规范严谨，杜绝科学性错误，同时注意板书呈现的数学语言、文字、图形等也应规范、准确。

第三，善用思维导图，展示思维路径。随着学生综合能力的提升，教师可以试着让他们自己绘制思维导图，将零散的知识绘制成线，联结成网，从而加深学生对知识的结构化认知，深化理解，也能使学生的数学表达更具逻辑性和严谨性。

（2）数学书面表达能力的培养

①规范表达方式，养成表达习惯

规范、工整、简洁的书面表达能体现学生的学习态度和思维过程。首先，教师在例题讲解时要板书书写规范，树立榜样作用，适时强调需要注意的重点和具体过程，引导学生模仿书上的解题步骤。其次，在作业过程中，教师要强调书面表达的重要性，要求学生填空、选择写清解题过程，应用题在理清思路的前提下写出完整、条理清晰的解题过程，逐步养成良好的书面表达习惯。

②强化语言理解，拓展思维深度

学生对数学语言的理解和转化的能力，是其数学语言表达的基础。学科学习息息相关，数学也要借助对语言文字的理解，联系实际，强化数学概念。在认识"公顷"这个面积单位时，教师可以带领学生到操场走一走、算一算、量一量，建立起概念表象。对于数学符号，教师要多角度教学帮助学生理解其含义。例如，同样是计算18÷3=6，可以是包含除即求18里有几个3，也可以是等分除即求18里有3个几（见图2-2-23）。书面化的数学语言体现了思维的深度，让思维在看得见的地方发生。

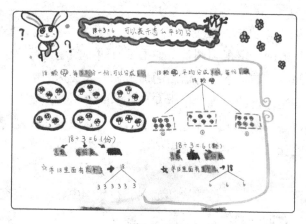

图2-2-23

学生只有准确理解数学语言，才能对问题中的数学信息进行提取和转化，实现数学语言的表达。

③借助多样表达，厘清思维脉络

数学表达应存在于数学学习的方方面面，数学小论文、数学日记、思维导图等数学学习方式都能帮助学生将思维和表达呈现得更具系统化、结构化。教师可以引导学生将某个知识点进行数学表达，也可以将某个单元的知识点进行梳理表达。

　　例如，通过对"长方形、正方形"边和角特征的整理归纳，观察、比较其他几何图形的特征，并用表格的方式将它们的区别和联系表示出来。这样既有利于学生理解、区分知识特点，也能加深学生对数学语言的理解学习（见表2-2-5）。梳理一个单元，以"四则混合运算"为例，借助思维导图，也能将所学的单元知识点系统化、脉络化。本单元学习了哪些知识，它们之间存在怎样的联系？本单元的学习重难点是什么？又有哪些需要注意的地方？学生以思维导图为媒介，对单元知识点进行数学表达，从而对所学知识了然于胸（见图2-2-24）。

表2-2-5

几何图形	主要特征
	边：对边相等 角：4个角都是直角
	边：4条边都相等 角：4个角都是直角
	边： 角：
	边： 角：

图2-2-24

（三）数学实践作业

鲁迅曾说："专读书也有弊病，所以必须和现实社会接触，使所读的书活起来。""双减"政策下数学作业亦是如此，只有将数学知识与实际生活联系起来，设计符合学生生理、心理特点的实践活动，让学生结合已有的知识、技能、思想方法和经验，亲身经历，自主探究，知识才能成为活水，滋润学生心灵，激发学习兴趣。

小学数学实践活动既是课堂教学的补充，也是数学作业的重要组成部分，具有探究性、实践性、趣味性、整合性。小学数学实践作业在学生学习数学知识和学生的实际生活之间架起一座桥梁，为学生运用所学知识和思想方法去解决实际问题提供了机会和创造了条件。

1. 小学数学实践作业的形式

数学实践作业设计应贴合学生的实际生活，让学生以更主动的姿态投入实践作业。小学数学实践作业的形式有以下几种。

（1）操作类

操作类实践是学生通过动手操作，解决问题的一种实践方式。由于学生爱玩的天性，在作业中进行动手操作更能激发学生的探究欲，学生在完成作业的过程中，需要主动思考如何操作，最终完成自己独一无二的作品。这种作业有利于促进学生的直观形象思维向抽象逻辑思维转化，有利于培养学生的动手操作能力和创新精神。例如，学完"升和毫升"，可以设计"做一个1升的量器"这样的操作实践，通过动手制作1升的量器的过程，学生的思维得到了发散。虽然大家用的工具各式各样，有的借助量杯，有的借助有刻度的水壶，还有的借助净含量为1升的冰红茶瓶，但看得出来，学生的思路都特别清晰，在选材和实践活动中体现出选择性、探究性与创新性。

（2）调查类

调查类实践主要是指结合教学内容，让学生带着问题收集生活中的有关信息，然后运用数学知识解决问题，引导学生在完成调查实践活动的过程中主动观察，发现数学与生活息息相关，培养学生学习数学的兴趣。例如，在《年、月、日》一课结束后布置调查类实践作业：请你对家里的各种食品进行安全检查（有没有过期），如果还安全，那还有多长时间过期？请记录下来。这种作业最符合学生的现实生活，既简单又有趣，促使学生积极投入作业，适合所有的学生。学生在完成调查类作业的过程中，既经历了观察、思考，又利用了课上所学的知识解决实际生活中的问题，培养了数据分析观念与应用意识。

（3）游戏类

游戏是激发兴趣的最好载体。利用学生爱玩、好胜的天性，在数学作业中设计游戏类实践，让学生通过"玩中学"，在巩固知识与技能的同时，提高综合能力。例如，学完"生活中的大数"后，教师可以布置猜数游戏（四位数）作业，让学生在家里和爸爸妈妈一起玩猜数游戏，可以两个人玩，也可以三个人一起玩。两个人玩猜数游戏规则：①其中一人心里想好一个四位数（确定后不能再改变）。②另外一人猜（玩家）。③如果猜中了就算玩家胜；如果没有猜中，则提醒玩家是猜大了还是猜小了，继续猜，直到猜中为止。④自己发现总结最少几次猜中，最多几次绝对能够猜中。三个人玩猜数游戏规则：①其中一人心里想好一个四位数。②另外两个人轮流猜（玩家），这样将数学知识融于其中的游戏类作业，既激发了学生做作业的兴趣，也让学生对游戏的奥妙产生思考，或深入探究，或与他人交流，或收集资料分析原因，从而了解到猜数游戏小知识，使思维得到发展。小技巧：可以一半一半分猜下去，直到猜出你想的那个数为止。这样一个四位数最少1次猜中，最多14次就能猜中。四位数是1000～9999，共9000个。第一步，取平均数（1000+9999）÷2，先猜5500；第二步，如果猜大了，再取平均数（1000+5500）÷2，所以就猜3250；如果猜小了，再取平均数（5500+9999）÷2，所以就猜7750；依次类推，最多14次绝对能猜中心中所想的数。总结发现最少几次猜中，体现了探究性与选择性，不同层次的学生有不同的理解与发现。

（4）创作类

数学创作可以拓宽学生想象的空间，增强和丰富他们的想象力，可以是数学日记、数学小论文、数学故事等不同的文学形式。让学生把平时观察到的身边的数学知识、学习中发现的数学规律、在解题中寻找到的数学方法、对某个问题产生的疑问等及时记录、分析，创编成以数学为主题的文字作品，定期互动交流，从而培养学生观察、思考、总结的习惯和能力。例如，学完"两、三位数乘一位数（进位）笔算"，可以设计这样的作业：43×7你会算吗？请在作业纸上画图解释为什么这样算。自己再举个例子，进行同样的说明。这样的创作类作业，使学生的思维可视化，让学生通过数形结合的方法再次理解算理，掌握算法。教师通过学生的作业能够了解到学生掌握的程度，进而有针对性地进行辅导，使学生的知识掌握是连贯的、一致的，使学生的数学思维得到提高。

2. 小学数学实践作业的设计原则

（1）有效性

在设计数学实践作业时，应选择贴合学生生活实际的主题，让学生真正在熟悉的生活情境中，完成对数学知识的体验和感受，领悟到数学来源于生活并指导我们的生活。

（2）针对性

数学实践作业的设计应充分考虑学生年龄特征，选择学生喜闻乐见的形式开展。比如，操作类、游戏类比较适合低年级学生，调查类、创作类比较适合中高年级的学生。

（3）全面性

同样的作业内容，应根据学生的个性、能力等因素分层设计，让学生根据自己的实际进行选择，让不同的学生因不同的作业而得到不同的提升。

（4）融合性

在设计数学实践作业的过程中应关注学科的融合、文化的融合。让作业在突出理性思维的主旨上打通学科壁垒，看到语文、音乐、美术等其他学科元素、人文特色。

（5）合作性

在设计数学实践作业的过程中，我们要更多关注合作探究，也就是我们的实践作业设计要创造更多学生与家长、学生与学生、学生与老师等学生与他人交流、合作的机会，让学生在实践的过程中学会与人相处。

（6）开放性

开放性即数学实践作业的结构、结果和评价方式都是开放的，不再单一。在作业结构上，不再局限在教材和习题册，可以从现实生活中取材，以现实生活中的问题为载体设计作业，作业的形式可以多样化。在作业结果上，培养学生发散性思维，要求不再唯一，注重学生完成实践性作业的过程。在作业评价方式上，教师不再是主角，学生也可以参与其中，评价标准也不再唯一，学生和家长都可以进行评价，评价方式可以多元化。

3. 小学数学实践作业的评价

上面我们谈到，小学数学实践作业的评价主体不再单一，评价标准也不再唯一，在评价实践作业时方式方法要多样化，不能单单以结果为标准，更要注重完成的过程。

（1）家长客观评价

学生的数学实践活动是家庭作业，绝大多数是在家里完成的，所以家长对学生数学实践活动的完成情况最了解，如什么地方做得好，什么地方需要改进。所以在学生完成数学实践活动之后，家长可以对学生进行客观评价，把评语写在数学实践活动的最下面，这样教师就会对学生数学实践活动完成情况有一个更客观的了解，发现数学实践活动存在的问题，以便改正。

（2）学生自我评价

学生是数学实践活动的主体，因此学生对自己的评价应该放在最先的位置，但不是完全由学生自己评价，学生要在教师的引导下，在自我评价中总结出自己的收获和感悟，对自己在实际操作中存在的差距和不足进行反思。学生要学会对整个过程进行分析、思考和反思，这样在操作中才会有所收获。

（3）同伴互相评价

部分数学实践活动需要学习小组或几个学生合作完成，在实际完成过程中，对于组员之间的分工、每个同学配合程度、任务完成情况等，组员之间最清楚、最了解。同伴之间互评，对良好表现给予赞扬，对表现不足之处提出改进的建议，这种评价方式既能帮助教师及时发现合作学习过程中存在的问题并及时引导，也能帮助学生对活动中的情感、态度、体验等进行深度认识和反思。

（4）教师总结评价

对数学实践活动的评价离不开教师，教师在评价数学实践活动时要考虑数学实践活动的特点，不能以对错来衡量，要注意学生完成质量和学习态度，对完成作业的整体过程进行综合评价。教师需要准确地运用表扬方式，对于值得称赞的地方进行肯定，但评价语言不宜单一，把好的作业在同学之间展示，建立学生学习的自信心。

总而言之，数学实践作业是一项需要教师的创造意识、开发精神才能取得理想效果的教育行为。生活中处处有数学，学生喜闻乐见的数学实践作业素材蕴含于学生的生活中，蕴含于课本中，蕴含于灵动的社会生活中，教师要用敏锐的触角来开发、挖掘、重组、设计……将作业设计在课本知识和生活实际的结合点上，将作业设计在学生兴趣与思维的兴奋区内，让实践作业拓宽学生的视野，激活学生的潜能。只有教师成为一名主动的数学实践作业设计的开发者，把学生带入丰富多样的世界，数学实践活动才会有不竭的源泉。

三、评价改革

新课标提出一系列新理念，其中提到"发挥评价的育人导向作用，坚持以评促学、以评促教"的评价建议。同时提出，评价不仅要关注学生数学学习结果，还要关注学生数学学习过程，激励学生学习，改进教师教学。通过学业质量标准的构建，融合"四基""四能"和核心素养的主要表现，形成阶段性评价的主要依据。采用多元的评价主体和多样的评价方式，鼓励学生自我监控学习的过程和结果。

（一）评价内容的改革——试题"变脸"

1. 命题方向探索

（1）关于新课标

新课标的变化之一，是坚持教、学、评一体化原则，增加了学业质量标准和考试命题建议，在此基础上明确提出了素养立意的命题原则。其中有这么一段话："坚持素养立意，凸显育人导向。以核心素养为导向的考试命题，要关注数学的本质，关注通性通法，综合考查'四基''四能'与核心素养。"适当提高应用性、探究性和综合性试题的比例，题目设置要注重创设真实情境，提出有意义的问题，实现对核心素养导向的义务教育数学课程学业质量的全面考查。

新课标要求数学课程要从三个方面培养学生核心素养，即会用数学的眼光观察现实世界，会用数学的思维思考现实世界，会用数学的语言表达现实世界。

这一变化有着重要的理论意义和实践意义，它将对我国义务教育阶段的学业评价工作尤其是考试命题工作产生重要影响。我们先来谈谈对"素养立意"命题原则的理解。

何为素养立意呢？素养立意是对能力立意的一次进步和升华。从能力概念与素养概念的比较中，可以看出素养的一些特征。能力是中性的，而素养是有方向性的；能力预示着可能性，素养体现着必要性；能力更强调能做什么，素养更强调愿做、该做和希望做什么。素养基于实然而趋于应然，融二者为一体，有较强的观念含蕴，凸显主动获得能力和主动应用能力的价值意义。从另一个层面看，素养与先天禀赋有着重要区别。素养的土壤与养分源自知识与能力，没有知识与能力，也就无法孕育素养。

当下最时髦的教育概念应该数"核心素养"了，核心素养包括三个重要的方面——关键能力、必备品格、价值观念。华东师范大学课程与教学研究所所长崔允漷教授在题为"试论核心素养的课程意义"的报告中，用开车的例子给大家做了一个形象的比喻，也许能帮助我们理解"核心素养"。

举个例子，开车这个例子很容易说明知识、技能、能力、素养是什么关系。首先是科目一交通规则考试，这是"知识"。之后考倒车、移库，这是"技能"。有了知识、技能，怎么能够到"能力"？一定要提供情境，所以有了小路考、大路考、夜考，知识越多不一定能力越强，知识、技能学了之后要给他个情境，才能表现出"能力"。能力怎么变成"素养"？还需要反思。驾驶员的驾驶素养有"安全驾驶"，这就是"关键能力"，"礼貌行车"叫"必备品格"，"尊重生命"就是"价值观念"。

依据新课标的新理念与新要求，义务教育阶段的学校教育将会发生一系列变化。教学将以核心素养为指向，依据新的教学结构重组各种教学要素。比如，以记忆、理解为出发点的教学，将走向以问题解决为出发点的教学；以先学后用为特点的能力培养观念，将走向以做中学、用中学为导向的能力培养模式；先零后整、碎片积累的组装式学习，将走向应用驱动、且做且学的整体性学习；更关注知识学习的系统性、准确性，将走向更关注观念领悟的深刻性、迁移性；更看重学习的结果水平，将走向更看重学习的过程特点；等等。有理由相信，新课标的颁布，将开启新一轮的教育教学改革。

（2）关于新高考

高考考试内容改革强调以立德树人为核心，加强"一点四面"的考查，强化育人功能和积极导向作用。近几年高考数学试题就是基于高考改革的评价创新，比如2022年高考数学：①显著增加了题干阅读量，对阅读理解能力要求很高。②联系实际场景出题，且场景都是新场景。③计算步骤多，计算量很大。④需要现场推理分析的点较多。⑤基于课本内容，但角度非常新颖，不可能提前刷过。这些变化为小学数学命题的改革提供了突出方向性、指向基础性、坚持科学性、体现创新性的启示，为小学数学命题指明了应注意关注学科本位、核心价值和关键能力的方向。

① 突出方向性，凸显立德树人

高考"一点四面"的改革重点，立德树人是核心（"一点"）。加强对社会主义核心价值观、依法治国理念、中华传统优秀文化和创新能力的考查（"四面"），同样是小学数学命题改革的方向。

第一，关注传统文化。比如，中国数学家刘徽用"割圆术"计算圆周率，南北朝时期的数学家祖冲之进一步得出精确到小数点后7位的结果。

第二，体现时代信息。数学命题的时代气息，应该具有以下两个特点：体现社会主义核心价值观；体现新时代中国特色社会主义国家的政治、经济、社会、文化等各方面的成就。

第三，重视全面发展。数学命题可以让学生感受体育锻炼的乐趣，锤炼意志品格，提高学生审美和人文素养，弘扬劳动精神。

②指向基础性，培养关键能力

内容上以新课标为蓝本，指向学科基础知识，通过形式、情境、解题策略等方面的革新，为基础性题目赋予新的生命，让基础性试题在培养学生数学阅读能力、数学分析能力、数学表达能力等方面起到积极的作用。这是当前小学数学命题革新的方向之一。

③坚持科学性，强化学科本位

命题的科学性通常指两个方面的内容：一是指试题内容无科学性错误；二是指试题的呈现形式、考查方式等符合数学学科特点，指向学科本位，符合当前课程改革方向。

当前有个突出的改革方向，即指向思维过程。数学是思维的体操，学生的认知都需要经历由感性认识到理性认识的飞跃，这其实是教学中不断引导学生进行抽象概括的思维过程。因此，不仅数学教学要重视揭示获取知识和应用知识的思维过程，在命题上，也应当在关注过程的考查中培养学生的思维品质。

④体现创新性，关注核心价值

创新能力的考查是新高考"一点四面"考查改革的重要组成部分。现实生活中的彩票、保险、抽样统计、预测、大数据挖掘也为命题提供了丰富的命题背景，以黄金分割、抽样、体育比赛、科学实验设计为背景设计考查数学建模、数学抽象、逻辑推理、直观想象、数学运算、数据分析等六大核心素养的试题在试卷中有突出体现。从这个角度来看，当前小学数学的命题，结合时代特点开展创新是一个重要的方向。

2. 命题设计思考

（1）重视现实情境，关注问题解决能力

依据教、学、评一体化原则，考试评价将会发生什么样的变化？既然教学坚持以问题解决为出发点，坚持学习开始于知识正在发生或正在应用的真实境况中，那么，命题改革的方向就是：减少裸考知识现象，让测评发生在知识处于生成状态或应用状态的情境之中。目前的普遍做法是，将知识从学科结构和知识系统中，从知识赖以存在的真实境况中人为抽取，孤立呈现。学生所面对的，是一个个被肢解的知识点或技能点。在高考命题中有句话叫"无情境不命题"。依据教、学、评一体化原则，命题将坚持这样的原则：无应用情境就无知识测试。不论是客观性测试还是主观性测试，考点必须"生长"在产生知识或应用知识的"土壤"之中。这种命题思想与"无应用即无学习"的教学原则完全一致。

①情境化

小学数学"解决问题"板块，就是给出一段阅读文字材料或图表描述，让学生在阅读理解中沟通知识之间的内在联系，加强对学生提出问题、分析问题和解决问题能力的考查，培养学生综合运用知识的能力。问题情境描述的文字多了，阅读量大了，但是更加贴近现实生活。学生需要用数学的眼光，从中发现数量关系，抽象出研究对象，体会数学知识在现实生活中的应用价值。

例：中国××旅行社东州分社推出暑假省内精品线路三日游活动，活动优惠价每人500元，包括交通费、住宿费、一日三餐和景区门票费。在此基础上，该旅行社还推出了两种套餐供大家选择：套餐A"全家福"，无人数限制，成年人享受活动优惠价，学生在活动优惠价上再打四折；套餐B"大家乐"，至少组成5人及以上的小团队，不分年龄大小，每人在活动优惠价上一律打五八折。（共10分）

1. 婷婷和军军是同班同学，他们的爸爸、妈妈都同意一起带他们参加这次精品线路三日游活动，婷婷算了一下费用，觉得如果两家组成一个"大家庭"，购买"大家乐"套餐，会比单独购买"全家福"套餐便宜些。你觉得婷婷的结论对不对？请你通过列表、计算或用数学语言说明你的想法。

2. 芳芳和班上4名同学都想去参加这次精品线路三日游活动，可4名同学的家长都没时间，于是芳芳的妈妈准备带他们一起去参加三日游活动。请你算一算，他们这次三日游活动交给旅行社的费用最少是多少元？

②开放性

既然教学坚持从真实生活出发，在问题解决过程中培养学生的实践能力和创新精神，那么命题改革的方向就是：坚持试题的应有开放度和综合性，注重考查学生提出问题、形成问题解决方案和评价问题解决结论的素养。不仅要考查学生是否会解决他人给予的问题，更要考查学生能否自己发现和提出问题；不仅要考查学生是否会用所学方法解决问题，更要考查学生能否形成自己的问题解决方案或方法；不仅要考查学生是否知晓和能否应用已学知识，更要考查学生能否审视、追问、评价、改进已学知识；不仅要考查学生的知识与能力状况，更要考查学生对知识与能力的态度与期待。必须把批判性思维素养与创新素养的培养作为教与考的重要内容，因为一旦教学从直接的知识传授走向直面真实的探究，学生所面对的社会、自然、人生等学习对象本身就是多元的、不确定的和开放的。有意识地提供一些开放性的应用题，不仅能培养学生的应用意识和实践能力，而且有助于拓宽学生的思维活动空间，培养多样化的解题策略与思路。

例：数学实践活动课上，同学们小组合作，一起探讨解决四边形内角和的问题。第二小组欢欢、乐乐、玲玲、华华4名同学在组内交流了自己的想法（见图2-2-25）。（10分）

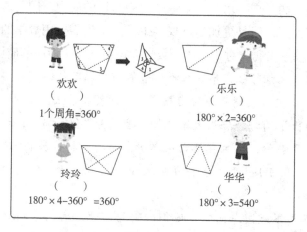

图2-2-25

（1）他们解答的方法正确吗？请在方法正确的同学名字下画"√"。（3分）

（2）根据乐乐的解答方法，请你画一画、算一算下面多边形（见图2-2-26）的内角和。（5分）

图2-2-26

（3）通过上面探究多边形的内角和，你有什么发现？把你的发现写下来。（2分）

③人文性

数学命题应突出人文性已经成为共识，最开始对于命题人文性的理解，是命题应追求图文并茂，措辞具有亲和力，消除学生的紧张和恐惧心理，缩短学生与试卷之间的距离，如标题上的"老酒新装"，抑或增加了提示语。无疑，这样的人文性还处于低级层次。数学命题人文性最根本的是命题内容要具人文色彩，追求的目标是不断提升学生的情感、态度、价值观。

高考"一点四面"的改革重点，立德树人是核心。加强对社会主义核心价值观、依法治国理念、中华传统优秀文化和创新能力的考查，同样是小学数学命题改革的方向。

例1：对号入座——以下节日中，都是大月的是（　　）。

A.植树节 儿童节　　B.建党节 植树节　　C.元旦 教师节　　D.妇女节 清明节

例2：勤俭节约是中华民族的传统美德，珍惜每粒粮食是我们从小应该自觉养成的习惯。每100粒大米大约重2克，一个人一天大约吃400克大米，我国大约有14亿人，如果每人每天节省1粒大米，照这样计算，全国人民一天节省下来的大米可供1个人吃（　　）天。

A.700　　　　B.7000　　　　C.70000　　　　D.700000

（2）重视数学理解，关注知识形成过程

既然教学重心将从重结果回到重过程，学生的思维能力培养、探究能力培养和做事能力培养将成为最重要的教学任务，那么，命题改革的方向就是：强化对思维过程、探究过程和做事过程的测量和评价，从注重考查记忆理解的结果到注重考查思维过程、探究过程和做事过程的发展水平。试题任务所要驱动的，不是单纯的记忆和理解，而是更关注思考、探究、做事的开启、过程和结果。这种测试重心的变革，也是标准化考试问世以来不断改进、不懈努力的方向。这样的命题思想与素养导向的教学秉持同样的原则：最好的教学在于如何激发学生的思考、引导学生的探究和指导学生的做事。

①从"知法"到"明理"

英国教育家斯根普将数学理解分为工具性理解和关系性理解两种类型。他认为，只知道怎么做（工具性理解）属于浅层理解，只有既知道怎样做，又懂得为什么这样做，才算是深度理解。比如，运算能力是学生数学素养的重要组成部分，运算能力的形成，既要掌握算法，也要理解算理。

例1：在计算14×12时，小凯是这样想的：14×10=140，14×2=28，140+28=168。图2-2-27中能表示小凯思考过程的是（　　）。

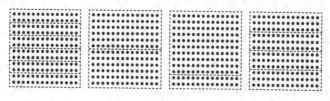

图2-2-27

例2：书店书架上《童话故事》的单价是25元/本，李老师想购买128本《童话故事》，一共要付多少元？小强用竖式进行计算，下面竖式计算（见图2-2-28）中所使用的运算律是（　　　）。

A. 加法结合律　　　B. 乘法结合律　　　C. 乘法分配律　　　D. 乘法交换律

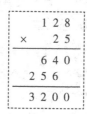

图2-2-28

② 从 "结论" 到 "思想"

课标将数学基本思想归结为抽象、推理和模型。数学基本思想反映了数学的产生、发展与应用过程，是数学学科核心素养的重要组成部分。命题时应结合对数学知识技能的考查，将数学思想嵌入其中，这样的命题立意更高，更能反映学生对数学对象的理解。

例：《孙子算经》中记载了一道 "鸡兔同笼" 问题，这是一道世界数学名题。清朝时，作家李汝珍把这类问题写进了小说《镜花缘》中，书中有这样一个情节，一座阁楼到处挂满了五彩缤纷的大小彩灯球，一种彩灯是大灯球下缀2个小球，另一种彩灯是大灯球下缀4个小球，大灯球共360个，小灯球共1200个。

（1）想一想，"彩灯问题" 跟 "鸡兔同笼" 问题有什么联系？请写下来。（3分）

（2）算一算，两种彩灯各有多少盏？（5分）

（3）重视综合应用，关注基本数学素养

既然教学将通过大任务来承载大观念，以主题、活动、项目等任务的实施来实现对原理、法则、态度等大观念的掌握，那么命题改革的方向就是：从碎片化、点状式测试转向整体性、结构化测试。测试的过程，也是学生完成一个有思维含量与探究含量任务的过程，或做一件完整且有挑战事情的过程。这种测试可以更全面、更深入、更有效地考查学生的认知水平、探究水平、做事能力，以及在应对复杂、陌生情境时所表现出来的态度、立场与价值。这是中学思想在考试评价中的体现，也是考试指挥棒应该发挥的教学导向作用。总之，依据新课标的理念，教学与评价应遵循以学定考、教考一体的原则。命题所秉持的基本思想，就是素养立意。

① 从"单一"到"多维"

传统的命题考查目标较为单一，测评内容大多是对事实性知识的识别和再现。指向核心素养的数学命题，要有意识地让学生运用不同数学语言、从多维角度阐述问题，考查学生是否对数学对象真正理解。

例：从数学的角度考虑，图2-2-29中哪一个图形与其他两个不同？找出这个图形，并说一说你的理由（写出一种即可）。

（1）这个与众不同的图形的名称是（　　　　）。

（2）你下结论的理由是什么？写出你的思考过程。

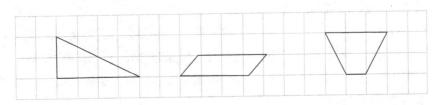

图2-2-29

② 从"点状"到"网状"

数学知识的教学，要注重知识的结构和体系，处理好局部知识和整体知识的关系，引导学生感受数学的整体性。命题需要将碎片化的知识进行整合，有意识地将相关数学知识、思想方法进行关联。

例：图2-2-30中表示的关系正确的个数有（　　　　）。

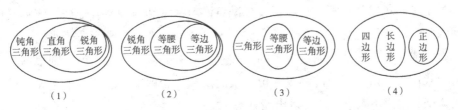

图2-2-30

A. 3个　　B. 2个　　C. 1个　　D. 0个

命题的素养立意指向，体现于知识、能力、价值的融通与应用中测评学生的素养水平。指向素养立意的试题更有结构性、整体性、情境性等真实任务的特点；更关注任务的价值导向；更追求用解决问题来考查学生的思维水平与探究能力；更关注思维、探究的动力状况，以及思维结果、探究结果的价值意义。概言之，素养立意的测试宗旨不是学生的知识或能力的拥有状况，而是学生愿意和能够运用知识与能力去解决问题、造福社会的心智状况、精神状况。

（二）评价方式的改革——快乐游考

考试，是教学评价的重要手段之一，往往也是教与学的内容和方式的指挥棒。传统的纸笔考试，有标准答案和评阅标准，具有一定的客观性和公正性，但是一张试卷不能全面地评价一个学生对该学科的掌握程度，亦不能考核出学生的实践能力、解决问题能力以及学科素养。另外，这种传统的考试形式基本都是以分数定结果，以成绩论优劣，抹杀了学生的学习兴趣，遏制了学生的个性发展，甚至成了伤害学生身心健康成长的一种不良行为。

那么，如何改革评价方式，发挥评价"提升学习力，促进儿童终身发展"的功能呢？我们泰州教育人在这方面也做了一些思考和尝试。很多学校将纸笔考试这一评价方式"变脸"，改为"快乐游考"，即通过游戏化的方式来考查学生的数学核心素养，借助"星"级评价，形成综合评定。有的学校是一、二年级期末不再进行书面考试，只进行"快乐游考"；有的学校是将书面考试与"快乐游考"相结合。

什么是"游考"？即通过游戏化的方式，如小演讲、小展示、小表演、小模拟等生动有趣的形式来考查学生的学科素养。例如，语文学科根据课程标准分为"识字""写字""朗读""说话"等诸多模块，考查学生的识字与写字、阅读、写话、口语交际、综合性学习等语文核心素养；而数学学科则以现行教材中的数与代数、图形与几何、综合与实践的知识能力为基本内容，分为"计算""动手""应用"等模块，考查学生基本的数学核心素养。

游考时每门学科都根据项目设计准备游考教室和准备室若干个，评委从任课教师、高年级优秀学生和家长志愿者中聘请，参考学生分为若干小组，由一位教师或家长志愿者领队进入不同的教室闯"关"赢"星"，评委则根据学生的游戏情况，给出相应的等级评价，最后形成综合评定。此外，学生如果对本次考试的结果不满意，还可以申请补考。

下面以数学学科为例，从游考的形式、游考的内容设计等方面做简单的介绍。

1. 游考的形式

（1）让考场成为游乐场。游考活动的场地都是精心布置的，让孩子仿佛走进童话般的文化长廊。没有了严肃的考场，取而代之的是游乐园一般的游戏场馆，每个场馆都有与考核内容非常吻合的美妙名称，如"图形馆、神算园、测量吧、设计厅……"也可以围绕本次游考的主题设计一系列的情境，然后串在一起，完成一系列的考核，如以"购物"为主题，将各场馆命名为"玩具总动员、水果消消乐、我是小馋猫、礼品大派送"等。

（2）让选题成为乐趣。游考活动中每个学生遇到的可能是完全不同的任务。选题的方式多种多样：有的自主选题，有的为抽题。选题形式也可以加以改动，如以抽奖箱的形式抽题，或利用转盘抽奖、摇骰子等。根据游园项目中题卡数量，设置奖项数量和名称，如A套题、B套题、C套题、D套题；可加设"加油卡"，抽到"加油卡"的同学可获得加星的机会，根据加油数量直接加星。

（3）让答题成为游戏。倘若给计算披上"游戏"的外衣，让答题成为游戏，既能避免直接答题的枯燥乏味，又能调动学生参与的乐趣和积极性。在游考活动命题时，可以用游戏名称去命名，如"算式消消乐、智走华容道、玩转七巧板、测算工程师……"也可以用动物的名称去命名，如"小猫钓鱼、青蛙过河、蚂蚁回家、孔雀开屏"……当然，在游考过程中，可以用多媒体、游戏软件、手机等辅助形式，增强游考的趣味性和可操作性。

2. 游考内容的设计

（1）从"数学阅读"角度

近年来，以提高教师的综合素养与工作品质为追求，以培养学生的阅读意识和阅读自觉为重点，笔者所在的地级市教育局组织全市广大教师、学生及其家长开展全员参与、内容多元、形式多样的读书活动，即"泰州教育大阅读"，可谓"师生家长同参与，学科门类全覆盖"。其中，小学数学有《数学趣味阅读》推荐资料，因此在游考中设计相关内容，不但可以检查学生的阅读情况，还可以大力推进数学阅读。例如，二年级游考设计方案：

评价内容：数学阅读《米和厘米的争吵》。

评价形式：说一说。

评价标准：

5☆：能简要复述故事，并能说出一些其他常用的长度单位。

3～4☆：对故事内容了解，能说出"米"和"厘米"的用处。

1～2☆：对故事有点印象。

0☆：对阅读内容一无所知，或者不知所云。

其他地区没有指定的数学阅读推荐材料的，可以将教科书中"你知道吗"里的数学知识作为阅读考查材料。

（2）从"数学思想"角度

课堂教学中，教师除了教给学生显性的知识外，还应该挖掘并帮助学生建立数学思想，提升学生的数学素养。低年级的学习内容看似简单，但是很多知识点都隐藏着数学的思想方法，如分类思想、一一对应思想、符号化思想等。设计游考内容时，我们要有意识地关注学生是否将数学思想方法内化为自己解决问题的方法，既要考查学生的解题能力，又要了解学生的思维模式。例如，一年级"比多少"的知识点，可设计这样的游考题目：

评价内容：有红色、蓝色两堆花片，请你摆一摆，让人一眼看出哪堆多、多几个。

评价标准：

5☆：用一一对应的方法比较。

3～4☆：用数出数量结果的方法比较。

1～2☆：学生会摆或会数，但结果错误。

0☆：完全不会操作。

这样考查，可以让教师意识到，在教学"比多少"这个内容时，不能仅仅满足于让学生会数数，通过数出数量结果来进行比较，而应该让学生通过摆一摆、画一画、连一连等活动，用一个对着一个的方法进行比较，将"一一对应"的数学思想巧妙渗透于活动之中。

（3）从"数学表达"角度

"语言是思维的外壳，是思维的工具。"学生要能"说清楚"，必然要先"想明白"，因此，数学表达能够加深学生对数学的理解，促进学生思维的发展，是学生数学核心素养的重要能力之一，应该从低年级开始重视、培养。在小学数学的纸笔考试中，学生都是通过写数和算式，来表达自己的解题思路和结果，而要让学生在试卷上"说"，不太容易操作。游考形式，正好可以补上这个短板。例如，一年级上学期游考方案如下：

评价内容：请你根据图2-2-31，说出下面算式的数学故事。

（1）2+3+4=9　　（2）8-3-1=4　　（3）7-2-3=2

图2-2-31

评价标准：

5☆：能把3个算式都讲清楚，表达生动流畅。

3~4☆：说对其中2道算式，表达比较流畅。

1~2☆：说对其中1道算式，表达基本清楚。

0☆：不会表达。

这道考查题是根据苏教版小学数学一年级上册中的一道练习题改编的。在学生学习了连加、连减、加减混合之后，教材在练习中出示一幅图，要求学生看图写出一道算式"□○□○□=□"。游考时，充分挖掘这道题的价值，从"数学表达"的角度，以考查学生的数学理解和数学表达能力为重点，要求学生看算式讲故事。这样设计，既考查了学生的数学理解水平，又培养了学生创编故事的能力以及语言表达能力。

（4）从"动手操作"角度

小学生以形象思维为主，动手操作能够帮助学生理解抽象的理论知识，参与知识的形成过程，加深对所学内容的全面理解。同时，动手操作能激发学生的学习兴趣，调动学生学习积极性，增强学生的主体参与意识。学生在操作活动中，可以大胆地尝试，尽情地发挥，将自己的思维与想象赋予"手指上"，实现自己的某些创造性设想，提高动手操作能力。因此，教师要重视学生的动手操作，让操作成为提升学生学习力的源泉。游考时也可以从动手操作的角度来设计内容；例如，二年级游考题：

评价内容："尺子坏了怎么量"。

评价标准：

5☆：能想出两种测量的方法。

3~4☆：能想出一种测量的方法。

1~2☆：能尝试想办法测量，但量得可能不准确。

0☆：对要进行的活动束手无策。

二年级上册《厘米和米》单元，教学目标之一是使学生初步学会用厘米和米作单位测量线段或物体的长度。教材在"想想做做"中安排了一道练习，出示了3种量法，让学生说说哪一种量法对。其中，第一种量法是把刻度尺左端与物体一端对齐，第三种量法是刻度尺的刻度面歪斜地放在被测物体上。传统的试卷考试中，往往是将这道题改编成判断题或选择题。游考中，将这道题"变脸"，让学生用"坏"了的没有0刻度的尺子来测量，激发学生动脑动手，充分尝试体验，既考查了学生有没有掌握正确的测量方法，又能考查学生的思维能力和动手能力，同时不知不觉地渗透了——对应的数学思想。

（5）从"合作学习"角度

合作学习，能够激发学生的学习热情，提高学生的学习效率，提升学生与人沟通交流的能力，培养学生的团结合作精神。因此，随着新课改的推进和素质教育的深入，合作交流这一学习方式越来越受到关注和肯定。传统的纸笔考试，都是学生"单打独斗"，不可能也不可以进行"合作交流"。要考查学生的合作精神和合作能力，可以借助游考，让学生一起合作完成游戏任务。例如，一年级上册游考题设计如下：

评价内容：两人合作，把篮子里的卡片按照不同的标准分一分。

操作材料：如图2-2-32所示。

图2-2-32

评价标准：

5☆：能进行较好的交流与合作，按三种不同的标准分类。

3~4☆：能进行交流与合作，按两种不同的标准分类。

1~2☆：能进行合作，按1~2种不同的标准分类。

0☆：对要进行的活动束手无策。

根据要求进行游戏合作时，有的学生可能思维比较敏捷，有的学生可能语言表达能力强，还有的学生可能更主动地与对方合作……评委通过听和看，可以较全面地了解两个学生的合作意识和合作能力，继而根据不同的表现给出不同的评定。

实践表明，游考是一种激发学生兴趣、关注学习能力、减轻学业负担的创新性评价，它有助于全面提高学生的核心素养，推进教学评价改革工作的发展，同时，反推着课堂教学使之实现扎实高效、智慧生长。

（三）评价结果的改革——数据赋能

新课标在评价建议中，除了强调丰富的评价方式、多元的评价维度、多样的评价主体，还特别强调了评价结果的呈现与运用。实践中，我们在进行评价内容和评价方式改革的同时，还尝试进行评价结果的改革，即基于实证研究，通过评价的数据赋能，推进区域小学数学精准教研。

教研活动作为教育教学的重要组成部分，在指导教学实践、促进教师发展、推进课程改革、提高教育质量等方面，发挥着重要的作用。传统的教研活动，一般是通过现场听评课的形式，交流互动、取长补短，在集体研讨的基础上发现真实问题，提出改进建议，调整教学设计。这样的教研方式存在两个主要问题：一是活动主题不够明确，问题导向不够突出，往往带有"经验型""随意性"和"任务式"，影响了教研的精准性；二是对于区域教研来说，通过有限的听课活动，只能点状地了解一些教师的教学行为和课堂现状，无法及时、全面地掌握教学整体情况，发现主要问题和突出问题。

随着教育改革与发展对教研提出的新要求，以及教研自身品质提升的内在需要，教研工作在内容、方式、理念和机制等方面也正在发生转变，如从"碎片化"走向"系统化"，从"经验判断"走向"精确诊断"，从"自上而下"的培训式教研走向"上下互动"的参与式教研，等等。

那么，面对目前教研存在的问题以及教研转型的需求，我们该如何做呢？江苏省义务教育学生学业质量监测给了我们启示。每次学测结束，江苏省基础教育质量监测中心都会给每个区出一份监测结果报告，报告里借助各种图表，用数据"说话"，这些数据既有宏观层面的对比式分析，也有针对区域性教学的条目式指导，让一线教师能真切把握学生各个方面的发展状况，能捕捉学生在数学素养发展上的薄弱之处，为后续开展教育教学跟进式改革提供精准的诊断和实证的支撑。基于此认识，我们决定在区域内开展基于监测数据推进小学数学精准教研的实践探索，一方面，借助"智学网"平台，收集学业质量过程性监测中的数据，通过对"大数据"的分析和对比，了解区域内的总体教学情况，把握各校教学实际，开展有针对性的教研；另一方面，培养教师数据意识和素养，提倡所有数学教师对日常作业和能力检测中的错题进行整理和分析，通过对本班这些"小数据"的研究，精准诊断教学，设计班本作业，开展校本研修，以教立研，以研促教。

以"监测数据"为依托，契合区域实际，指向教育教学研究工作的精准实施，探寻适合的精准教研之路。

1. 数据采集

（1）调研考试数据网阅。全区实行阶段性测试或校际联考，利用"智学网"平台的人工智能技术，通过先扫描后阅卷的方式，实现智能批改，再依托多元、智能的数据采集方式，提供有价值的分析数据。

（2）日常作业数据手阅。练习和作业是教学的重要环节，也是检查学生学习效果的重要手段，可以帮助教师及时调整教学计划和教学方法。教师采用传统手阅方式，逐条批改、重点圈画、批注指导。对于易错题和经典错例，采用"随手拍"的方式，对学生的练习数据进行伴随式采集和分析，从而精准掌握班级和每个学生的练习情况，真正实现因材施教。

小学数学教师错题集见表2-2-6：

表2-2-6

错题	错误原因	纠错策略
	AB	教会学生正确数格子的方法，数格子数的其实是格子的数量，而不是数格子顶点数
	AB	告诉学生平移前后不改变图形的形状，所以在画平移后的图形时，应该先找出图形的对应顶点再连线

续 表

错题	错误原因	纠错策略
从2:00到2:15,分针旋转了（90）°。 想一想:从2:15到2:30,分针旋转了（90）°。 从3:00到6:00,时针旋转了（90）°。 从12:00到3:00,时针旋转了（90）°。	AB	很多学生忘记了时间在钟面的表示,其次忘记了钟面上相邻两个数字之间的夹角是30°

错误原因：A.思维错误；B.概念模糊；C.运算错误；D.审题错误；E.粗心大意。

2. 数据分析

数据分析是将区域调研、校际联考、练习作业中采集到的相关数据进行分析，基于教研和教学的需求，形成单次、历次、区域等多层级，学生、班级、学科等多维度的成绩报告，满足不同教研、教学场景的应用。

（1）对各校、各班学业水平进行数据分析。

对区内19所小学数学学业水平测试情况做一个全面、整体的数据分析。前25%、后25%分别指向优等生和后进生，这两个均分主要考查各校培优补差情况；前75%均分主要是看中等以上学生整体水平；综合分是把前25%、前75%、后25%三类均分按比例测算得到的，其中三、四年级按2：5：3，五、六年级按3：5：2。其中低于区平均分的，用色块标注出来。

在对各校整体数据分析的基础上，细化到对各个学校每个班级学业水平测试情况的数据分析，便于学校管理者和班级任课者了解各等次学生整体情况。同时，对任课教师的教龄作了统计，为后续的教师队伍建设以及精准教研、教学提供数据支撑。

（2）对各校、全区解题答题情况进行数据分析。

对能力测试卷上的题目逐条进行分析，标注每题考查的内容领域及能力维度，然后将学校得分率低于区平均得分率的题目整理汇总，同时，将学校得分率居于区最后一个方阵（后5名）的用色块标注出来。在区级层面，将整个区域平均得分率低于70%的题目进行整理和汇总。

根据上面统计的多维度数据，了解区域内各校整体学业水平状况，各年级、各班级培优补差情况，以及本区小学数学学科在哪个内容领域、哪个能力维度存在薄弱情况。以数据驱动，分析原因、寻找对策，找准学生学习薄弱点，明确学校最近发展区，充分挖掘潜在教育资源，打造更大教育空间。

3. 精准教研

（1）关注薄弱数据，确立主题研修

根据监测样本在某个测评点上整体达成度较低的数据，做好主题研修活动的顶层设计。一是开展系列化的纵向教研，根据区域整体薄弱板块，确定研训主题，设计系列活动；二是加强校际的横向交流，开展同质结对、异质帮扶，提高教研的针对性和实效性。所谓"同质结对"，即具有共性问题的不同学校，开展有针对性的联合教研活动，一起探索、共同进步；"异质帮扶"，即学校针对自己的薄弱点，找准优质学校学习借鉴，实现校际联动，促进均衡发展。

以2022年春学期六年级期中过程性监测为例，我们对所有题目从"内容领域"到"能力维度"、从"命题意图"到"课标理念"等，做了较为详尽的分析，最后对各校得分情况作了数据分析和比对，帮助学校了解自身优势和存在问题，找准牵手合作对象。

【原题】小亮用彩纸和小棒做了一面长方形彩旗，旋转小棒一周后，旋转红色部分和黄色部分的体积相比，（　　　）。（见图2-2-33）

A.黄色部分体积大　　B.红色部分体积大　　C.一样大　　D.无法确定

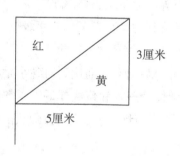

图2-2-33

【内容领域】"图形与几何"中"图形的认识"。

【能力维度】数学抽象。

【命题意图】本题考查了圆柱和圆锥的本质为旋转体，由长方形纸片沿着一条边旋转形成圆柱，直角三角形沿着一条直角边形成圆锥。

【新课标理念】图形与几何第三学段学业要求：认识圆柱与圆锥，能说出它们的特征，能辨认其展开图；在图形认识的过程中，进一步形成量感、空间观念和几何直观，能用相应公式解决简单的实际问题，形成空间观念和初步的应用意识。

【考查知识点】等底等高的圆柱与圆锥之间的体积关系。

【对标教科书】苏教版六下第23页第7题。

张师傅要把一根横截面直径为2分米，高为3分米的圆柱形木料加工成圆锥形。

（1）圆锥的体积最大是多少立方分米？

（2）你还能提出什么问题？

【典型错例】选C的同学占50%，没有从平面图形的旋转抽象过渡到立体图形，部分同学认为三角形的面积一样，则旋转起来形成的立体图形体积也一样。

【学校分析】

学校分析见表2-2-7。

表2-2-7

题号		分值	内容领域	能力维度		难度	区分度
选择题4		2	图形与几何	数学抽象		0.36	0.55
		均分	得分率%			均分	得分率%
优势学校	区	0.72	36.07	薄弱学校	区	0.72	36.07
	学校代码"12"	1.29	64.71		学校代码"22"	0.17	8.33
	学校代码"15"	1.14	56.82		学校代码"28"	0.38	18.84
	学校代码"11"	1.09	54.49		学校代码"29"	0.44	22.22
	学校代码"16"	0.87	43.48		学校代码"27"	0.47	23.64
	学校代码"23"	0.8	40		学校代码"18"	0.5	25

（2）重视基础数据，建设改进资源

收集整理学生数学学习中常见的错例并进行错因分析和思路点拨，筛选梳理出经典题目并进行知识点或知识链的说明，在此基础上进行"母题研究"，开发出2~3题与之关联的、有层次的"子题"，最后按单元汇总形成作业题库，让学生实现"会一道题就会一类题"的举一反三的效果。根据"学习金字塔"理论，提倡全区开展"学讲方式"，一是小组互讲，各班根据学生的能力水平建立有效合作学习小组，组内互讲、互辩、互帮、互评、互学、互考；二是全班领讲，教师在课前3分钟，或延时服务时间段，鼓励学生争做"小讲师"，站起来、讲出来，并鼓励学生录制讲解微视频，在评选的基础上建设微课资源。

（3）聚焦分化数据，落实蹲点研训

根据校际差别比较大的数据，找到蹲点学校，跟踪了解和研究，加强学校教研组建设，发挥教研组作用。教研员带领学科专家团队，到蹲点学校深入课堂听评课，对课堂呈现的问题，及时记录反馈，进行有针对性的指导。定期进行"回头看"，对"问题课堂"所涉及的教师实行"销号管理"，抓好课堂主阵地，打造"高新好"课堂。走进教研组，通过查看资料、座谈交流、亲身参与，了解校本作业、命题改革、小课题研究等落实情况并进行指导，深入推进"学讲方式"和"母题研究"，以研促教，构建"高新好"教研。

（4）借助发展数据，促进课程开发

从监测报告中发现学生的薄弱环节，立足区域学校和师生实际，探寻可发展空间，开展数学特色课程，调动学生学习兴趣，改进教师教学行为，提升学科核心素养。例如，本区的扬子江小学，在课程开发方面别具匠心，开发了与数学发展密切联系的知识寻根课程，将数学史融入课程，追溯知识源流；从历史的视角联结数学与其他学科（如天文学、建筑学、文学）的联系，溯源知识脉络；关注美学在数学发展史中的价值，回溯多元审美。扬子江小学还开发了与数学教育密切联系的主题活动课程，在发展数学思维中凸显逻辑推理，在形成数学语言中凸显数学模型，以数学核心素养为内核，发挥学科立德树人的育人功能。

4. 效果分析

通过基于监测数据推进区域小学数学精准教研的实践探索，形成了特色优质资源，优化了课堂教学，促进了教师的专业发展，在提高教研质量的基础上提升了区域整体教学质量。

（1）形成特色优质资源

基于校情而建设的校本作业题库，以及"小讲师"们录制的微课，在交流、评选的基础上形成了区本作业题库和微课资源库，既为教师提供了优质的可利用的教学资源，也为学生个性化学习提供了平台。资源共享，提高了教学成果的复用性，也有效地助力了区域优质教学资源的积累与管理，提高了区域核心竞争力。

（2）促进教师专业发展

监测数据支撑下的精准教研要求教师具有数据意识和态度，做"反思型"

教师，通过日常教育教学中的数据分析，了解教与学的薄弱环节，明确学生最近发展区，优化教学内容，改进教学方式，构建高效课堂，分层设计作业，提高备课和作业的针对性，做到减负增质的同时，促进个人专业素养得到持续发展。

（3）提高区域教学质量

利用监测数据，精确诊断区域内突出问题、共性问题，找准师生的学习需求，精准确立教研主题。通过开展系列化的纵向教研和校际的横向交流，提高了校本教研、区域教研、学科教研的质量，促进了教师专业素养和学科研究团队的发展，并有效促进了区域教育的优质、均衡发展，达到区域教育教学质量整体提升的目的。

四、教材开发

数学教材为学生的数学学习活动提供了学习主题、知识结构和基本线索，是实现数学课程目标、实施数学教学的重要资源。在新课程改革背景下，不拘泥于教材，根据学科特点及学生实际，对教材进行二次开发已经成为教学中一股不可阻挡的潮流。教师要在尊重课标、吃透教材的基础上，结合师生特点和教学情境，对教学素材进行合理调整和加工，合理选用和开发其他教学材料，使之更利于调动学生的学习积极性，更利于学生知识体系的构建，努力提高新课程改革的质量和数学教学的效益。下面，结合具体案例谈谈小学数学教材二次开发中常用的几种方法与策略。

（一）合理增加，拓宽教材的广度

增加主要是指增加一些教材上没有而教学又需要的材料。在教材二次开发中，采用增加的方法，不仅有助于加深学生对数学知识的认识和了解，也有助于增长学生的见识。在教学实施中主要表现在以下几个方面。

1. 增加数学文化资源，激发学习兴趣

数学教育是数学文化的教育。这就要求我们不仅要注重对学生数学知识的传递，还要重视数学文化内涵的渗透，更要教会学生用数学的眼光去认识世界。新课程改革以来，小学数学教材在以往的基础上增加了有关数学文化尤其是数学史的知识，但是由于篇幅的局限，教材不可能呈现所有与数学知识相关的数学文化资源，在教学实践中，教师可以增加一些有关数学文化的阅读材料，拓宽教材广度，让学生在阅读中理解数学文化、感受数学文化，激发学生学习数学的兴趣，提高他们学习数学的信心。

以人教版一年级下册《认识人民币》为例。一位教师在课尾，出示教材第60页的"你知道吗？"中四种古代的金属钱币图片，在简要介绍的基础上说：由于金属货币携带和使用都有些不方便，后来人们用纸币逐步代替了金属钱币。中华人民共和国成立后，随着经济社会的发展，先后已经发行了五套人民币（出示相应的图片），现在正在流通的是第五套人民币。接着，教师又用课件介绍了不同国家的钱币，并引导学生观察，发现这些钱币的面值都有相同的地方，继而提问："为什么钱币的面值都和数字1、2、5相关呢？这里面藏着什么奥秘吗？请大家课后去继续研究。"这里增加的了解货币的历史进程和五套人民币的发行，帮助学生微观中国社会的发展，吮吸文化的气息。

2. 增加数学思想渗透，挖掘教材内涵

数学课程"不仅包括数学的结果，也包括数学结果的形成过程和蕴含的数学思想方法"。数学思想方法是数学素养的重要组成部分，它在教材中是隐而不彰的，又常常是只可意会不能言传的。在教学过程中充分地运用、开发学习材料，有效地渗透数学思想，挖掘教材内涵，使学生的数学学习获得最大价值。

以苏教版五年级下册《圆》为例。新课即将结束时，教师安排最后一个环节：请同学们欣赏美丽的圆。几何画板动画演示"三角形→四边形→五边形→n边形→圆"的过程，向学生渗透了"圆是n边形演变成的曲线图形""圆是由无数个点围成的封闭图形"等数学极限思想。"极限"这一抽象的思想以具象的方式生动地演绎出来，让学生深刻地感受到变幻莫测、奇特的数学之美。

3. 增加数学活动体验，激活学生思维

数学来源于生活，解决问题时借助学生的生活经验，设计一些数学活动，使抽象的数学变得通俗易懂，枯燥的数学变得生动有趣。

以苏教版三年级下册《长方形和正方形的面积》为例。教材编排是从学生熟悉的教室环境切入，通过观察、触摸黑板、课本等物体感受面积，但对于"平面"这一概念并未涉及。一位教师在处理这个环节时增加了一个活动，就是课前准备了一个土豆，先让学生摸一摸土豆的表面说出感受（凹凸不平的、弯曲的面），然后把土豆切开，让学生再摸一摸切开的面，并说说与之前摸到的土豆的表面有什么不同（切开的面是平的，平面）。"切土豆"这一活动通过体验感知物体的表面与剖开的切面的异同，再转向研究平面，生动直观地再现了"平面"这一概念的起源，让学生在亲历还原知识场景的过程中得以吸收诸多信息。

（二）科学替换，挖掘教材的深度

替换是用更合适的内容来代替教材已有的相关内容。替换与删减的不同之处在于，删减教材内容之后，没有增加相应的内容，即删减，如果有增加相应的内容，即替换。

1. 替换情境

教学情境是学生掌握知识、形成能力、发展心理品质的重要载体，是沟通现实生活与数学学习、具体问题与抽象概念之间的桥梁。有时教材中的情境不足以发挥它十足的魅力，教师完全可以从学生实际出发，创设更为适宜的教学情境，为学生更好地学习数学服务。

以苏教版小学《数学》二年级（上册）第6页例3《简单的加减法实际问题——使两个数量同样多》为例。

原例题是：小军穿了8颗彩珠，芳芳穿了12颗彩珠，要让两人的彩珠同样多，你有什么办法？用圆片摆一摆。有一位教师把题中穿彩珠的情境替换成了拔河比赛。

多媒体演示拔河比赛情境（两队小朋友进行拔河比赛，甲队8人，乙队12人，众人围观。乙队获胜）

提问：紧张的拔河比赛结束了，乙队获胜了。看了这次拔河比赛，你有什么想法？

交流：比赛不公平，因为乙队人多，甲队人少。

追问：甲队比乙队少几个人呢？

交流：甲队比乙队少4人。因为，甲队有8人，乙队有12人，12-8=4。

提问：那么，你有办法使比赛变得公平吗？

……

使两队人数同样多，有3种方法，无论用什么方法，首先要弄清楚两个数量相差多少，然后根据相差数进行调整。现情境比原情境更生动有趣，也更现实。原情境中要使两个数量同样多是题目给出的要求，而换成拔河的情境后，要使两个数量同样多是学生自然而然提出来的，在解决问题的过程中，学生原有的经验得以激发。

2. 替换例题

教材例题提供的探究素材不合适，教师可以重新给学生提供合适的素材，这样有助于学生更好地理解数学知识。

以苏教版小学《数学》四年级（下册）第62页例5《乘法分配律》为例。

原例题是：四年级有6个班，五年级有4个班，每个班领24根跳绳。四、五年级一共要领多少根跳绳？

开发的例题是：你能用不同方法算出图中两个长方形的面积一共是多少吗？（见图2-2-34）

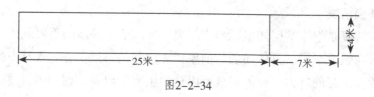

25米　　　　7米　　4米

图2-2-34

生：可以先算大长方形的长，再用长乘宽，列式是（25+7）×4；也可以先分别算出两个小长方形的面积，再相加，列式是25×4+7×4。

师：上面这两种算法的得数相等吗？为什么？

学生从不同角度说明原理并验算。

与原例题相比，开发后的例题借助图形的直观以及乘法的意义理解两道算式相等的道理，既丰富了学生对乘法分配律的感知，又构建了乘法分配律的雏形。

3. 替换练习

习题设计的目的是让学生通过练习，体验和运用数学知识，从而顺利高效地完成课堂教学的任务。因此，练习的设计一定要注重实效，提高有效性。

以苏教版小学《数学》三年级（上册）第82页《平移、旋转和轴对称》"想想做做"第2题为例。

哪些树叶通过平移可以和绿色树叶重合？把它们涂上颜色（见图2-2-35）。

图2-2-35

原习题中左起第一片、第三片和第五片树叶平移后可以与绿色树叶重合，其余几片树叶需要通过旋转后平移，或平移后旋转才能与绿色树叶重合。

开发后的习题是：

第三片树叶的形状发生了改变，第五片树叶的大小发生了改变。学生在解答这一题时产生了小小冲突，有的学生认为第三片、第五片都可以通过平移重合，有的学生通过目测认为不可以。老师让学生到白板上操作，相机小结：

只有大小、形状、方向都相同的两片树叶才能通过平移完全重合。改编后的习题，增加了两个反例，既通过矛盾冲突掀起了课堂一个小小的高潮，又通过学生的争论、操作、辨析，突出了平移运动的本质特征：图形经过变换，但是形状、大小不发生变化。

（三）适度调整，增加教材的厚度

1. 调整教材顺序

2014年第4期《小学数学教师》中《从分数的大小比较说起》（袁震东教授）一文指出，比较两个分数大小时，中国小学生的运算正确率高，速度快，而美国小学生的方法可能要比中国小学生多，并且这种现象可能跟教材编排有关。因为国内教材大多先学习通分，后学习分数的大小比较，而美国教材正好相反。难道仅仅调整一下顺序，就能带来这么大的变化？有一位教师就对"分数大小比较"一课的内容顺序做了调整。不讲通分，先教分数的大小比较，不承想，学生的比较方法果真也非常精彩。

2. 调整教学进度

教师对教学进度的调整，主要表现为对教材课时安排的调整。如果教材的难度够大，而学生学习存在一定的难度，教师则选择减缓教学的速度；如果教材的难度较小，教师会加快教学的进度；如果教材内容有交叉，教师会根据班情和学情把内容融合起来教学。

以苏教版四年级上册《升和毫升》为例。第1课时认识升，第2课时认识毫升，而我们让学生课前调查时，学生收集到的资料里有升，也有毫升，而且在学生周围，毫升见得比较多，如手边的一瓶矿泉水，家里厨房中的酱油、醋，等等，第1课时中就直接忽略掉毫升吗？有的教师在教学这部分内容时，就尝试调整了教学进度，把升和毫升在一个课时里进行教学，在比较辨析中学生可能掌握得更好。

3. 调整教材呈现方式

教材是静态的文本，知识的形成是个动态的过程，静态的文本与动态的过程之间的矛盾造成了学生学习、理解数学知识的困难，也降低了学生学习的兴趣。另外，某些数学知识的学习需要展现它形成的过程，这样才能帮助学生更好地理解数学知识。

以苏教版四年级上册《统计表和条形统计图（一）》例1为例。一位教师改变以往教学直接完整地呈现例题条形统计图的方法，对条形统计图的结构进行了大胆的"解构"，以"半遮面"的形式出现——没有标注任何数据（电脑显示：不完整的例题图——删去条形上和纵轴上的数据）。通过"这是一张有关什么内容的统计图？""有几个节目类别？""喜欢看哪一个节目的人数最多，哪个最少""从哪儿看出来的？""条形的长短反映了什么？"几个问题的解答，引导学生观察，向学生示范了观察条形统计图的视角和方法，使学生清楚又直观地感知条形统计图的优势：能够使人一眼看出各数据的大小和易于比较各数据之间的差别，即条形的长短反映数量的多少。

接着，教师让学生猜"喜欢看综艺类节目的人数是多少"。基于常规的"1格表示1个单位"，学生发现好像有问题，这样就展开了推理。学生抓住问题的核心，开始从新的角度发挥想象，提出1格表示2个人、5个人、10个人等可能性。经过尝试，最后推算出1格表示2个人。根据学生的回答，教师逐步完善条形统计图上的数据。这样的过程显然有助于学生加深对数据及其分析方法的理解，进一步形成了数据分析观念。

（四）创新改编，提升教材的高度

新课标将教材作为教育教学的基本依据，各种教学方法都围绕教材展开，但可不拘一格，这就说明学习教材不是目的，目的是提高学生的学习效率和质量，培养他们的创新能力。教师可根据个人能力，在研读教材、领会编写意图的基础上大胆地进行创新改编，使教学素材更利于学生自主探索，从而达到优化教学内容和培养学生能力的目的。

以特级教师华应龙的《分数的初步认识》一课为例。教材安排的是从分东西入手，先认识二分之一，再认识四分之一、八分之一……而华应龙老师变"分物"为"测量"，创设了大头儿子、小头爸爸的故事情境。小头爸爸到商场买凉席，忘了量床和沙发的长度，于是打电话给家里的大头儿子，大头儿子用爸爸的领带测量，发现床是两个领带长，而沙发是把领带对折之后再对折测量的，量了3次，那么，沙发是多少个领带长呢？由此展开讨论。这样改编素材，从度量的角度认识"分数"的含义，更好地凸显了分数的计数单位与分数的构成，也有助于学生理解分数概念中"平均分"的价值。

在教材开发具体实施过程中，须关注以下几个方面。

1. 调整例题难度，贴近学生实际

教材是教材编写组统一开发的文本资料，虽是专家、一线教师反复讨论通过的，但由于学生的基础存在着地域、认知等差异，教材无法兼顾不同学生的需求。作为一线教师的我们，可以针对知识点的特性，对例题进行一系列的调整，使例题教学更加贴近学生的实际。

以苏教版小学数学五年级下册第三单元例9为例。

原例题呈现：用边长6厘米或4厘米的正方形纸片铺长18厘米、宽12厘米的长方形。哪种纸片能将长方形正好铺满？

原例题分析：本例题的设计意图有如下5个方面。①先让学生用边长6厘米或者4厘米的正方形纸片铺长18厘米、宽12厘米的长方形。学生在活动、交流后得出边长6厘米可以铺满，边长4厘米不可以铺满。同时呈现这两种正方形去铺长方形的示意图。②引导学生观察上述示意图，具体分析长方形长和宽与正方形边长之间的关系，并通过相应的除法算式具体说明，让学生初步感知公因数的含义。③通过小组讨论还有哪些边长是整厘米的正方形纸片也能正好铺满，学生明白：只有边长的厘米数既是12的因数，又是18的因数，才能正好铺满。④让学生再具体说一说1、2、3、6与12、18的关系，由此告诉他们：1、2、3、6既是12的因数，又是18的因数，它们是12和18的公因数。⑤引导学生说说4为什么不是12和18的公因数，学生在讨论中进一步完善对公因数的认识。

现行开发：

原例题改动如下：

（1）将长12厘米、18厘米的两条线段分成长度相等的若干份，各有几种分法？

12厘米　_____

18厘米　_____

（2）将长12厘米、18厘米的两条线段分成相同长度的线段，有几种分法？

我的思考：线段是一维的，而长方形有长和宽，是二维的。对学生来说，线段比长方形简单，将线段分成长度相等的若干份操作容易，这样改动，学生学习的起点低，降低了原来例题的操作难度，学生更多地将注意力集中到对公因数的认识中来。通过问题（1），学生体会到分成长度相等的线段的长度的厘米数应该分别是12和18的因数；通过问题（2），学生很容易想到等分线段长度的厘米数必须既是12的因数，又是18的因数，只能是1、2、3、6这四种，这时揭示公因数的概念，较为自然，学生也比较容易理解。

原例题是从正方形铺长方形的角度去理解的，既要考虑长，又要考虑宽，属于二维，起点较高，相当一部分学生不能理解。改动后的两个问题，都是从线段的角度考虑的，只需要考虑线段的长度，属于一维，学生比较容易理解。

2. 优化数学活动，关注思维发展

数学教学是数学活动的教学，数学活动是思维的活动。有效创设思维活动过程，既是师生、生生之间互动与交流的过程，又是教学流程的推进与学生认知活动的展开、契合、共振的过程。教师应关注学生年龄和身心特征，对教学资源适度改编，以有效的活动促进学生思维发展，实现数学知识与方法的有效迁移，提高课堂教学的针对性和有效性。

以苏教版小学数学五年级下册第六单元例2为例。

原例题呈现：在同一个圆内，有多少条半径，多少条直径？直径的长度和半径的长度有什么关系？任意画一个圆，折一折，画一画，比一比，说说你的发现。

原例题分析：本例题通过组织学生进行一些不复杂的操作活动，引导学生探索发现圆的一些主要特征。例题首先给出了研究的方法和途径，让学生把任意画出的圆作为研究对象，采用折、画、比的方法展开探究。任意画的圆意味着学生手中的圆各不相同，这能为得到一般性的结论奠定基础，而折、画、比既是发现特征的方法，也是验证特征的手段。

现行开发：

将原例题改为如下：

在刚才画圆的过程中，你发现圆的半径有怎样的特征？圆的直径又有怎样的特征？说说你的理由。

我的思考：之所以这样改动，原因在于，课本上介绍了实物画圆、圆规画圆、绳笔画圆三种方法。教学时，通过让学生观察圆规画圆、绳笔画圆两种方法的相同点：定点、定长，引出圆心、半径两个相关的概念。在这两种画圆的方法中，绳笔画圆最能体现圆的本质特征———中同长。

数学教学要力求让学生将已有的"日常生活经验"转化成真正的"数学知识"。而真正的"数学知识"不能看成动手画一画、折一折、比一比、量一量的直接结果，而主要依赖于活动的内化即学生的思维活动，让学生借助画圆的经验展开数学的想象，由动手转向动脑。在本节课中，我在画圆的基础上，让学生想象圆的半径的特征，同时进行一些简单的说理，对于直径特征的理解同样如此。这些特征完全可以在刚才画圆的过程中，借助定点、定长等经验得出。在得出这些特征以后，再通过动手折课前准备的圆形纸片，验证刚才分析的各个特征。总之，随着年级的增长，学生的思维也发生了很大的变化，到了高年级阶段，既需要动手操作也需要动脑思考，两者相辅相成，至于谁在前谁在后，则是我们二次开发教材时进行思考的。

3. 设计问题成串，构建知识结构

数学教材上的习题，由于空间的不同，有的习题只是考查一两个知识点。而数学是前后知识联系比较大的一门学科，因此我们在平时教学中可以对其进行二次开发，将一些有着密切联系的知识点，开发成一系列有联系的习题，可以让学生在解决这些问题中，理解数学，体会数学知识间的联系。

以苏教版小学《数学》五年级（下册）第49页《因数和倍数》练习第11题为例。

原题呈现：把45厘米和30厘米长的两根彩带剪成同样长的短彩带且没有剩余，每根短彩带最长是多少厘米？

原题分析：本题是最大公因数的应用问题，解决好此问题有三个关键的地方。①对"没有剩余"的理解：短彩带的长度数既是45的因数，又是30的因数。②对"同样长"的理解：短彩带的长度数是45、30的公因数。③对"最长"的理解：短彩带的长度数是45和30的最大公因数。理解了这三点，才可以说是完全解决了问题。教学时要逐步设问，让学生理解到这三点，从而培养学生的分析问题、解决问题的能力。

现行开发：

将原题改为如下的问题串：

有两根分别长45厘米、30厘米的彩带（见图2-2-36）。

图2-2-36

（1）将45厘米的彩带剪成相同长度的短彩带且没有剩余，剪成后短彩带的长度分别是多少，有多少种不同的剪法？30厘米的呢？

（2）将两根彩带剪成相同长度的短彩带且没有剩余，剪成后短彩带的长度分别是多少，有多少种不同的剪法？

（3）在所有的剪法中，剪成后最长的短彩带长度是多少厘米？

（4）最少可以剪成多少段？需要剪多少次？

我的思考：本题是关于最大公因数的典型问题，关于最大公因数，有这样一条知识链条：因数—公因数—最大公因数，这3个知识点是紧密联系的，同时这3个知识点是要求逐渐提高的，也是有区别的，因数是对于一个数而言的，而另外两个则是相对于两个以上的数而言的。在问题解决的过程中，如能将这些知识点进行串联，让学生在解决这些问题的过程中，对这些知识点进行比较，在比较中认识知识点的区别，同时体会知识生成的过程，从而加强对数学知识的理解，形成良好的知识结构。本题改动后，分别考查了如下几个知识点：问题（1）考查了一个数的因数以及因数的个数；问题（2）考查了两个数的公因数以及公因数的个数；问题（3）考查了两个数的最大公因数；问题（4）是在（3）的基础上考查了"段数=长度÷每段的长度"这一数量关系，同时考查了"植树问题"这一数学模型。这一问题串全面考查了一系列有着紧密联系的知识点，让学生在联系中加深对数学知识的理解，从而构建恰当、合理的数学知识结构。

　　总之，我们在平时的教学中，要做到用教材，但又不能局限于教材，要从学生、数学的角度，对其进行二次开发，使得教学更加贴近学生的数学学习，促进思维的发展。

案例：

二次开发：逐层深入促建模
——以"乘法分配律"为例

　　乘法分配律是小学数学规则教学中的一个重要内容，也是乘法三个运算定律中的一个难点。因为，乘法交换律、结合律的应用模式比较固定，而乘法分配律不仅有基本应用，还存在各种变式应用。学生往往由于对乘法分配律的模型理解不到位，而机械应用模型，甚至是错误应用模型。本文从科学解压文本内容，二次开发例题素材的角度，谈一谈如何分层次、小步走，展示数学知识形成与发展的过程，帮助学生有效建模。

【原例题呈现】

　　四年级有6个班，五年级有4个班，每个班领24根跳绳。四、五年级一共要领多少根跳绳？

　　（6+4）×24=□×□+□×□

　　比一比，等号两边的算式有什么联系？

　　再写几个这样的等式，和同学说说有什么发现。

　　如果用字母a、b、c分别表示三个数，上面的规律可以写成（$a+b$）×$c=a×c+b×c$。

　　这就是乘法分配律。

【教材编写意图】

例题以学校体育器材室为背景，首先，创设一个现实的问题情境，让学生根据自己的生活经验、知识基础展开独立思考、探索交流，并对等式外在特点进行分析，让学生初步感知乘法分配律的特点，提出猜想。其次，引导学生通过自主举例、类比推理、验证猜想，在感悟的基础上加深理解。最后，引导学生用字母表示数来表达自己的发现，建构乘法分配律的数学模型。

【现行开发案例】

第一步：生活实例，感知模型

出示：学校乒乓球队购买运动服，上衣每件50元，短裤每条35元，买4套，一共需要多少元？

师：要求一共需要多少元，你会列式解决吗？大家试一试。（学生独立完成）

指名回答，说说你是怎么想的。

生：我先算一套衣服多少元，再求4套一共多少元，列出的算式是$(50+35) \times 4=340$（元）。

师：你表达得很清楚，也回答得非常完整，真棒！（教师适时板书算式）有不同的方法吗？

生：我先求出4件上衣多少元，用$50 \times 4=200$（元），再求出4条裤子多少元，用$35 \times 4=140$（元），最后把它们加起来就是总的价钱340元。

师：那你能把你列的式子完整地说一遍吗？

生：$50 \times 4+35 \times 4=340$（元）。（教师相机板书算式）

师：刚刚两名同学用不同的方法解决了这个问题，你们有什么发现？

生：算式不同，但结果是一样的！

师：那就说明了这两个算式是？

生齐答：是相等的。

教师适时板书：$(50+35) \times 4=50 \times 4+35 \times 4$。

新课标要求"建立模型首先要从现实生活或具体情境中抽象出数学问题"。本环节通过现实生活情境呈现数学信息，在学生列式计算的基础上引导学生结合情境说算理，从乘法的意义出发帮助学生初步感知乘法分配律的数学模型。用买衣服的情境替代原教材中领跳绳的情境，为后续探究活动中借助直观图形，促进有效建模提供了一个系列化的素材。

第二步：看图写算式，初现模型

出示图2-2-37：

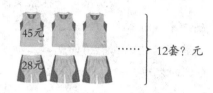

图2-2-37

师：你能说说这幅图表示什么意思吗？

生：足球队要买12套运动服，每件上衣45元，每条裤子28元，一共需要多少元？

师：解决这一题可以有几种算法？

生：第一种，横着看，用45×12+28×12；第二种，竖着看，用（45+28）×12。

师：你们听明白他的意思了吗？横着看，其实就是求什么？

生：横着看，就是分别求出12件上衣和12条裤子的价钱，再相加。

师：那竖着看又表示什么？

生：竖着看就是先把一套衣服的价钱算出来，再乘12。

师：两个算式相等吗？可以写成哪一个等式？

根据学生回答，教师板书：45×12+28×12＝（45+28）×12。

师：任何事物都可以从正反两方面去看，那么这道等式，调换一下左右两边的算式成立吗？

根据学生回答，教师板书：（45+28）×12=45×12+28×12。

教师引导学生观察黑板上所有等式，发现特点，引发猜想。

学生对数学模型的理解需要积累和丰厚，因此教师应提供系列的、多元的学习材料帮助学生感悟，经历探索的过程。小学生正处在以形象思维为主向抽象思维过渡的阶段，借助几何直观可以把抽象的数学问题具体化。所以，本环节设计了一个简单的实物图，通过简化文字，既培养了学生读图、说图的能力，又加强了"图"与"式"的观察对比，学生通过横着看、竖着看，将等式与乘法的意义联系起来，自然引发出乘法分配律的两种基本应用模式，进一步在理解算理的基础上发现特点，避免从形式上机械记忆。

第三步：看算式画图，建立模型

出示：（37+18）×6。

师：看来大家读图的本领还是蛮厉害的。这次，老师给你们来点高难度的。这儿有一道算式，请你们根据自己的理解画出示意图。

学生独立完成，教师巡视。投影反馈：说说你是怎么想的。

作品1（见图2-2-38）：

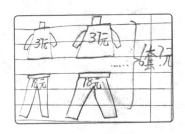

图2-2-38

学生借助简笔画，想象购买衣服的情境，说明算式表示先求一套衣服多少钱，再求6套衣服多少钱。教师引导学生用其他方法解决本题，最后得出（37+18）×6=37×6+18×6。

作品2（见图2-2-39）：

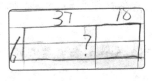

图2-2-39

学生结合学过的长方形的面积知识，用37和18分别表示两个长方形的长，6表示两个长方形的宽，算式表示用大长方形的长×宽求出大长方形的面积。教师顺势追问，这个大长方形的面积还可以怎么求，也得出（37+18）×6=37×6+18×6。（教师板书等式）

作品3（见图2-2-40）：

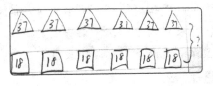

图2-2-40

137

教师：这名同学用简单的图形来代替具体的实物。其实这里的图形就是我们抽象出来的一种数学符号。在这一题里，三角形表示37，正方形表示18，在其他情境或者问题中，它们还可以表示其他的数吗？换成其他的数时这个等式还成立吗？

生1：我用60表示三角形，30表示正方形，通过计算，我发现（60+30）×6=540，60×6+30×6=360+180=540，两道算式相等。

教师板书：（60+30）×6=60×6+30×6。

生2：我觉得不需要假设也不需要计算，直接通过看图理解就可以了。左边的算式是竖着看的，先求一组三角形和正方形的和，再求6个这样的和是多少；第二道算式是横着看的，先分别求出6个三角形和6个正方形是多少，再相加。

教师在肯定评价的同时，引导学生说出：（△+□）×6=△×6+□×6。（教师板书等式）

教师追问：那如果把6换成20，这个等式能成立吗？换成100呢？是否也可以用符号来表示这里的"6"？

最后引导学生概括出：（△+□）×○=△×○+□×○。（教师对原板书进行修改）

师：请大家用自己的话说一说这个等式的意思。（学生自由说）

生：老师，用图形符号表示数，说起来有点拗口，我想用字母来表示数，可以吗？

师：你是个非常善于思考又敢于说出来的孩子，老师为你骄傲！你说说看，你是怎样想的。

生：我用字母abc来表示，式子是（a+b）×c=a×c+b×c。（教师板书字母关系式）

师：刚刚大家总结出来的这个规律，在数学上叫作"乘法分配律"。（板书课题）这名同学概括出来的就叫作"字母关系式"，它形象地把乘法分配律的规则概括出来了，比文字简便，读起来也比图形符号更顺口。

原教材中"再写几个这样的等式"是让学生在模仿中形成表象、寻找规律，从而归纳出基本模型。但在以往的教学中发现，很多学生能够熟记公式，但不会灵活应用，只因为教师教学时注重乘法分配律的外形结构，却往往忽略了对它的内涵理解。本环节在看图写算式的基础上，尝试引导学生逆向思维，看算式画图，进一步通过"式"与"图"的对应，"数"与"形"的结合，理解算理，强化对乘法分配律意义的理解。展示交流时，教师有意识地对画图的方法进行指导，使学生明白数学的图是用抽象的符号代替具体的实物，培养了抽象思维能力，增强了符号意识，也为后面学生自主地抽象、建构数学模型创造了机会，做了良好的铺垫。

第四步：看算式想象，拓展模型

教师出示：（50-35）×4=_____。

教师要求学生根据猜想填空，反馈时发现大多学生根据乘加分配律公式仿写出了乘减分配律：（50-35）×4=50×4-35×4。

师：我们来验证一下我们的猜想对不对。请同学们闭上眼睛想一想，左边的算式表示的是什么意义？如果画图，是怎样的？

学生举例验证，有想象成买衣服场景的，求4件上衣一共比4条裤子多多少元；也有同学想象成求两个长方形的面积差。通过交流，最后也概括出一个字母关系式，即$(a-b)\times c=a\times c-b\times c$。（教师板书这一字母关系式）

师：同学们通过猜想、验证，发现将乘法分配律中"两个数的和"换成"两个数的差"，乘法分配律依然成立。大家还有没有什么想要说的？

生：把乘法分配律中的"两个数的和"换成"三个数的和"，乘法分配律也成立。

师故作思考地问：成立吗？

生："三个数的和"我就想象成买衣服、裤子还有鞋子。

师：因为时间关系，这里我们就不展开讨论了。关于刚才这名同学的猜想，我想留给大家课后去验证。

教学中，很多老师觉得乘加分配律学生理解了，通过类比推理，把加号改成减号，学生很容易掌握$(a-b)\times c=a\times c-b\times c$，不需要花费过多精力。但其实这样处理，学生更多的是停留在从一种形式到另一种形式的机械认识、表面理解，缺乏直观的感知和深刻的认识。本环节的设计，培养学生从抽象的数、式联想到直观的几何形象，使学生看到$(a-b)\times c=a\times c-b\times c$这个模型时，头脑中浮现的是一个动态的、立体的数学。同时，本环节教给了学生一种学习的方法，就是数学中，无论是抽象的符号、概念还是数量关系，都不是凭空而来的，我们要学会挖掘与它们可能存在的直观形象，使抽象与直观有机统一，帮助学生发现本质联系，加深理解。

五、课程建设

新课标指出，资源开发与利用要坚持育人为本，将促进学生身心健康发展作为首要任务，从促进学生核心素养形成和发展的内在规律出发，为教与学提供有效支撑。

泰州市扬子江小学依托教材，以培养学生核心素养为目标，建设基于课程标准和学情的延时服务课程，让学生在实践中体验，在体验中发展。

（一）与数学发展密切联系的知识寻根课程

任何学科都有自己的一部发展史，数学学科也是如此。数学史是数学演进过程的记录，也是历代数学家留下的宝贵文化遗产。学习数学史，将数学史有机地渗透到小学数学教学当中，既是新课程改革的内在要求，也是数学教学未来发展的趋势之一。

我国关于数学的研究早已有之，因此在数学的发展历史中，也常常见到我国古人的身影。在将数学史渗透到小学数学教学时，教师向学生介绍我国对数学发展的突出贡献，以激发学生对中华民族的自豪感，培养学生的爱国情怀。比如，教小学六年级数学《圆》这一课时，就可以将刘徽和祖冲之研究圆周率的功绩介绍给学生。学生在听到这些事迹时，赞叹不已，心中涌起对我国古人的敬佩之情。同样地，在与学生一道探索"鸡兔同笼"这个问题时，向学生介绍"鸡兔同笼"这个问题曾远播海外，并顺势引出我国古代《孙子算经》一书，重点介绍书中的孙子定理（余数定理），将数学内容与我国古代关于数学的研究史料联系在一起，让学生在赞叹中产生强烈的民族自尊心和自豪感。

数学史中含有许多丰富有趣的史料故事，其中既有对数学发展起推动作用的正面案例，也有与数学发展相悖或不符合数学规律的反面案例。这些案例对于好奇心重的小学生而言，无疑吸引力十足。教师在教学中，如果能够有效地运用这些事例，并将这些案例与教学内容有机结合，那势必取得意想不到的效果。

张奠宙先生曾指出，数学教学往往局限于一个概念、一个定理、一种思想的局部历史的介绍，缺乏宏观的历史进程的综合性描述。这样的现象因所谓"课时"的划分在小学数学课堂上普遍存在着。因此，教师可以利用课后服务时间，从知识源流、学科联系、社会价值、多元文化等维度开展知识寻根，在溯源中不断建构结构化知识体系，提升学生的学习力。

1. 追溯知识源流

数学史是数学知识的根脉源流，呈现着数学知识发展的历程，将数学史融入课程，丰富了学生的学习体验，让学生体会到数学在科学技术、社会发展中的重大价值，有利于学生在大背景下理解知识，建构知识，开阔学生的学科视野，积淀数学核心素养。新旧知识联系是数学学习的近支源流，教材内容按照学生的年龄特点将相关学习内容合理安排在各个年级，这些知识间存在着紧密的联系，以原有知识为生长点，让学生在经历知识生长和发展中体验数学知识间严密的逻辑关系，获得对数学发展的感性经验和体验，形成对数学的整体认识。

例如，在学生认识数后，开发"数的起源"课程，让学生明白数的概念产生于生产实际，又由于应用而发展。数系概念拓广的动力还来自数学自身发展的矛盾运动，如解方程的需要引出了新数。此外，数作为孤立的数学对象时，可以有原型或解释，但更重要的是它们间的关系，因为有了运算，数具有代数结构；因为有大小关系或次序，而有了序结构。学生能从结构上认识数才是完整地认识了数。最后，让学生感受数学的逻辑化、严密化，使数学得以成为真正的科学，但数学的创造和发展又大量靠了直觉，靠了应用的推动。

案例：

数的起源

【教学内容】

苏教育出版社小学数学六年级上册"数的认识"拓展课——追寻数的起源。

【教学目标】

通过探究不同数字的计数方法，提高综合运用已有知识的能力，拓展思维，提高观察和分析能力。

对比算筹、罗马数字、玛雅数字、阿拉伯数字计数方法的异同，深入理解数的意义、组成和计数方法，完善知识结构。

通过观看微课，认识和了解世界上其他种类的数字，拓宽知识面，培养对数学学习的兴趣。

【教学准备】

课件、小棒。

【教学重难点】

教学重点：探究算筹、罗马数字、玛雅数字、罗马数字的计数方法。

教学难点：引导学生通过实践活动比较、发现规律。

【教学过程】

（一）数的概念的产生

数是一个神秘的领域，人类最初对数并没有概念。但是，生活方面的需要，让人类脑海中逐渐有了"数量"的影子。数究竟产生于何时，由于其年代久远，我们已经无从考证。不过可以肯定的一点是数的概念和计数的方法在文字记载之前就已经发展起来了。根据考古学家提供的证据，人类早在5000多年前就已经采用了某种计数方法。

原始时代的人类，为了维持生活必须每天外出狩猎和采集果实。他们有时满载而归，有时却一无所获；带回的食物有时有富余，有时却不足果腹。生活中这种数与量上的变化，使人类逐渐产生了数的意识。在那个时候，他们开始了解有与无、多与少的差别，进而知道了一和多的区别，然后从多到二、三等单个数目概念的形成，是一个不小的飞跃。随着社会的进一步发展，简单的计数就是必需的了，一个部落集体必须知道其有多少成员或有多少敌人，一个人也必须知道他的羊群里的羊是不是少了。这样，人类的祖先在与大自然的艰难搏斗中，在漫长的生活实践中，由于记事和分配生活用品等方面的需要，逐渐产生了数的概念。数的产生，标志着人类的思维逐步由事件的直观思维走向形式或抽象思维。

"数或数量"来自物质或事件的计量，尔后扩展为计时、编序或丈量土地面积、计算财富等日常生产和生活的需要。正如英国哲学家伯特兰·罗素所说："当人们发现一对雏鸡和两天之间有某种共同的东西（数字2）时，数学就诞生了。"最早发明的数是自然数，但也局限于分辨一、二等数量的增多。当人们用自己的十个手指计数不敷应用时，便开始采用"石头计数""结绳计数"和"刻痕计数"等计数方法。

计数方法如下：

考古证据表明，虽然地区和民族之间存在差异，但在采用计数方法时，都不约而同地使用过"一一对应"的方法。关于这个方法，在我国还有一则流传已久的笑话：从前，有个目不识丁的大财主，请了一位教书先生来教他儿子识字。第一天，先生在纸上画了一横，说，这是"一"。第二天，先生在纸上画了两横，说，这是"二"。第三天，先生在纸上画了三横，说，这是"三"。

财主的儿子学到这儿，便把笔一扔，跑过去对他爹说："识字真是太容易了，我已经全学会了。"财主自然十分高兴，便把先生辞退了。过了几天，财主要请一位姓万的亲戚到家里做客，就让儿子写一份请帖。谁知财主左等右等，从早上一直等到晌午，还不见请帖送来，他只好亲自上房去催。儿子看见父亲来了，便埋怨地说："天下姓氏那么多，偏偏捡个姓'万'的。从早上到现在，我才画了五百多画，离一万还远着呢。"这虽然是一则笑话，但这种画杠的方法曾经被多个民族所采用。关于这个一一对应的方法，可以举出许多别的例证，如美洲的一些印第安人通过收集每个被猎杀者的头皮来计数他们杀敌的数目；非洲的一些原始猎人通过积累野猪的牙齿来计数他们所捕野猪的数目；居住在乞力马扎罗山山坡上的马萨伊游牧部落的少女，习惯在颈上佩戴铜环，其个数等于自己的年龄。几乎所有的人都常常扳着指头计数较小的数目。1937年，人们在捷克斯洛伐克发现了一根大约三万年前的狼桡骨，上面刻有许多横画。在我国北京郊区周口店的山顶洞人遗址中，考古学家发掘出了四根带有磨刻痕迹的骨管，发现它们已有一万多年的历史了。结绳计数（记事）的方法，也曾经被许多民族所使用。比如，南美印加人的结绳办法就是在一条较粗的绳子上，拴住很多颜色各异的细绳，再在细绳上打不同的结，根据绳的颜色，结的大小和位置，来代表不同事物的数目。在计数史上，继结绳和刻画之后，人们开始用语言来表述一定的数目。

（二）数的发展历程

数的发展总体可以分为远古时期、罗马时期、筹算、玛雅数字和阿拉伯数字这五个阶段。

第一阶段——远古时期

远古时期的人类在生活中遇到了许多无法解决的困难：如何表示一棵树、两只羊等。而在当时并没有符号或数字表示具体的数量，所以他们主要以系绳结或在石头上刻痕迹的方法计数。原始人是小禽兽的狩猎者和果实与根茎的收集者。历史学家们为了方便，把人类从诞生时起到公元前3000年冶金的城市文明出现在中东、印度和中国为止的这一时期称为"石器时代"。像所有的历史时代一样，石器时代不是静止的。社会和文明在时间的长河中变化，以适应变化着的世界。

石器时代的人彼此交易，并且他们需要记载在狩猎中得到的那份；这两种活动都需要计算和初步的科学思考。有些石器时代的人，像北美印第安人就曾用绘画文字历法记录了几十年的历史。他们只有最原始的计数制，直到大规模的农业发展起来了，才需要复杂得多的算术。石器时代的人们的生活是艰辛的，那时候的人太忙了，不可能停下来发展科学。在公元前3000年以后，人口密集的农业公社出现在非洲的尼罗河、中东的底格里斯河和幼发拉底河，以及中国的黄河的两岸。由于这些公社发展文明，科学和数学在这里才得以开始发展。

第二阶段——罗马数字

大约在两千五百年前，罗马人还处在文化发展的初期，当时他们用手指作为计算工具。为了表示一、二、三、四个物体，就分别伸出一、二、三、四个手指；表示五个物体就伸出一只手；表示十个物体就伸出两只手。这种习惯被人类一直沿用到今天。人们在交谈中，往往就是运用这样的手势来表示数字的。当时，罗马人为了记录这些数字，便在羊皮上画出Ⅰ、Ⅱ、Ⅲ来代替手指的数；要表示一只手时，就写成"Ⅴ"形，表示大拇指与食指张开的形状；要表示两只手时，就画成"ⅤⅤ"形，后来又写成一只手向上，一只手向下的"Ⅹ"，这就是罗马数字的雏形。

后来为了表示较大的数，罗马人用符号C表示一百。C是拉丁字"century"的首字母，century就是一百的意思。用符号M表示一千。M是拉丁字"mille"的首字母，mille就是一千的意思。取字母C的一半，成为符号L，表示五十。用字母D表示五百。若在数的上面画一横线，这个数就扩大一千倍。这样，罗马数字就有下面七个基本符号：Ⅰ（1）、Ⅴ（5）、Ⅹ（10）、L（50）、C（100）、D（500）、M（1000）。罗马数字与十进位数字的意义不同，它没有表示零的数字，与进位制无关。因罗马数字书写繁难，所以后人很少采用，但现在有的钟表的表面仍然用它来表示时刻数。此外，在书稿章节及科学分类时也有采用罗马数字的。在中文出版物中，罗马数字主要用于某些代码，如产品型号等。ASCⅠⅠ（American Standard Code for Information Interchange，美国信息交换标准代码）码收录有合体的罗马数字1~12。

第三阶段——筹算

筹算是中国古代使用算筹进行十进位制计算的程序。算筹和筹算属于不同范畴，前者是计算器具，后者是计算程序。筹算具体出现时间和数的产生一样已然不可考，但根据典籍记录和考古发现，至少在战国初期筹算就已经出现。它使用的是中国商代发明的十进位制计数，可以很方便地进行四则运算以及乘方、开方等较复杂运算，并可以对零、负数和分数作出表示与计算。从战国时期一直到明朝被珠算取代之前，筹算不但是中国古代进行日常计算的方法，更是中国古代数学家研究数学时常用的计算方法，是中国古代各种重要数学发明的基础，开创了中国古代以计算为中心的机械化数学体系，与古希腊以逻辑推理为中心的数学体系有所不同，机械化的数学体系是一千多年世界数学的主流。

筹算在公元6世纪由中国传入朝鲜半岛和日本。7世纪的印度数学，分数中的分子在上，分母在下，与中国《九章算术》中的分数的乘除法相同。古印度的数学绝大部分来源于中国。后来筹算的乘除法传入印度，成为土盘算法。9世纪初至10世纪，筹算又经印度传入阿拉伯，这时期的阿拉伯阐述印度数学的数学著作，如《印度算术原理》，其土盘算式虽然用阿拉伯数字表示，但其十进位制概念分数的表示法，以及加、减、乘、除四则运算的计算方法，和中国的筹算雷同，有的还用空格表示"0"，和筹算一模一样。有学者认为，中国古代的筹算，通过丝绸之路传入印度、阿拉伯，促成印度—阿拉伯数字体系。

筹算数系是世界上唯一只用一个符号的方向和位置的组合，表示任何十进位数字或分数的系统。单位数字：将筹棍竖排，一根棍表示1，两根棍表示2，五根棍表示5。但从6至9数字的表示，不是并排6至9根筹棍，而是采用同位五进制，即用一根筹棍代表数码5，横放在筹数1至4上，这已蕴含算盘雏形。上排是筹算中1至9的竖码，下排是相应数字的横码。大于9的数字，则用十进制表示，在个位数的位置左边，放置一个筹数，代表这个筹数的十倍，在十位数值左的位置，代表百位数，以此类推。例如，二百三十一（231）的表示法，在个位放置一根筹码，表示1，在十位放置筹数3，代表30，在百位放置筹数2，代表200，总数即二百三十一（231）。《孙子算经》云："凡算之法，先识其位，一从十横，百立千僵，千十相望，万百相当。"

筹算板一般是桌面或地面，通常没有格子。如果筹码2、3、1并排排列，有可能被误读为51或24；为了避免邻位误读，先民发明了每隔一位交替使用竖码横码，即个位竖码，十位用横码，百位用竖码，千位用横码，以此类推，就可以完全避免误读了。

第四阶段——玛雅数字

玛雅数字是玛雅文明所使用的二十进制计数系统。玛雅数字是玛雅人使用一点、一横，与一个代表零的贝形符号来表示数字。玛雅数字由3个符号的组合构成：〇（贝形符号）、一（点）、五（横线）。例如，19写作3根横线上另加4个点。

特别是数系中"0"这个符号的发明和应用，无疑具有重要意义。"前人栽树，后人乘凉"，现代人均接受了玛雅人的独特创造，并称玛雅的数系为"人类伟大的成就之一"。

如果你细心观察的话，会发现罗马数字中没有"0"。其实在公元5世纪时，"0"已经传入罗马。大约1500年前，罗马有一位学者从印度计数法中发现了"0"这个符号。他发现，有了"0"，进行数学运算非常方便。他非常高兴，还把印度人使用"0"的方法向大家做了介绍。"0"是极为重要的数字，"0"的发现被称为人类伟大的发现之一。"0"在我国古代叫作"金元数字"（意即极为珍贵的数字）。

关于"0"：

0是最小的一位数吗？

如果0是一位数，最小的两位数就是"00"，显然这并不成立。那么如果0不是一位数，最小的两位数就是"11"，不应该是10，因为0不是一位数，显然这同样并不成立。那么，最小的一位数到底是"0"还是"1"呢？

计数法里有个规定：一个数的最高位不能是0。为什么要这样规定呢？"几位数"的概念：在一个数中数字的个数是几（其最左端的数字不为0），这个数就是几位数。关于几位数的定义中，最左端的数字不为0是关键条件。就像我们的分数定义中，明确规定分母不为0一样，否则没意义。

在公元前2000年至1500年，最古老的印度文献中，已有"0"这个符号的应用，"0"在印度表示空的位置。后来这个数字从印度传入阿拉伯，仍然表示空位。

我国古代没有"0"这个符号，最初都用"不写"或"空位"来作解决的方法。《旧唐书》和《宋史》在讲论到历法时，都用"空"字来表示天文数据的空位。南宋时《律吕新书》把118098记作："十一万八千□九十八"，可见当时是用□表示"0"，后来为了书写方便，将□顺笔改成为"0"形，与印度原先的意义相通。

为什么"0"不能作除数？

这个问题，我们可以根据乘除法的关系从以下两方面来分析、理解。一方面，如果被除数不是0，除数是0，如5÷0=？，根据"被除数=商×除数"的关系，求5÷0=？，就是要找一个数，使它与0相乘等于被除数5。我们知道，任何数与0相乘都等于0，而绝不会等于5。这就是说，被除数不是0，除数是0，商是不存在的。

另一方面，如果被除数和除数都是0，即0÷0=？，就是要找一个数，使它与0相乘等于0。前面已说过，任何数与0相乘都等于0，与0相乘等于0的数，有无限多个，所以0÷0的商不是一个确定的数，这就不符合四则运算的结果是唯一的这个要求，所以0÷0也是没有意义的。

根据上述两种情况可以看出"0"是不能做除数的。

"0"的意义表示没有吗？

在实际生产和生活中，通常用"0"表示没有。例如，电视机厂生产了一批彩电，经检验没有不合格的，那么不合格产品的个数就用"0"表示。又如，屋里一个人也没有，这屋里的人数就是"0"。

但是"0"不仅仅表示没有，还可以表示其他的意义。例如：

（1）表示起点。我们二年级就开始学习用米尺去量一支铅笔的长度，要把铅笔的一端对准米尺上标有"0"的起点处，然后铅笔的另一端所指的刻度，这时就可以知道铅笔有多长。这样量既准确又简便。

又如，我们学习了24时计时法，就用0点作为第二天的开始时刻。

（2）表示数位。例如，一个学校有学生840人，这里"840"中的"0"是不能随便去掉的，因为"0"同样占有一定的数位，如果去掉"0"，变成"84"人，就错了。又如，我们在三年级学习一位数除多位数时，就知道商不够1，用"0"占位的道理，如312÷3=104。再如，我们四年级学习小数时就知道，把一个小数的小数点向左右移动时，若位数不够，一定要用"0"补足，如"把3.5扩大1000倍"，就要把3.5的小数点向右移动三位得到"3500"；"把3.5缩小1000倍"，就要把3.5的小数点向左移动三位，得到"0.0035"，在整数部分还不能忘记写0。

（3）表示精确度。当我们取近似数需要表示精确度时，小数末尾的"0"是不能随意去掉的。例如，要把4.795保留到百分位（保留两位小数）应得4.80。又如，加工两个零件，要求一个零件长35毫米，另一个零件长35.0毫米，前者表示精确到1毫米，后者表示精确到0.1毫米。显然后者比前者的精确度高。

（4）表示界限。"0"还可以表示某些数量的界限。例如，气温有时在0℃左右。0℃是不是表示没有温度呢？当然不是。它是指通常情况下水开始结冰的温度。在摄氏温度计上，"0"起着零上温度和零下温度的分界作用。到中学学正负数时，我们知道"0"既不是正数，也不是负数，而是唯一存在的中性数，是正数和负数的分界。

（5）用于编号。车票、发票等票据上的号码，往往有"00357"等字样，表示357号。之所以要在"357"前面添上两个"0",是表示印制这种票据时,最高号码是五位数,以便今后查核。

(6)记账需要。在商品标价和会计账目中,由于人民币的最小单位是"分",书写时习惯保留两位小数。例如,三元五角往往写成3.50元,不写成3.5元。

第五阶段——阿拉伯数字

阿拉伯数字就是现今国际通用的数字。阿拉伯数字其实应该称为"印度数字",公元3世纪,印度的一位科学家巴格达发明了阿拉伯数字。最古的计数目大概至多到3,为了要设想"4"这个数字,就必须把2和2加起来,5是2加2加1,3这个数字是2加1得来的,大概较晚才出现了用手写的五指表示5这个数字和用双手的十指表示10这个数字。这样就开始有了数字位置的概念,在数学上这个重要的贡献应归于两河流域的古代居民,后来古编人在这个基础上加以改进,并发明了表达数字的1、2、3、4、5、6、7、8、9、0十个符号,这就成为今天计数的基础。8世纪印度出现了有零的符号的最老的刻板记录,当时称零为"首那"。

后来,阿拉伯人把这种数字传入西班牙。公元10世纪,教皇热尔贝·奥里亚克又把这种数字传到欧洲其他国家。公元1200年前后,欧洲的学者正式采用了这些符号和体系。至13世纪,在意大利比萨的数学家费波那契的倡导下,普通欧洲人也开始采用阿拉伯数字,15世纪时这种现象已相当普遍。那时的阿拉伯数字的形状与现代的阿拉伯数字尚不完全相同,只是比较接近而已,为使它们变成今天的1、2、3、4、5、6、7、8、9、0的书写方式,又有许多数学家花费了不少心血。

阿拉伯数字起源于印度,却是经由阿拉伯人传向四方的,这就是后来人们误解阿拉伯数字是阿拉伯人发明的原因。正因阿拉伯人的传播,成为该种数字最终被国际通用的关键节点,所以人们称其为"阿拉伯数字"。阿拉伯数字由0,1,2,3,4,5,6,7,8,9共十个计数符号组成。由于书写方便,它们一直被沿用至今。

(三)数的衍生

发展到阿拉伯数字为止,我们发现这些数全都是自然数。但随着生产、生活的需要,人们发现,仅仅能表示自然数是远远不够的。如果分配猎获物时,5个人分4件东西,每个人该得多少呢?于是分数就产生了。中国对分数的研究比欧洲早1400多年,自然数、分数和零,统称为"算术数"。

随着社会的发展,人们又发现很多数量具有相反的意义,如增加和减少、前进和后退、上升和下降、向东和向西。为了表示这样的量，又产生了负数、正整数、负整数和零，统称为"整数"。如果再加上正分数和负分数，就统称为"有理数"。

（四）课堂小结

世界上还有很多种类的数字。让我们穿越回古代，一起来领略数字的风采吧！

这就是各种各样的数。这节课上到这儿，你还有什么疑问吗？

2. 溯源知识脉络

任何一个数学知识都不是孤立存在的，它是人类的文化活动，必然源于对现实世界的认识和探究，必然兴于学科之间的联结和延展。从历史的视角联结数学与其他学科（如天文学、建筑学、文学）的联系，体会数学学科的基础性，一方面，数学的发展促进了天文学、建筑学等学科的发展；另一方面，其他学科的发展也推动着数学一次次历史性跨越。数学源于现实，应用于现实，高于现实，从社会价值的视角探寻数学在社会发展中的重大作用，联结数学发展与社会进步，体现数学的应用价值和科学价值。沟通学科之间，联结学科内外，拓宽学生的学科视野，丰盈数学的根系脉络。

例如，三年级开发"长方形和正方形的秘密"课程，是在学生认识了长方形和正方形及它们的周长计算方法后的一次拓展。

新课标中提到了"四基"，其中的"基本思想"就包含了"数形结合思想"，可见"数形结合思想"在小学数学教学阶段尤为重要。我国著名的数学家华罗庚先生就说过："数缺形时少直观，形少数时难入微，数形结合百般好，割裂分家万事非。"此外，建筑与数学，就像混凝土搅拌后沙石与水泥相互黏合那样，有着一种无形的十分密切的情结。建筑之美，往往依托于数学，而建筑又能让数学发出感性的光芒。

案例：

长方形和正方形的秘密

【教学内容】

学习正方形、长方形的周长并掌握周长的计算方法。

【教学目标】

1. 通过实践活动，加深对长方形、正方形的认识和对图形周长含义的理解，进一步掌握长方形、正方形周长的计算方法。

2. 在操作实践、交流讨论的过程中培养创新意识，发展数学思考及合作交流的能力。

3. 培养喜爱数学的情感。

【教学准备】

长方形纸张、正方形纸张、小方格块、课件。

【教学过程】

（一）长方形与正方形的变换

给你一张长方形的纸片，你能剪出一个最大的正方形吗？

它们的周长有什么关系？

两个正方形拼成一个长方形（见图2-2-41）。

学生独立审题后组织小组活动，解决以下3个问题：

拼成的长方形长是多少厘米？宽是多少厘米？周长是多少厘米？

两个长方形拼成一个正方形（见图2-2-42）。

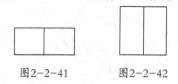

图2-2-41　　　　图2-2-42

学生独立审题后组织小组活动，解决以下问题：

如何拼成正方形？这个正方形的边长是多少厘米？周长是多少厘米？

如何拼成长方形？这个长方形的长是多少厘米？宽是多少厘米？周长又是多少厘米？

（二）延伸

（1）观察图形（见图2-2-43），和同桌指一指这个图形的周长指是哪几条边？

（2）你能找出围成这个图形的几条边的长度吗？

（3）这个图形的周长是多少厘米？

（4）你还可以用其他的方法求出这个图形的周长吗？

图2-2-43

（三）动手做

1. 用4个相同的小正方形可以拼成下面的几种图形（见图2-2-44），哪一种图形的周长最小？

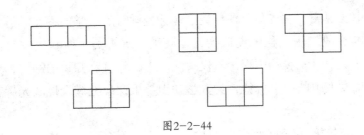

图2-2-44

2. 上面这几种图形可以拼成这样的正方形或长方形（见图2-2-45）吗？动手试一试！

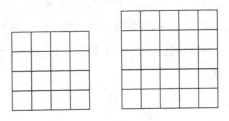

图2-2-45

（四）走进数学史

介绍我们祖先对简单几何形状与图形的认识。欣赏一些文物以及古建筑物：山西丁家窑发现的原始人用的石球，浙江河姆渡出土的外方内圆的玉琮，山东大汶口出土的八角星纹陶盆。

"天圆地方"是祖先用来形容他们对天的崇尚和敬仰之情的比喻，而之所以选择圆形代表"天"，则是因为圆中所包含的循环往复、生生不息的宇宙观，而方形代表"地"，则是方形的稳定性使然。古人受到"天圆地方"这种宇宙观的影响，认为很多事物都要顺应自然的规律，古代官印也是方形的，且根据汉字的结构，印章制成方形更能体现文字的对称美。

（五）我当游戏设计师

很多游戏都是以方格为基础设计的，如飞行棋、象棋、五子棋、跳格子……小组合作借助方格自己动手设计一款游戏并跟组员玩一玩。

3. 回溯多元审美

数学美横跨"文化中的数学"与"数学中的文化"，对称美、奇异美、简洁美、统一美是数学审美的内隐模式，也是借助于数学所表现出的外显模式，一定程度上反映了数学的规律性、求简性、逻辑性、严密性、抽象性。在知识寻根的过程中，以数学核心素养为指引，拓展数学的美育范畴，引导学生在探究的过程中发现美、欣赏美、评析美，体会美学背后数学的存在。另外，利用所学知识在实践应用过程中创造美、延展美、辨析美，体验数学与美学的关系。回溯知识发生发展的历程，不仅关注历史的痕迹和知识的结构，更应关注美学在数学发展中的历史价值，让数学知识寻根课程充满人性的光辉和本真的诉求。

例如，四年级开发的课程"对称之美，无处不在"。对称，自古以来是中国人最青睐的美学。对称美源于自然，而中国人则是将这种崇尚融入了历史文化中的方方面面，从小巧的中国结，到形意的八卦四象，从湖面镜像的山水，再到雕梁画栋的建筑，无一不流露着中国风的和谐对称之美。本节课从了解中国建筑的轴对称文化出发，到了解生活中的对称，再到数学中的轴对称图形，最后回归对称，升华对称的内涵。对称不仅仅是因为美，更体现了中国人喜爱吉祥，追求公正的愿望。

案例：

对称之美，无处不在

【教学内容】
轴对称图形。

【教学目标】
1. 通过从古至今的轴对称建筑物了解中国建筑的轴对称文化，认识生活中的轴对称。
2. 通过动手摆一摆知道当三边和一定时所有可能的三角形，再通过摆的"美观"的三角形，加深对三角形三边关系与轴对称的认识。
3. 通过数学实践活动，体会轴对称图形在建筑中展现的美，认识到数学与生活密切相关的联系。

【教学准备】
纸、直尺。

【教学过程】
（一）展示影集图片，初识轴对称建筑
观看影集图片，了解中国风建筑的变迁史（见图2-2-46）。
请学生说一说观后感，感叹中国建筑文化对对称的钟爱。
请学生分享自己在旅游景点中遇到的轴对称建筑。

图2-2-46

　　展示国外的轴对称建筑，早在公元前4000年的美索不达米亚，就已经运用对称来进行神庙设计。美索不达米亚文明有世界最早的文字、学校、史诗、图书馆、法典、数学、天文、地理、建筑等。

　　宙斯神庙位于希腊雅典奥林匹亚村，是为了祭祀宙斯而建的，也是古希腊最大的神庙。宙斯神庙建于公元前470年，于公元前456年完工。直到公元前86年，罗马指挥官苏拉攻占雅典，破坏了尚未完成的建筑，将一部分石柱和其他建材拆下来之后，运到罗马。直到今天，在罗马市中心的古罗马广场遗址上，还能看见它们。

　　教师说明建筑的左右对称并不是一种建筑风格，而是因为轴对称具有别致的美感，给人庄严肃穆的感觉。

　　教师总结：各国建筑师们对轴对称建筑尤其偏爱，最钟爱并恪守"对称"规则的民族，还是我们中华民族。我们一起看看中国建筑的变迁史。

　　（二）分类研究对称之美

　　对称，有庄重之美。

　　展示故宫图片（见图2-2-47）。

图2-2-47

学生讲一讲看到故宫的感受。

教师补充：故宫是"对称之美"的典范，故宫的城墙、宫殿、檐顶、石阶，全是轴对称的，沿着一条子午线对称而开，矗立于天地之间，尤其庄严大气。

展示中国的亭台楼阁。

学生说一说自己知道的著名的亭台楼阁。

教师补充：亭——停也。道路所舍，人停集也。（醉翁亭，爱晚亭，陶然亭，湖心亭）台——观四方而高者。（古琴台，十大古曲之一《高山流水》的发祥地，相传是后人为纪念伯牙和子期所建）楼——昔闻洞庭水，今上岳阳楼。（岳阳楼，黄鹤楼，望海楼）阁——落霞与孤鹜齐飞，秋水共长天一色。（滕王阁）

对称，有吉祥之美。

教师讲解中国人喜吉祥，追求喜乐高兴，在各种平面的布局上，格局方正、形体均衡、环境完备，都是吉利的表现形态。反之，前高后低，杂乱无章，则是失序的不良征兆。中国建筑的对称并非完全意义上的轴对称图形，左青龙右白虎便是一种蕴含吉祥寓意的对称美学。

对称，有公正之美。

教师提问：提到公正你想到什么地方？

教师补充：法院就是公正公平的代表。（出示法院的图片）数学中的轴对称就是不左不右、不偏不倚、不多不少、不倾不向，所以轴对称也折射出中国人的公正、平和、中庸的高贵品质。

（三）动手操作，设计亭子

教师提问：在上周的专题课上老师带着你们了解了设计师需要掌握的一些专业知识，观看了那么多气宇轩昂的轴对称建筑后，同学们想不想也来设计一个亭子，首先画出来的亭子一定是怎样的图形？

生：轴对称图形。

教师追问：没错，中国的亭要有对称之美。在以前的学习当中，我们只学过怎么在方格纸上画轴对称图形，今天我们要在白纸上创作，那在白纸上怎么画呢？你觉得第一步要先干什么？

生：先找到对称轴。

教师继续追问：怎么找对称轴，随便画一条吗？

学生思考后得出：可以对折，折痕所在的直线就是对称轴。

教师提问：对称轴找到了，接下来怎么办呢？

生：根据轴对称图形对称轴两边的图形完全一样，可以先画出左边的部分，再画右边的部分。

教师追问：左边的部分要靠同学们发挥你们的想象力创造力了，右边的图形怎么办呢？

教师总结：所以画轴对称的亭子，要先找到对称轴，再画出左边的部分，最后根据轴对称图形对称轴两边的点到轴对称的距离相等来设计绘画。

学生设计绘画，教师巡视，给予帮助。

（四）学生展示作品

学生介绍自己的创意与画法，并起名。

将数学史渗透到小学数学教学当中不失为一个好方法，但并不是对于所有学段的数学教学都适用。我们知道，小学阶段的孩子年龄较小，各方面能力发展不完全，对知识内涵的挖掘和理解能力不足，尤其是小学低学段的学生更是如此。而数学史中的内容大部分都有着深厚的历史和文化底蕴，即使是最简单的龟兔赛跑的故事，也有着深刻的数学思想。这就使得部分学生，尤其是低学段的学生，难以真正理解数学史中的内涵，结果适得其反。因此，要针对不同学段的学生，采取最适合的方法。教师在针对学生开展数学史渗透教学时，要充分利用数学史来达到辅助数学教学的目的，一方面加深学生对数学知识的理解和掌握，另一方面也能让学生扩大他们的见识面。

教师在利用数学史丰富数学教学课堂时，也要对数学史内容加以甄别，并做到科学合理地使用，避免出现"喧宾夺主""舍本逐末"的现象。在进行内容甄别和选择时，教师可以依据数学史内容与教学主题及课程联系的紧密程度进行筛选。比如，针对数学史中一些仅与教学相关的史料故事，教师就可以将其放置在教学课堂末尾环节，仅仅作为学生参考使用。而对于数学史中与课程联系紧密的知识，教师就需要浓墨重彩地进行渲染，如将其作为课堂导入的材料，或者是运用其进行教学情境创设，或者是以数学史内容为引导去突破教学重点、难点内容。当然，对于数学史内容的选择，不同的教师会有不同的见解，仁者见仁，智者见智，不能苛求统一。

华东师范大学汪晓勤教授领衔数学史融入数学教学研究十余年，总结出数学史在数学教学中的四种运用方式：附加式、重构式、顺应式和复制式。附加式即在课堂上讲述数学故事、历史背景等，没有直接改变教学内容的实质；重构式是借鉴或重构知识的发生、发展历史；顺应式即顺应教学实际，根据历史材料编制数学问题，或对历史上的思想方法进行适当改编；复制式是直接采用历史上的数学问题、解法等。基于此，我们可以尝试在课堂教学的导入、新授、应用、拓展环节中融合数学史，旨在丰富、润泽学习过程，提升课堂教学品质，促进学生数学素养的发展。

1. 导入——附加式呈现数学史，激趣启思，意趣交融

导入环节是课堂的开端。教师要充分利用好这一环节，对教学内容与相关的数学史资料进行创造性加工，或编辑成妙趣横生的故事，激发学生学习兴趣；或设计成问题，引发学生数学思考；或整理成纪录片，拓宽学生视野。例如，学习时、分、秒时，首先，教师播放时间发展史的资料：在古代，祖先们白天外出，晚上回到山洞，昼夜交替，一个轮回就是一天。后来人们发现，太阳照射下物体的影子在不同时刻的变化是有规律的，就发明了日晷来确定时间。人们还发现容器中的水或沙子，从一个小孔中流出的时间是固定的，就想到了用水钟或沙漏来计量一天的时间。再后来，钟表出现了，时间的计量越来越精确。通过附加呈现的时间史，学生了解到钟表是先人在历史长河中，通过不懈努力才发明创造出来的，体会到人类探索的艰辛与曲折和人类执着的探索精神。数学史激发学生学习数学的积极态度，让学生快速进入最佳学习状态。然后，教师提出问题：钟表又是如何计时的呢？引发学生思考，启迪学生心智，促进高效数学课堂的开展。

2. 新授——重构式演绎数学史，探索本质，积累经验

美国数学家、教育家乔治·波利亚曾经说过："学习数学只有当看到数学的产生、按照数学发展的历史顺序或亲自从事数学发现时，才能最好地理解数学。"教材中呈现的是结论，看不到该知识点的"产生过程"，影响学生对知识的亲近与理解。教材呈现的只是"一棵树"，但是数学史可以呈现"一片森林"。从数学史这片"森林"中，可以看到知识诞生的内在逻辑，看清知识的内涵本质，以此引导学生去触摸数学本质，领悟学习真谛。例如，《角的度量》一课，许多教师都是按照"认识量角器—介绍量角器使用方法—进行量角练习"的顺序组织教学的，难以达到理想的教学效果。其主要原因是缺少探究活动，学生对量角器是单位小角的累加这一本质认识不到位，思维深度不足。强震球老师在教学这一课时，将重点放在引导学生对量角器本质的认识上。教学步骤如下：①比较。∠2大于∠1，但到底大多少呢？用10度的小角量∠2，∠2比∠1大了一个小角。②启发。用小角测量比∠1和∠2都大的∠3时，要把一块块小角拼起来测量比较麻烦，怎样让测量更方便一些？引发学生想到把小角联结起来。③设疑。用18个10度小角连接起来的工具测量∠3时，多了一点点不够一个小角怎么办呢？④释疑。学生想到要将小角分得更小一些，"1度"便产生了。⑤完善。有什么好办法能一眼就看出度数？如何测量开口朝向不同的角？（标出刻度并分内外圈，量角器便应运而生）教师设置"创造量角器"的活动，让学生对于量角器的起源和应用发展过程感同身受，将数学发展史整合为生动的课堂体验，不仅能够帮助学生对量角器的文化内涵以及应用方法有更深刻的理解，而且学生在探索中积累了丰富的活动经验，这将成为今后学习的不竭动力。

3. 应用——顺应式活用数学史，深入理解，提升思维

数学名题是数学史中的宝贵资源，蕴含着一代代数学家的智慧，是学习数学的良好素材。解答历史名题，可以激发学生的探索欲望，使枯燥乏味的习题教学变得富有趣味。例如，一位教师在教学《解决问题的策略——假设》时，首先让学生解"鸡兔同笼"的原题："今有鸡兔同笼，上有三十五头，下有九十四足，问鸡兔各几何？"在交流学生解法的同时，教师介绍历史上产生的多种解法。①抬腿法，公式为：兔子的只数=总腿数÷2-总只数；②列表枚举法：列出表格，采用依次列举逐步尝试的方法来解决问题；③假设法，这是最常用的方法，公式为：兔的只数=（总腿数-2×总只数）÷2；④方程法，数量关系为：兔的只数×4+鸡的只数×2=总腿数。在多种方法的对比中，学生感受到数学解法的多样性。接着，教师引导学生反思：一般情况下，生活中是不会把鸡和兔关在一个笼子里的，即使关在一起，直接数鸡和兔的头数就可以了，不需要去数脚，但为什么从古至今，人类从未停止过对这类问题的研究呢？研究这类问题到底有什么价值？最后，教师引导学生适时抽象出"鸡兔同笼"的问题结构及解题模型。解决这类问题，是把求两个未知量先转化为求出一个未知量，然后再求出另一个未知量的问题。这是假设法的消元本质，将二元问题变成一元问题，也是数学简化思想的集中体现。现实生活中的许多问题都有与"鸡兔同笼"相同的数量关系，如"龟鹤同池"问题等。在上述案例中，解题之后继续探索历史名题背后的思想与价值，引发学生的深度思考与合作交流，既巩固新知，又提升建模，促进思维的发展。

4. 拓展——复制式展示数学史，润泽精神，促进发展

在课堂的拓展环节提出新的问题，将疑问从课堂延伸到课外，学习也在悄然延续。例如，教师教学《三角形的面积》一课时，在课末出示《九章算术》中记载的"半广以乘正从"的方法，要求学生思考：为什么这种方法也能用来

计算三角形的面积呢？这种方法和所学过的推导方法有什么相同之处？你能用这种方法计算三角形的面积吗？引导学生带着疑问，去课外书籍或网络上寻找答案。古今方法产生碰撞，点燃学生的热情，拓宽学生的思维，同时加深学生对于三角形面积公式的理解，提高学生的自主学习力。另外，在拓展环节，可以开展相关的数学史活动。例如，在教学《圆的认识》这一单元后，组织"读数学史"，推荐阅读以"圆"为主题的数学史书籍；"说数学史"，举办阅读书籍后的心得交流会；"做数学史"，制作以"圆"为主题的墙报、手抄报；"写数学史"，布置学生写想对数学家说的话，等等活动。读"史"释疑，用多种方式复制数学史，展示学习成果。这样在拓宽学生知识面、提高解决问题能力的同时，沟通数学与人文，感受数学的文化意蕴，以此润泽学生的精神家园，激发学习潜能，促进学生发展。总之，将数学史融入数学教学，能使课堂更加优化，更加关注学生的情感体验、思维发展和活动经验的积累，真正实现"为素养而教"，为学生的终身发展而教。

（二）与学科情感密切联系的数学游戏课程

小学生正处于思维认知的发育阶段，他们需要以一种直观的、可操作的方式来接受新事物、新知识，而数学游戏能够引起他们的注意，激发他们的兴趣，帮助学生深层次了解数学知识的组成以及含义。通过数学游戏，我们可以打造沉浸式课堂，让学生"身入"，提升学生的学习力，真正将教学的目光由关注碎片化的知识，转移到发展学生数学思维和落实学生核心素养上来。

数学游戏课程以数学知识为目的，以游戏化活动为体验方式，在欢乐、趣味和挑战中学习数学，使数学学习成为一个生动活泼、积极主动和富有个性的过程。通过创设游戏情境，引导学生发现问题、提出问题，促进学生整合所学知识并解决问题。数学游戏项目课程既是数学探究课程，又是游戏体验活动，具备知识性、趣味性和娱乐性，从而增强学生对数学的情感。

1. 有效提高学生的学习兴趣

学生的学习应是一个主动的过程，游戏对学生有着很强的吸引力，学生对游戏活动的参与热情影响着学生对数学知识的学习兴趣。通过开展教学活动可以看出，在数学游戏课堂中，学生学习积极性更高，表现得也更为主动热情，注意力持久度更高，学习兴趣明显高于常规课堂，对待游戏任务也能认真去完成，这是游戏的魅力所带来的效果。因此，数学游戏可以有效提高学生学习数学的兴趣，建立学好数学的信心，对帮助学生适应小学数学学习生活有着促进作用。

2. 帮助养成良好的学习习惯

小学是良好学习习惯养成的关键时期，既包括课前学习用品准备、课前学习状态的调整、坐姿等方面的日常行为习惯，又包括课上良好的听课习惯。在数学游戏课堂中，学生会被游戏活动深深吸引，会更长时间地专注在课堂之中，专注在游戏之上，基本都能做到认真观察、专心倾听，这样的学习活动有利于培养其认真看、注意听的好习惯。因此，数学游戏课堂对于学生形成良好行为习惯有着促进作用。

3. 显著增强学生的学习能力

数学游戏课堂中，寓教于乐，寓学于乐，师生间互动更加频繁，课堂氛围较之传统课堂也更加宽松与愉快。这样的环境可以有效消除学生对数学课堂的紧张感，在愉悦的情绪体验、轻松的课堂氛围中，学生更敢于积极探索、表达自我，极大地提高学生质疑问题的能力，同时在完成游戏挑战的过程中，学生有合作、有交流，有思考、有尝试，有成功、有失败，这些不仅增强了学生的学习能力，特别是对学生的创造力培养有着积极意义，而且对于学生良好的学习态度、学习情感的形成也有着重要的价值。

在构建数学游戏课堂中，我们开发了三个系列的数学游戏，充分发挥数学课程的育人功能。

1. 基于知识理解的数学游戏

结合数学学习内容，创设游戏情境，在学生的现有知识水平和学习目标之间建立一种帮助学生理解的游戏支架，让学生以一种放松、愉悦的心境投入学习，会促进学生主动参与、积极思考，在有趣的体验中增强对知识的理解，提高学习力。

例如，在学习条形统计图时教师开发"能力测试"游戏课程，统计的数据不是来自书本，而是通过游戏活动现场获取。一方面，通过苏尔特方格测试学生的专注能力。按小组将25个数字无序写在方格内，组员用手指按1~25的顺序依次指出其位置，同时诵读出声，组长在一旁记录所用时间。根据测试数据制作条形统计图，反映组内同学的注意力水平。另一方面，利用飞尺游戏测试学生的反应能力。以小组为单位展开活动，将一把长20厘米的直尺竖直放在墙上，用食指按住0刻度处，松开食指让直尺下落，然后迅速用食指按住下落的直尺，记录食指按住的刻度（取整厘米数），每人做6次，记录活动数据，以每人的平均数作为制作统计图的数据。鲜活的数据、有趣的活动让学生在游戏中加深了对统计方法的理解，在竞争和协作中激发了学习力量。

案例：

能力测试

【教学内容】

苏教版六年级下册第8页动手做。

【教学目标】

1. 用统计图表培养学生专注能力。

2. 用平均数培养学生反应能力。

3. 在实践活动中激发学生对数学的学习兴趣，培养学习数学的自信心。

【教学准备】

5×5方格纸、20厘米长的直尺1把。

【教学过程】

（一）用统计图表培养学生专注能力

1. 苏尔特方格

在一张方形卡片上画上25个方格，格子内任意填写上阿拉伯数字1~25等共25个数字。训练时，组员用手指按1~25的顺序依次指出其位置，同时诵读出声，组长在一旁记录所用时间。数完25个数字所用时间越短，注意力水平越高。

2. 测试规则

（1）将方格纸裁剪下来。

（2）在方格纸上任意写25个数字。

（3）将方格纸翻过来打乱顺序。

（4）由组长随机抽取一张给组员测试，依次进行并记录时间。

3. 小测试

每组请一名同学记录，另一名同学负责看大屏幕上的时间，组长负责组织测试过程。

在大屏幕上统一计时，每次1分钟。

公布评价标准：

以7~12岁年龄组为例，能达到30秒以上为优秀，48秒属于中等水平，60秒则问题较大。

以12~14岁年龄组为例，能达到25秒以上为优秀，35秒属于中等水平，45

秒则问题较大。

4. 用统计图表培养学生的专注力

（1）用统计图表的形式反映你想表示的情况

分小组创作后，上台展示。

其他学生评价，注意提炼统计图表的易错点，如日期、数据、画图时数据的合理性、折线的起始位置等。

（2）联系测试注意力优秀与取得成绩的关系

学生发表观点：测试注意力优秀与取得成绩有关。

测试注意力优秀与取得成绩无关。

分为正反两方，现场辩论。

总结：测试注意力优秀与取得成绩有关，注意力越集中，课堂效率越高。当然，成绩不仅与课堂有关，还与课外的延伸息息相关。

（二）用平均数培养学生反应能力

1. 准备1把20厘米的直尺。

2. 活动规则。

以小组为单位展开活动，每人做6次，记录活动数据。

将一把长20厘米的直尺竖直放在墙上，用食指按住0刻度处，松开食指让直尺下落，然后迅速用食指按住下落的直尺，记录食指按住的刻度（取整厘米数）

注意：在实验过程中，食指尽量不要上下移动，以减小实验的误差。

1. 比较小组同学反应速度的差异，用哪个数据比较合适？

2. 比较哪个组的反应速度最快。

3. 比较男、女生反应速度的差异。

可以怎样收集、整理数据？

培养学生收集、整理数据的能力，将研究的问题制成统计图或统计表，并说说从统计图表上反馈出来的信息。

（三）课堂小结

这节课，你收获了什么？

学生谈收获。

2. 基于思维培养的数学游戏

游戏的目的不仅仅是活跃气氛让学生开心，更重要的是拓展学生相关的观察、分析、归纳、类比及交往等能力，学会用数学的思维思考现实世界。游戏项目课程可以借助工具，以游戏的形式在动手实践、主动探究中培养学生数学思维，回避数学的"冰冷"，感受思维的"火热"。

例如，在一年级认识数后，开发"扑克可以这样玩"游戏项目课程，在引导学生认识扑克的基础上，让学生对写有1到10的扑克进行分类，不一样的分类标准，不一样的结果，分类思想、有序思考成了游戏的主线。最后挖掘扑克的文化内涵，介绍4种花色和四季的关系，以及每种花色牌的含义，让学生真实体会到扑克展现了人们对现实世界的认识。

案例：

扑克可以这样玩
第一课时　走近扑克牌

【教学目标】

对扑克牌有个更深的了解，能根据扑克牌的特征进行分类；知道扑克牌中有2种颜色，4种花色，13个数字，了解颜色、花色和数字各表示的含义；了解扑克牌游戏的玩法。

【教学过程】

（一）畅谈自己对扑克的认识

课件出示或老师举起牌。

谈话：小朋友们，这是……（扑克牌）

今天我们要把扑克牌请到课堂中来，先说一说你对扑克牌有什么了解呢？

预设1：一共54张牌。（追问：数过吗？连大王、小王一共有54张牌）

预设2：有1~10的数字，有图形，有红黑2种颜色。

预设3：变魔术。（有些魔术里藏有的秘密可以用数学知识解释）

预设4：数字和图案的数量是相等的。（你这个发现太了不起了。如果没有学生说出，老师拿出一张有数字的扑克牌，问：纸牌上有什么？数字和图案。你能发现什么秘密？）

……

（设计意图：学生对扑克牌并不陌生，对扑克牌多少有些了解。通过畅谈自己对扑克的认识，述说别人不知道的，学生能提高自信心，老师也能知道学生对扑克的了解程度从而进行评估。）

（二）凭借经验将扑克分类

提问：你觉得你可以怎么把这么多的牌进行分类？（四人小组，分一分）

按数字分（分为1~10），按颜色分（分为红色和黑色），按图形分（分为方块、梅花、黑桃和红桃）。

表扬并指出，小朋友分得很准确。按照不同的标准分，结果不一样。

（设计意图：学生根据已有的经验将扑克按照不同的标准进行分类，再次感受分类标准不一样，结果不一样。通过分类，学生更加清晰地认识扑克，有个清晰的概括。）

（三）跨越思维一起走近扑克

谈话：小朋友们对扑克牌比较熟悉。对扑克牌你还想知道什么，或者有什么疑问？

提问：你知道为什么扑克牌只有4种花色吗？联系我们自然发展规律猜猜看。

指出：4种花色代表一年有四季。黑桃代表春天，红桃代表夏天，方块代表秋天，梅花代表冬天，一天分为白天和黑夜，红桃和方块代表白天，黑桃和梅花代表黑夜。

追问：为什么扑克牌只有13个数字？

指出：一个季度大约有13个星期，这13张牌的点数加起来是91天，正好符合每个季度91天。所有花色的点数加起来再加上小王的1点是365天，如果再加上大王的1点是366天。

追问：为什么有字母？

指出：JQK一共有12张，表示一年有12个月，或表示太阳在一年内经过的12个星座。

还有什么问题想提出来？

预设1：J，Q，K这3个字母表示什么？（王子、王后、国王）

预设2：A表示什么？（A是英文字母表中的首字母，扑克牌各花色的第一张牌，非常大的一张牌）

预设3：大王、小王代表什么？（大王代表太阳，小王代表月亮）……

（设计意图：通过这一环节，培养学生会发现、会提出问题，也让学生再次深入认识扑克。通过学习，学生知道扑克的含义，以及它的来源。）

（四）玩用扑克一起建构游戏

谈话：这么薄薄的纸片，生活中有些人却用它做了一些让人想不到的事。

比如，让这薄薄的扑克牌站立起来，也可以用扑克牌拼画，抑或用扑克搭出很高的建筑。（边出示图片边解释）著名建筑师布莱恩伯格，不用任何黏合剂，利用建筑力学的原理，徒手将一张张扑克牌叠成一座座著名的建筑。

谈话：小朋友们，看了这么多图片，你们有没有手痒痒，也想自己动手，尝试一下，让扑克站立起来或是用扑克拼搭个图形呢？

引发思考：扑克牌还可以怎么玩呢？我们下节课再次走近它。

第二课时　让扑克牌动起来——规律探索

【教学目标】

了解扑克牌游戏的玩法；在玩的过程中发现其中的规律，寻找最佳的解决方法；在合作交流中，思维碰撞，提高思维能力。

【教学准备】

1. 学生准备：1~10各2张的扑克牌。

2. 教师准备：大号的扑克牌、吸铁石。

【教学过程】

（一）排排队

1. 魔术展示

谈话：看，老师这也有1~10的扑克牌。（铺开给学生看：8，1，6，2，10，3，7，4，9，5）这顺序是乱的，老师要变魔术喽！仔细瞧，将第一张放到最后，取第二张，是1。再将手中的第一张牌放到最后，取第二张，是2。再将第一张牌放到最后，取下一张。就这样，放取不断重复进行，直到手中的牌全部取出。看现在牌的顺序……（很有序）

提问：老师是做了什么样的动作让这些乱的牌有顺序地排列出来？（放1张到牌的最后，取出第一张）

2. 探究秘密

老师厉害吗？其实这么乱的牌中是有规律可循的，找出规律，你们也可以做到。

一下子将10张牌排序有些复杂。我们可以从……（对，从简单开始，从牌少的开始）

提问：2张牌你能做到吗？

学生展示。

追问：说说是怎么做的？把你的想法说出来。

指出：因为先放1张，先取出来的是1，1前面必须有1张牌，只能把2放前面。扑克牌的顺序：2，1。

3张呢？学生尝试、展示。说明理由。

指出：1前面必须有1张牌，是放2呢还是3呢？1取完后，必须取2，所以2前面也需要有1张牌。扑克牌的顺序：2，1，3。

4张呢？扑克牌的顺序：4，1，3，2。

5张呢？扑克牌的顺序：3，1，5，2，4。

6张呢？扑克牌的顺序：5，1，4，2，6，3。

7张呢？扑克牌的顺序：4，1，6，2，5，3，7。

8张呢？扑克牌的顺序：8，1，5，2，7，3，6，4。

9张呢？扑克牌的顺序：5，1，9，2，6，3，8，4，7。

10张呢？如果不操作，你能排出扑克牌的顺序吗？

扑克牌的顺序：8，1，6，2，10，3，7，4，9，5。

（设计意图：从简单入手，从中找出简单的排列规律，再挑战较难的问题，也可以逆向思考，培养学生的逆向思维，在不断尝试、失败、继续尝试的过程中，没有做到的，能体验这个游戏，可提高思考能力和抗挫能力，做到的，能尝到成功的滋味。）

（二）动动步

同样10张扑克牌，有A、B、C三列，A列的10张牌是按照从小到大的顺序排列的，要将A中的牌移到C，每次只能动一步牌，而且不管怎么动，牌上的小数要在大数上。看谁移动的步数最少。

探究：思考怎么移动可以使步数最少。

引导：一下子研究10张牌的步数有些难，我们可以……（从牌少的开始）

谈话：1张牌……对了，1张牌很好移动，一步就可以。

所有的牌都是有顺序地排在A列。

2张牌怎么移？2—B，1—C，2—C，3步；

3张牌怎么移？3—C，2—B，3—B，1—C，3—A，2—C，3—C，7步；

……

谈话：小朋友们，今天我们只研究了3张牌至少要几步才可以成功地移动到C列。课后，小朋友们可以继续动步，将4张牌或5张牌从A列移动到C列，但要记住，每移动一步时，都是大数在小数的下面。

（设计意图：这个游戏，可训练学生的推理能力，不管将哪个牌移动到哪一列，都要满足小数在上，大数在下的要求。所以第一次移动大数的时候，都需要移动到C列，这样可以保证步数最少。）

第三课时　让扑克牌转起来——算式运算

【教学目标】

1. 了解扑克牌游戏的规则，通过数字接龙，灵活运用加减符号，提高口算能力。

2. 在操作中提高观察、分析、比较、推理等能力，培养数学思维和创新意识。

3. 通过对计算要求的构建和重组，不同难度的思维判断和推理，在提升计算能力的同时，培养数感，发展逻辑思维能力。

4. 在扑克牌接龙游戏中，愿意和同伴合作完成游戏，感受游戏带来的快乐。

【教学准备】

学生准备：1~10各1张扑克牌。

教师准备：一副扑克牌（除J、Q、K，大王和小王）。

【教学过程】

（一）扑克数字接龙

谈话：小朋友们，今天这节课我们将扑克牌玩转起来。今天我们会玩什么游戏呢？扑克数字接龙。如何接呢？

游戏规则：

1. 请任选2张牌组成一个两位数作为龙头，这个组成的两位数个位上的数加十位上的数或个位上的数减十位上的数算得的数要在下一个数的十位上。

2. 龙尾的数和龙头的数相同，则接龙结束。

3. 龙身的两位数互不能重复。

比如选的2张牌组成的两位数是12，如果个位和十位相加得3，下一个两位数的十位是3，三十几，可以选32，3-2=1，再下一个数就是十几，如果选12，和第一个数相同，则接龙结束。

谈话：对于老师刚才介绍的游戏规则，小朋友们都听明白了吗，有没有哪里不清楚的？好的，没有那我们就玩起来啦。

比赛规则一：老师出第一个数（龙头），按照这样的游戏规则，在限定时间内，以小组为单位，把你们接的"龙"贴在小黑板上，所接的"龙"最长的小组获胜。

谈话：老师摆好第一个扑克牌数，你们也摆好，好，准备好了吗？预备，开始！

学生活动，教师巡视。教师巡视时，有目的地寻找，看看有没有中间接龙有问题的。

时间到，展示学生成果。最长的那一组到前面展示给大家看，其余小朋友检查，看看他们的"龙"有没有问题。

如有，指出来，并宣布接龙失败；再请第二长的展示。

提醒：口算过程一定要细心。

比赛规则二：自己组出一个数作为龙头，按照这样的游戏规则，在限定时间内，以小组为单位，把你们接的"龙"贴在小黑板上，所接的"龙"最长的小组获胜。

时间到，每组数出一共摆放了几组数。展示学生成果。最长的那一组到前面展示给大家看，其余小朋友检查，看看他们的"龙"有没有问题。

如有，指出来，并宣布接龙失败；再请第二长的展示。

提醒：口算过程一定要细心。

比赛规则三：每组派一个代表，按照第1~12组的顺序，哪组不能往下接的，则为前一组获胜。

（设计意图：扑克数字接龙，在接龙的过程中，学生要想加或想减，在接每个数时，都要保证不重复，在算减法时，个位上的数要比十位上的数大。根据不同的比赛规则，帮助学生熟练20以内加减法的计算，并提高竞争意识，在最后一个比赛规则时，是从第1~12组依次接龙，前一组不仅要想出一个数，还要尽量想出一个让下一组接不上的数，直接到龙尾，这样前一组就获胜。）

（二）回顾总结

师：小朋友们，今天这节课大家玩得开心吗？谁来说说自己的感受或收获？

预设：我发现扑克牌能帮助我们学习数学知识。

预设：在玩扑克游戏时，要熟练加减运算，不能算错。

预设：个位上的数要大于十位上的数，这样才好用减法算。

预设：在小组合作时，大家要注意配合，这样可以节约时间，取得胜利。

……

师：看来，这节课小朋友们的收获还是很大的。当然，扑克牌的玩法还有很多，等着我们一起去研究。我们可以课后和其他同学或是自己的家人一起玩一玩今天学到的玩法。

3. 基于知识融合的数学游戏

数学知识体系具有明显的结构化和逻辑性，可课时教学在一定程度上造成了学习内容的"片段化"，结合相关联的学习内容开发基于知识融合的数学游戏，一方面可以在应用中促进知识之间的联系；另一方面可以加深学生对所学知识的理解，以游戏的方式将所学知识融合，厘清知识间的关系，建构较为完整的知识体系。

例如，在五年级学习小数乘除法后，开发"有'点'的数世界"游戏课程，将小数的四则运算作为课程内容，借助于游戏工具，在摆一摆、移一移、猜一猜中，让学生通过实践体验归纳计算结果中小数点的位置变化情况，根据变化的特性总结出听话的小数点、叛逆的小数点、发呆的小数点，游戏不仅激发了学生的学习兴趣，促进了知识间的融合，而且让数学学习充满了人文性。

案例：

有"点"的数世界

【教学内容】

苏教版五年级上册第82～83页——班级联欢会。

【教学目标】

1. 经过本节课的学习，系统对比整数和小数的计算，深入了解小数和整数在计算过程中算法和算理的联系和区别，领悟小数点在小数计算中的重要性，体会"点动数变"的神奇。

2. 走进数的世界，体会符号思想，以"点"为媒介，穿针引线，编织成知识网络，培养统整知识的意识和能力。

3. 通过论述故事和讲身边的事例，体会小数点的重要性，培养细心严谨的习惯和品质。

【教学准备】

计算器，教学课件。

【教学过程】

了解数学世界里的符号，引出小数点

谈话：同学们，有这么一句话：数学的世界是由各种符号组成的，你同意这句话吗？你知道哪些数学符号呢？

根据学生的回答分类板书：

数字符号（1、2、3、4……）。

关系符号（＞、＜、＝、≠）。

运算符号（＋、－、×、÷）。

字母符号（*a*、*b*、*c*……）。

……

提问：最近我们还学习了一种新的数学符号，是什么呀？（小数点）对于这个小家伙，联系我们最近认识的小数，你有什么话想说吗？

谈话：小数点很神奇，因为它的加入，我们从整数世界进入了小数的世界，数的世界越来越广阔了。今天这节课我们就一起来体会一下由小数点带来的数的神奇的变化吧！

（根据学生的回答，板书：点动数变）

1. 一"点"规律：复习小数点的移动引起的数的变化

故事导入：

话说孙悟空和他师父一行人来到一座山头，孙悟空前去探路，遇到一个妖怪，妖怪喝道："猴头，交出唐僧！"孙悟空大声喊道："休想！看我金箍棒！"于是从耳朵里掏出一根只有0.009米长的金箍棒，妖怪觉得很奇怪，想：这么短有什么用？孙悟空嘿嘿一笑，对着金箍棒轻轻吹了一口气，金箍棒从0.009米变成0.09米，接着又吹了一口气，金箍棒从0.09米变成0.9米，吹第三口气的时候，金箍棒从0.9米变成9米，孙悟空喊道："看棒！"金箍棒重重地打在妖怪身上，把妖怪打死了。

提问：金箍棒在吹气的过程中发生了怎样的变化？这样的变化和小数点的移动有什么关系？孙悟空把妖怪打死后，继续把金箍棒放进耳朵，又会发生怎样的变化？

游戏：点动数变

（1）我点你说

黑板上出示一个数，如3450，一学生拿小数点随意摆放位置，由下面的同学先读出这个数，再说出这个数发生的变化。

（2）画龙点睛

黑板上出示一个数，学生手执小数点，根据老师或同学说的变化将小数点放在合适的位置上。

（3）我说你猜

5人为一组上台，台上5人全程蒙眼，每组每人随机给一个数字，其中一人为小数点，5个人每人可以问一个有价值的数学问题，问完五个问题，选派一位代表猜数，有价值的问题应是"保留到整数是多少？""它是几位小数？"等。

（4）我来移一移

每组准备几个数字卡片和一张小数点的卡片，一人出题，一人说结果，一人将小数点在桌上移动，要求清晰地看出移动过程，组长分工，要求每个人都动手，小组人人过关。

2. 一"点"发现：复习、比较小数和整数运算的异同

（1）设计两组计算闯关题，一组为小数加减题，一组为小数乘以整数和小数除以整数。

（2）学生独立完成，反馈订正。

（3）比较整数和小数计算的异同，完成表2-2-8：

表2-2-8

运算方法	整数运算	小数运算	整数运算	小数运算
	不同点		相同点	
加法				
减法				
小数乘整数				
除数是整数的除法				

提问：回忆我们学习小数单元的过程，你们觉得给我们帮助最大的是什么？你们是怎么自主探究出这些新知识的？

（根据学生的回答，板书：类比迁移）

总结：在以后的学习中，几乎每个新知识的学习都离不开这4个字，所以同学们要记好它们哦！

3. 一"点"错误：在他人和自己的错误中，体会小数点的重要性

谈话：在我们的数学世界里，任何一个小小的数学符号都会起到很大的作用，如果我们因为它的"小"而疏忽了它的作用，有可能给我们的生活带来极大的不便，甚至灾难。这里就有一个关于小数点的故事。

（1）故事：漏掉一个"小数点"的悲剧

1967年8月23日，苏联著名宇航员费拉基米尔·科马洛夫，独自一人驾驶联盟一号宇宙飞船，经过一昼夜的飞行，完成了任务，准备返航。此刻，全国的

电视观众都在收看宇宙飞船的返航实况。但当飞船返回大气层后，准备打开降落伞以减慢飞船速度时，科马洛夫发现无论用什么方法也打不开降落伞。地面指挥中心采取了一切可能救助措施帮助排除故障，都无济于事，经研究决定将实况向全国公民公布。当时播音员以沉重的语调宣布，联盟一号宇宙飞船由于无法排除障碍，不能减速，两小时后将在着陆基地附近坠毁，我们将目睹民族英雄科马洛夫殉难。在人生的最后两小时，科马洛夫没有沉浸悲伤和绝望中，而是十分从容地用了大部分时间向上级汇报工作，然后向他的母亲、妻子和女儿做最后的诀别。他对泣不成声的12岁的女儿说："爸爸就要走了，告诉爸爸你长大了干什么？"

"像爸爸一样，当宇航员！"

"你真好！可我要告诉你，也告诉全国的小朋友，请你们学习时，认真对待每个小数点，每个标点符号。联盟一号今天发生的一切，就因为地面检查时，忽略了一个'小数点'，这场悲剧，也可以叫作'对一个小数点的疏忽'。同学们，记住它吧！"

7分钟后，轰隆———一声爆炸，整个苏联一片寂静，人们纷纷走向街头，向着飞船坠毁的方向默默地哀悼……

谈话：同学们，听了这个故事，你有什么想说的吗？

（2）事故分享会

提问：因为小数点而引发的事故还真不少（凸显故事和事故），你在作业的过程中有过哪些因为小数点而犯的错误呢？

提问：听了这些同学的分享，你有什么想说的吗？

（3）将错就错

谈话：这不，小马虎就因为忽略了小数点也犯了大错，咱们一起看看。

出示例题，学生自主解答并讲解。

① 小马虎在计算3.4加一个数时，误把3.4当成34来计算，结果得到51.6，你能帮他算出正确的结果吗？

② 小马虎在计算4.25加一个一位小数时，由于错误地只把数的末尾对齐，结果得到6.28，正确的得数是多少？

提问：运用什么方法解答这样的题型？

4. 一"点"总结

提问：今天学习了什么内容？你有什么收获？还有什么疑问？

根据回答板书：一"点"之差，失之毫厘，差之千里；

一"点"不差，一"丝"不苟。

（三）与数学教育密切联系的主题活动课程

数学是研究数量关系和空间形式的科学，在形成人的理性思维、科学精神和促进个人智力发展中发挥着不可替代的作用。义务教育数学课程以习近平新时代中国特色社会主义思想为指导，落实立德树人根本任务，致力于实现义务教育阶段的培养目标，使得人人都能获得良好的数学教育，不同的人在数学上得到不同的发展，逐步形成适应终身发展需要的核心素养。

基于以上认识，我们在实践中以学生发展为本，以核心素养为导向，对课程结构进行调整，对课程内容进行整合，通过整顿、协调、优化、重组学习资源，构建实践体验的行为框架，重构教学方案，研究开发了与数学教育密切联系的主题活动课程。

数学主题教育课程在课程内容选择上保持相对稳定的学科体系，体现数学学科特征，与时俱进，关注数学学科发展前沿与数学文化，符合学生认知发展规律，强调使学生获得基础知识、基本技能、基本思想和基本活动经验与发展，能够运用数学知识与方法发现、提出、分析和解决问题，引导学生形成正确的情感、态度和价值观；在课程内容组织上关注结构化整合，探索发展学生核心素养的路径，重视数学内容的直观表述，重视学生直接经验的形成；在课程内容呈现上注重数学知识和方法的层次性与多样性，适当考虑跨学科主题学习，根据学生的年龄特征和认知规律，采取螺旋式方法，适当体现选择性，逐渐拓展和加深课程内容，适应学生的发展需求，真正提升学生的自主学习能力。

核心素养是在长期的教学过程中逐渐形成的，核心素养在不同学段的主要表现体现了核心素养的阶段性和各阶段之间的一致性。因此，数学主题教育课程在制定目标时，既要注重建立具体内容和核心素养主要表现的关联，处理好核心素养与"四基""四能"的关系，又要充分考虑学科素养在不同年级段教学中的达成情况。鉴于此，结合具体的教学内容，全面分析主题、单元和课时的教学目标，充分发挥核心素养导向的教学目标对教学过程的指导作用，在切身体验中培养学生的实践能力、创新能力、科学精神，在实现知识进阶的同时，体现核心素养的进阶。具体实施策略如下。

1. 在练就数学眼光中凸显数学抽象

数学为人们提供了一种认识与探究现实世界的观察方式。通过数学的眼光，可以从现实世界的客观现象中发现数量关系与空间形式，提出有意义的数学问题；能够抽象出数学的研究对象及数学属性，形成概念、关系与结构；能够理解自然现象背后的数学原理，感悟数学的审美价值，形成对数学的好奇心与想象力，主动参与数学探究活动，发展创新意识。

数学世界里充满了抽象的数学符号，这些数学符号源于现实世界，来源于人们的生活学习经验，来源于数学家和哲学家们对现实世界抽象的结果。这里面包括数量之间的关系、图形之间的关系、数和形的关系。要用数学的眼光观察现实世界就需要依托抽象，以简驭繁。

例如，结合《用字母表示数》开发"以不变应万变"的主题课程，从数学眼光的维度来看，要使学生体会字母表示数的简洁和便利，培养学生的符号意识，引导学生用数学的眼光去观察世界。由于字母作为一种表示数的符号，在课程开发中，教师先从"表示"开始导入，以魔力信封开启字母的秘密为线，在学生经历了"不确定的有范围的数字用字母表示；在同一事件中用不同的字母表示不同的数；在同一事件中，表示不同的两个字母之间存在>、<或=的关系；在同一事件中，两数之间存在相差或倍比关系时，在用一个字母表示数的前提下，另一个数可以尽量用字母表示；根据字母所取得的值求简单的含有字母式子的值"这一系列的过程后，让学生从符号的浅层概念上升到数学符号思想的深度挖掘，在教学过程中引导学生自主研究神奇的字母，体会字母表示数的概括性，运用多种形式感知，经历提炼出符号由表征到抽象的历程，感受数学符号的意义和魅力。

案例：

以不变应万变——《用字母表示数》

【教学内容】

《用字母表示数》。从数学思考的维度来看，要体会字母表示数的简洁和便利，培养符号意识。字母既然也作为一种表示数的符号，不如从符号开始到符号结束，从符号的浅层概念上升到数学符号思想的深度挖掘，从作为一种标识——数学思想，不断刷新学生对符号的理解。

【教学目标】

1. 理解并学会用字母表示数，会用含有字母的式子表示数量、数量关系和计算公式，初步学会根据字母所取得的值，求简单的含有字母式子的值。

2. 经历把实际问题用含有字母的式子进行表达的抽象过程，体会用字母表示数的简洁和概括，培养符号意识。

3. 阅读数学史，运用多种形式感知，提炼出符号由表征到抽象的历程，感受数学符号的意义和魅力。

【教学准备】

信封，PPT。

【教学过程】

（一）从 "表示" 开始导入

谈话：同学们，今天这么多老师来听课，咱们是不是也应该表示一下？（鼓掌）

提问：鼓掌表示什么？（欢迎）

谈话：在生活中我们用鞠躬表示感谢，用微笑表示礼貌，用竖大拇指表示赞扬。肢体动作也是一种语言，我们平时要用好它。

提问：那在数学上是用什么表示数的呢？（数字）

（二）魔力信封开启字母的秘密（20分）

谈话：老师这儿有个信封，你们可别小瞧它，它可神奇啦！

序一：不确定的有范围的数用字母来表示。

提问：现在我往这个红信封里放了什么？（1枚硬币）怎么表示？

板书：1。

提问：（倒出，放2枚）现在用数字几来表示？

板书：2。

提问：（所有同学都闭上眼睛，不许偷看）现在你用几来表示？

预设：可能是4，5，6，7……

启发：有这么多种可能，我到底用什么来表示呢？

预设：a。

追问：a是一个什么？这里你为什么不用一个数字来表示，而要用一个字母来表示呢？

预设：因为不确定。

明确：数字只能表示确定的数，对于不确定的数无可奈何，刚才同学们创造了一个表示数的新的符号：字母。

提问：可以用b来表示吗？（任意一个字母都可以）

提问：那这里的a可以表示多少呢？

追问：那这里的a可以表示50吗？为什么？

预设：50肯定装不下。

明确：也就是说，这里a表示的数是有一定的范围的。

序二：在同一事件中，通常用不同的字母表示不同的数。

再拿一个黄信封。

提问：你觉得我这里放了多少枚硬币？理由呢？

预设：因为信封不同了，数字也不一定相同，所以换个字母。

序三：在同一事件中，表示不同数的两个字母之间存在>、<或=的关系。

追问：有道理，那现在a信封和b信封中的硬币数，你认为谁多？有几种可能？

序四：在同一事件中，两数之间存在相差或倍比关系时，在用一个字母表示数的前提下，另一个数可以并尽量用字母式表示。

提问：现在如果我告诉你，红信封比黄信封多2枚硬币，此时黄信封还可以用b来表示吗？

预设：红信封是a枚，黄信封是$a+2$枚。

追问：你觉得这里是用b表示好，还是用$a+2$表示好呢？为什么？

预设1：因为知道了红信封里有几枚硬币，就能知道黄信封里有几枚硬币。

预设2：因为$a+2$表示的不仅是黄信封里硬币的数量，还可以看出红信封和黄信封的关系。

明确：$a+2$已经不仅仅是一个字母，像这样的含有字母的式子叫作"字母式"（板书）

序五：根据字母所取得的值，求简单的含有字母式子的值。

提问：如果红信封有10枚硬币，黄信封有几枚硬币？如果红信封有20枚硬币，黄信封有几枚硬币？仔细观察一下。（手指着黑板）

追问：什么变了，什么没有变？（数字变了，关系不变）

启发：如果此时再来一个蓝信封，你能像我这样，也创造出一个表示和红信封的关系的字母式吗？

预设：$a+3$。

提问：从这个字母式中你看出了什么？

预设：蓝信封比红信封多三枚硬币。

追问：还能看出什么？

预设：蓝信封比黄信封多1枚硬币。

（借助线段图）

启发：如果此时将黄信封看作a，你能表示出红信封和蓝信封的关系吗？

追问：为什么蓝信封一会儿用a+3表示，一会儿用a−1表示？

预设：因为a表示的对象不一样。由此看来字母表示的是谁很重要。

解释神奇：现在再来看这些信封，表面上很简单，却有一股神奇的魔力，牵引着我们轻轻松松地就走进了字母的世界，其实，神奇的不是信封，神奇的是什么？（字母）

（三）自主研究神奇的字母，体会字母表示数的概括性（20分）

过渡：字母还有哪些神奇之处呢？下面就请同学们自己去寻找吧！

明确：学生先独立思考完成，在需要综合小组成员的意见的时候，组长再组织大家讨论，并做好汇报的准备。（提醒组员要追问、评价，想好追问的问题）

教师出示自主探究单。（巡视时了解小组长分配任务的情况）

---

1. 自我尝试（图略）。

（1）出示例1图。

摆1个三角形用3根小棒；

摆2个三角形用小棒的根数是2×3；

摆3个三角形用小棒的根数是（　　　）×3；

摆4个三角形用小棒的根数是（　　　）×3；

……

你能用一个式子表示上面所有的式子吗？_____（谁有问题想问吗？尽量让学生问出）

（这里的a表示什么？可以表示任意一个数吗？3为什么不用字母表示？a×3表示什么？从字母式中你还能看出什么？）

（2）你能不能根据上面的字母式再编个故事？（要求组里每个学生都说一下）_____。

（3）综合小组同学的故事，在小组讨论中你发现了什么？

世界上只要哪两个数量之间有3倍关系的，都被概括在a×3里面了。

2. 自我挑战

像这样摆下去，你能用一个式子表示出摆任意多个三角形所需小棒的根数吗？_____

小提醒：要求所需要的小棒的根数，从哪里开始研究？（每个三角形用几根小棒，有几个三角形）

追问：你觉得这个算式表示摆几个三角形需要几根小棒？（2a+1）

提问：现在你想说什么？（概括性、简洁性）

（四）讲述神奇背后的故事（5分）

（自主探究一之后）

谈话：像上面这样的故事说得完吗？太神奇啦！世界上只要哪两个数量之间有3倍关系的，都被概括在 $a×3$ 里面了，大家将 $a×3$ 讲得这么丰富多彩，老师也给大家讲讲这神奇背后的故事吧！

（穿插在自主尝试之后）

在历史上，对于数量和数量之间的关系，我们人类最初是用文字表达的，（课件出示）如：每个重量×3，每个价钱×3，每班人数×3，（重、价、人用红笔标出）用文字表达，显然比较烦琐，古希腊数学家丢番图想到了用"缩写"的方法来表示。就如同我们写出重×3，价×3，人×3一样，丢番图就取了这些英文单词的第一个字母，表示成 $z×3$、$j×3$、$r×3$，（板书）像这样的数量关系式写得完吗？是啊，丢番图用字母缩写来表示数量间的关系，虽然简洁了，但是每个字母都表示了特定（板书）的含义，并没有给数学家带来多大的方便。到了17世纪，法国数学家韦达想，如果把各种情境中的字母表示的特定的意义都去掉的话，不都是和3一个数量相乘吗？（课件中 $z×3$，$j×3$，$r×3$ 依次变成 $□×3$）韦达就将这个 $□$ 用了一个字母来表示，这里的 a 还像上面的字母一样有特定的意义吗？可以是 $b×3$ 吗？这里的字母已经和 $□$ 一样不表示任何具体的意义，它和这里的 $□$ 一样，只是一个符号而已（板书符号）。自从韦达把字母当作符号来表示数之后，许多数学难题得到了解决，数学获得了飞速的发展，因此韦达也被称为"近代代数学之父"。故事的最后，老师想请大家猜一猜，从丢番图用缩写字母的方法表示数，到韦达把字母当作符号来表示数，用了多少年？

预设：对，很多年，是1200多年。

谈话：原来在神奇的背后，是我们数学家们用百折不挠、坚持研究的精神，这样的探索精神永远值得我们去学习！

反馈自我挑战。

（结合生活和已经学过的知识经验比较）

追问：了解了这些，就可以解释我们以前的困惑了，回忆一下，在以前的

学习中我们还在哪里见过用字母表示？（小组讨论）

（计算周长面积的公式、运算律、数量关系式、单位）

1. 单位中的字母是一种缩写（简写）。

2. 公式、数量关系式、运算律中的字母有的是缩写，有的是一种约定俗成的规定。

3. 为什么加法交换律用 $a+b=b+a$ 表示，而不用 $2+3=3+2$ 来表示呢？

4. 比较：今天所学的用字母表示和以前你对字母的认识有什么不同和相同的地方？

谈话：因为字母式能概括出无数种这样的情况，概括性就是字母神奇的魅力！

小结：用字母表示数，上课前我们是和它们浅相识，这节课进行了深相知，蓦然回首，再来回看当初，哦，原来如此。

（五）读魔法城堡里的规则，写规范的字母式（10分）

过渡：刚才我们已经体会了用字母表示数的概括性和简洁性，数学就是要追求简洁美，下面我们就来看看它们在书写上的要求：

出示规则（表2-2-9）。（读一读）

表2-2-9

简写规则	举例说明
1. 字母和字母相乘，乘号可以简写为 "·"（读作：乘），也可省略不写	$a \times b = a \cdot b = ab$
2. 字母和数相乘，乘号也可省略为 "·"，或省略不写，但要把数写在字母前面	$a \times 5 = 5a$
3. 字母和1相乘，如 $a \times 1$，1可以省略不写	$1 \times b = b$
4. 相同的字母相乘，如 $a \times a$，可以写成 a^2，读作a的平方（如果你实在要读2，可以读成a的二次方）	$x \times x = x^2$
注意：在含有字母的式子里，加号、减号、除号都不能省略，如 $4+a$ 不能写成 $4a$	

练习：看看黑板上的这些字母式，哪些能简写，写在自己的作业本上。（反馈作业错误）

（六）用神奇的字母式破解神秘 "读心术"（20分）

谈话：在古老的玛雅文明中流传着一种神秘的读心术，听说过 "读心术" 吗？老师前不久就学会了这种神秘的已经失传很久的 "读心术"，想不想让老师给你们试试？

出示要求：任意选择一个两位数，把这个两位数的个位和十位数相加，得到一个和，用你选择的两位数减去这个和，记下这个得数。然后在下面这样一个图形中找到和这个得数相对应的符号，记住这个符号，我能读出你心里想的那个符号。

23-5=18   67-13=54   39-12=27

发现算下来的数都是9的倍数，对应的符号都是一样的。

提问：这只是其一，有没有思考过为什么会这样？

2×10+5-2-5

6×10+7-6-7

3×10+9-3-9

追问：你能用一道式子表示出所有的式子吗？

$A×10+b-a-b=9a$

所有我们得到的数都是9的倍数。

谈话：其实没有什么所谓的读心术，所有的数学魔术都蕴藏着数学的知识，但是当你先学会这个知识时，你就是那个创造神话的人。现在我们来分析一下，我们选择了37，个位和十位的和是10，相减的得数是27。再选择几个数看情况。如果选择43，个位和十位的和是7，相减得数是36。如果选择85，个位和十位的和是13，相减得数是72。这些数有一个共同的特点，它们都是9的倍数。事实上如果选择的数十位是a，个位是b，那么这个数就是$10×a+b$，而个位和十位的和是$a+b$，两数相减就是$（10×a+b）-（a+b）=9×a$，也就是说不管你选择的两位数是多少，按照这样的运算规则计算，最后的结果一定是一个9的倍数。

（七）总结形成结构化板书（5分）

提问：同学们，今天这节课我们学习了什么？你有什么收获？

谈话：我们在魔力信封的指引下，进入了神奇的字母世界，发现了用字母表示数的秘密，探寻出了字母式神奇的概括性，并利用字母式破解了老师的"读心术"，领略了字母神奇的魅力。其实，字母的神奇之处还有很多很多，等着大家继续探讨。

小结：字母最大的神奇之处就是以不变应万变。

2. 在发展数学思维中凸显逻辑推理

数学为人们提供了一种理解与解释现实世界的思考方式。通过数学的思维，可以揭示客观事物的本质属性，建立数学对象之间、数学与现实世界之间的逻辑联系；能根据已知事实或原理，合乎逻辑地推出结论，构建数学的逻辑体系；能够运用符号运算、形式推理等数学方法，分析、解决数学问题和实际问题；能够通过计算思维将各种信息约简和形式化，进行问题求解与系统设计；形成重论据、有条理、合乎逻辑的品质思维，培养科学态度与理性精神。

数学思维的外显特征就是逻辑性，逻辑推理就是数学发展的基本思维形式，而小学阶段主要是基于经验事实的归纳推理。选择合适的现实经验，设置合理的探究路径，让学生在探究自然现象和现实情境所蕴含的数学规律中，经历数学 "再发现" 的过程，体会知识间的逻辑关系，经历推理、发现、验证的基本过程，养成有条理的思维习惯，会用数学思维思考现实世界的问题。

例如，在四年级学完《可能性》后开发 "Who is the next" 推理主题课程，以名侦探柯南破案为线，借助表格、连线等方式有序地记录信息和推理过程，培养学生对数学信息的理解能力，让学生体会根据已有的信息进行分析、判断从而得出结论的过程，发展学生的逻辑推理能力。

案例：

Who is the next

【活动目标】

1. 通过观察、猜测等活动，经历简单的推理过程，理解逻辑推理的含义，初步获得一些简单推理的经验。

2. 能借助连线的方式整理信息，并按一定的方法进行推理。

3. 在简单推理的过程中，培养初步的观察、分析、推理和有条理地进行数学表达的能力；感受推理在生活中的广泛应用，初步培养有顺序地、全面地思考问题的意识。

【活动准备】

铅笔，练习纸。

【活动过程】

（一）谈话导入

谈话：今天，钱老师给小朋友们带来了两个新朋友，一对双胞胎兄弟，（出示课件，如图2-2-48所示）你能猜出谁是哥哥谁是弟弟吗？为什么？

（学生可能回答不能，因为他们长得一模一样。也可能出现两种可能，但不确定。）

图2-2-48

提问：那现在老师给大家一条线索，你能确定了吗？

（课件演示，如图2-2-49所示）现在其中的一个说："我不是哥哥。"现在你能指出谁是哥哥，谁是弟弟吗？说明理由。如果能用上"因为……所以……"连着说一说就更好了。

我不是哥哥

图2-2-49

明确：（小结同学们推理的过程）刚才同学们根据双胞胎兄弟中一人的话，判断出了谁是哥哥，谁是弟弟。

谈话：小朋友们真聪明，能根据老师给你们的一条线索从刚开始乱猜到一步步推出正确的结论。这就是简单的推理。（出示课题并生齐读）说到推理不得不提到一位高手，你们知道他是谁吗？（他就是名侦探柯南）柯南可了不得了，6岁就开始破案，还和他的小伙伴成立了"小小侦探团"，根据线索步步推理，告破案件。

谈话：小朋友们，想不想和柯南一样聪明机智呢？那就赶紧进入"柯南侦探营"吧！

（二）探究"含有两个条件的推理"

过渡：首先进入柯南的基础训练。

出示图片（见图2-2-50）。

我的左手不是8

图2-2-50

提问：从这条线索中你得到了哪些信息？

预设：左手写着9。

预设：右手写着8。

提问：能用上"因为……所以……"来陈述你的观点吗？

预设：因为左手写的不是8，所以左手写的是9。

追问：有不一样的表述吗？

预设：因为左手写的不是8，所以右手写的是8。

引导：说得真棒。那谁能用下面的关联词"因为……所以……那么……"来完整地陈述自己的判断？（教师边根据学生的表述边写相应的关联词）

预设：因为左手写的不是8，所以左手写的是9，那么右手写的是8。

预设：因为左手写的不是8，所以右手写的是8，那么左手写的是9。

过渡：小朋友们可真棒，能根据一条线索，从不同的角度思考，从而得到了正确的结论，看来，我们离柯南越来越近了。

（三）闯关游戏

谈话：下面黄色纸片的后面分别藏着三角形、长方形、圆形。第一个后面不是三角形，第二个后面是长方形。

提问：你先确定哪个？再确定哪个？有不同的想法吗？完整地说一说，可以借助下面的形式填一填。

推理过程：

1. 文字描述法（见图2-2-51）

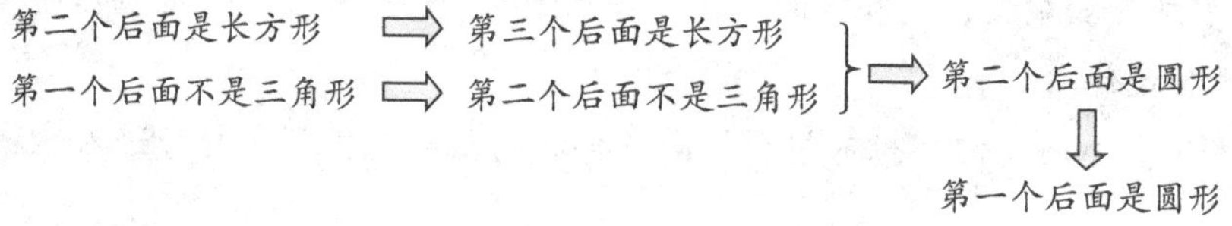

第二个后面是长方形 ⟹ 第三个后面是长方形

第一个后面不是三角形 ⟹ 第二个后面不是三角形 } ⟹ 第二个后面是圆形 ⟹ 第一个后面是圆形

图2-2-51

谈话：通过了柯南的基础训练，老师要提高难度了，让我们进入柯南的提高训练营吧！

出示：妈妈说三个小朋友分别喜欢玩具小熊、小兔、小猫。小小说，我不喜欢小猫。南南说，我喜欢小兔。你能判断他们分别喜欢什么动物吗？请你将答案写在表2-2-10中。

表2-2-10

南南	
柯柯	
小小	

追问：认真读题，仔细分析，你能从中找到哪些有用的信息？

2. 自主研究，交流讨论

提问：你先确定谁喜欢什么？为什么？

预设：因为南南说喜欢小兔，所以南南肯定喜欢小兔，因此在表格内写上小兔（见表2-2-11）。

表2-2-11

南南	小兔
柯柯	
小小	

追问：然后呢？

预设1：因为小小说不喜欢小猫，所以小小喜欢小熊，那么柯柯喜欢小猫（见表2-2-12）。

表2-2-12

南南	小兔
柯柯	小猫
小小	小熊

预设2：因为小小说不喜欢小猫，所以柯柯喜欢小猫，那么小小喜欢小熊（见表2-2-13）。

表2-2-13

南南	小兔
柯柯	小猫
小小	

3. 总结推理过程

谈话：当碰到一些比较复杂的推理时，我们可以根据一些线索排除一些情况，从而使问题更加简单，看到大家学得都不错，柯南还送给咱们一首儿歌呢！一起读一读：

> 我是一名小侦探
>
> 根据线索来推断
>
> 能确定的先确定
>
> 能排除的再排除

3. 在形成数学语言中凸显数学模型

数学为人们提供了一种描述与交流现实世界的表达方式。通过数学的语言，可以简约、精确地描述自然现象、科学情境和日常生活中的数量关系与空间形式；能够在现实生活与其他学科中构建普适的数学模型，表达和解决问题；能够理解数据的意义与价值，会用数据的分析结果解释和预测不确定现象，形成合理的判断或决策；形成数学的表达与交流能力，发展应用意识与实践能力。

数学语言是沟通数学与现实世界的桥梁，数学描述现实世界的主要语言是数学模型，一方面可以让学生体会数学模型在现实世界中的应用；另一方面可以让学生体验在现代社会，不同学科在科学化的过程中都要使用数学语言，并借助于数学语言建构数学模型，来表达事物间的关系和规律。数学模型需要让学生在主题活动课程中经历完整的建构过程，逐步养成用数学语言表达与交流的习惯，从而具备跨学科应用意识和实践能力。

例如，三年级"探索规律的样子"，让学生在多种排列现象中感受——间隔规律，在实际操作中初步建立模型，在探究数量关系中逐步抽象模型，在现实中运用模型。

案例：

探索规律的样子

【教学内容】

苏教版课程标准教材小学数学第五册第78～79页。

【教学目标】

1. 学生经历间隔排列的两种物体个数之间排列、数量关系的探索过程，初步体会其中蕴含的简单数学规律。

2. 学生在探索活动中体会观察、比较、归纳是寻找和发现规律的基本方法，初步培养分析、比较、综合和归纳的能力。

3. 学生在发现规律的过程中，感受数学与生活的联系，感受解决问题策略的多样化思想，培养用数学眼光观察周围事物，从数学角度分析生活现象的初步意识和能力，学会与他人合作交流，获得积极的数学学习情感。

【教学准备】

PPT课件。

【教学过程】

(一)"感"：从多种排列现象中，关注到一一间隔排列

1. 在多次分类活动中初步感悟间隔排列

谈话：昨天小美买了很多珠子，她把买来的珠子排列成一排，并且用绳子穿了起来。小美是怎样排的呢？一起去看吧。(出示课题：排列)

呈现第一组：①号全部红色。②号全部黄色。③号红、黄2种颜色间隔排列。④号2种颜色没有规律地排列

演示并提问：注意观察并对比一下，这4串珠子到底是怎么样排列的呢？

提问：如果要把这4串珠子，按排列的特点分类，你会怎么分呢？为什么？

明确第三、四串是两种颜色间隔排列的。(出示课题：间隔)

提问：小明也穿了一串，这串珠子与小美的比，虽然数量不同，颜色也有变化，但是和哪一串珠子的排列情况是相同的？

追问：这三串珠子都是间隔排列的，但③号、⑤号的间隔排列与④号有什么不一样？

明确：都是2种颜色一个隔着一个间隔排列。

(出示：规律)(出示：一一间隔)

谈话：今天我们来研究间隔排列中，两种物体，一个隔着一个排列的规律。(板书：一一间隔)

2. 揭示课题

谈话：只要留意观察，一一间隔排列在大自然、生活中还很多呢！让我们带着发现的眼光，一起走进兔子乐园吧。

(二)"悟"：感悟——初步建立间隔排列的模型

1. 出示情境

(1) 兔子和蘑菇、手帕和夹子、篱笆和木桩一一间隔排列。

提问：读一读、说一说每组中的两种物体是怎样一一间隔排列的？(如：开始是……末尾是……)

归纳：有三组物体，每组中有两种物体，它们都是一一间隔排列的，而且

两端的物体相同。

小组合作完成下面的表格（见表2-2-14）。

表2-2-14

排列方式	两端物体	数量	中间物体	数量
两端相同				

表扬：同学们真厉害，通过观察在图上一共发现了好几组两种物体——间隔排列的现象。

提问：仔细观察表格，比较每排两端物体和中间物体的个数，看看有什么新的发现？把自己的想法和小组里的同学说一说。

启发：数学研究最重要的一个任务，就是研究数与数之间的数量关系。那么，这样的一一间隔排列，在每两种物体之间存在着怎样的数量关系呢？物体的个数之间有什么规律呢？

（三）"理"：探究一一间隔规律的两种数量关系

1. 探究小兔和蘑菇的数量关系

启发：先看小兔与蘑菇。让我们在读规律、看规律中，去思考吧。

集体讨论：说说数量及数量关系。

预设：小兔只数比蘑菇个数多1（还可以怎么说）；蘑菇个数比小兔只数少1（合起来怎么说）；小兔只数与蘑菇个数相差1；8-7=1，小兔的只数-蘑菇的只数=1；……

明确：通过刚才的观察，我们发现，两端物体相同的间隔排列，两端的物体的数量比中间间隔的物体的数量多1个。反过来还可以怎么说？

追问：为什么两端物体的数量和中间物体的数量相差1呢？我们随便找一组间隔排列来观察一下，用我们以前学过的解决问题的策略，你有办法证明吗？先圈一圈，再说一说。把我们得到验证的规律再说一说吧！

集体讨论，并重点演示，适时渗透：一一对应。（出示：一一对应）

小结：经过同学们的探索，我们发现一一间隔排列的两种物体的个数是有规律的。这里无论怎样变化，小兔都是比蘑菇多一个。

探索：夹子与手帕、木桩与篱笆的数量关系。

提问：猜想一下，每组中夹子与手帕、木桩与篱笆的数量关系是怎样的？

为什么？

小结：在兔子乐园里，同学们不仅善于观察，还善于思考，不仅关注到了每组两种物体的数量，还关注到了这里的每组两种物体数量之间存在着"相差1"的关系，而且用一一对应的方法解释了存在这样数量关系背后的道理。

追问：原来，我们今天认识的一一间隔排列规律的数量关系还有几种不同情况呢，有可能……还有可能……在什么情况下两种物体中有一种物体会多1呢？在什么情况下两种物体数量会相等呢？（出示：相差1、相等）

（四）"拓"：逐步抽象一一间隔排列现象模型，为后续学习做适当铺垫

1. 承接开始的串珠

提问：我们往往要把穿好的珠子打结围成圆形。你会帮助小美选哪一串呢？

独立想象并思考（课件演示）。

追问：这样围起来的手环的数量关系是什么？

2. 适度拓展

（1）将一种颜色的珠子隐去，呈一种物体的间隔排列。

（2）将一种珠子的间隔排列演变成：人的手五指张开。

（五）当堂练习

1. 手指数与缝数排列情况

手指数与缝数呈一一间隔排列，如果把手指头变成一棵棵大树，让它们排列整齐，就是植树问题。这时我们把两棵树之间的缝称为"间隔"。

为了改善环境，人们开始自发种树，在一条长度为50米的道路一侧种树，每隔5米种一棵树，两端都种，那么一共可以种几棵树？

2. 锯钢管

有一根钢管，要锯成4小段，每锯开一处要花3分钟，全部锯完要多长时间？

如果要锯成6段，需要锯几次？

钢管与锯痕是一一间隔排列，用哪个规律来判断？

锯的次数总比段数少1，所以我想到了一个成语：一刀两断，你还可以想到什么？（两刀三段、三刀四段）

3. 快速挑战

谁的反应快、小试牛刀。

（六）走进生活

欣赏：一一间隔排列之美、间隔之便利。

谈话：让我们以数学的眼光，去生活中找一找——间隔现象。

图片欣赏：感悟整齐之美、间隔排列带来的美，以及间隔排列给生活带来的方便等。

谈话：原来利用间隔规律，还可以让我们的大自然变得更美。

（七）总结

提问：这节课我们学习了什么？说说你们在这节课中的收获吧？

小结：我们对间隔规律的研究，从表面走向了深入，不仅发现了数量之间的关系，还研究了数量关系后面的道理。

（八）拓展延伸

变式：间隔。

提问：小美还穿了几串珠子，想看吗？

展示：二个二个、三个三个间隔排列，这也是有规律的间隔排列。

追问：它们之间的数量关系是怎样的呢？如果要你自己去研究，你有办法吗？

小结：是啊，其实有规律的现象可以说无处不在，只要我们善于观察，就一定能发现更多的规律，并且能应用这些规律解决生活中的一些问题。老师希望你们能成为生活中的有心人。

（四）与现实生活密切联系的综合实践课程

在新课标中，数学核心素养仍然是个关键词，实践育人、综合育人是课程改革发展的主方向。有人将"实践"等同于"动手"，其实，实践不只是动手，实践更注重的是一种体验。"体验"是心理学中的重要概念，通常表示人们在经验获得及行为变化过程中的心理感受、情感体验、认知顿悟、反省内化等心理活动。数学综合实践，就是让学生在"做"中经历、发现、创造，对数学产生好奇心和求知欲，能用自己的方法感受那种微妙的"感觉"。这是提升学生学习力，发展学生核心素养的重要途径。

新课标中改动最大的是"综合与实践"板块，为强调与其他学科的融合，与生活和传统文化的联系，新教材除"长度"以外，其他人为规定的量，都以主题活动的形式放在"综合与实践"中，大大丰富其内涵。也就是说，为了让学习资源不再单一，不再冰冷，"整合"应成为课程内容变革的主要手段。学科内的整合，学科间的整合，数学现实与历史发展的整合，这些对学生的统整思维、创新精神等核心素养和关键能力的发展都具有重要的意义。不过需要强调的是，"整合"不同于"合并组合"，特别是"学科整合"，应该是基于综合素养的各学科、各教育资源的有益延伸，并遵循社会发展的需要，遵循小学数学的学科特点，遵循学生全面发展的要求，逐步形成的有利于核心素养培育的课程资源。

基于此，以一个活动目标为导向，以数学学科知识和数学学习经验为活动内容，以综合运用、实践体验为活动策略，展开的一系列特殊体验、交往交流、建构意义的综合实践活动，成为课后服务课程的又一个优质资源。

现实生活是鲜活的教科书，联系数学与现实生活开发综合实践课程，引导学生经历实践活动的过程，尝试运用问题解决的各种基本方法，在实践学习中亲近自然、了解社会、认识自我，丰富成长经验，获得对客观世界和精神世界的感性经验和体验。在实践体验中，学生通过情境体验、过程体验、方法体验，提高对实践情境的理解力，形成对自然、对社会、对自我的整体认识，从而最终提高自身的学习力。

1. 综合实践课程的价值意义主要体现在三个方面

（1）教师角色成功转型

俗话说，知易行难，改变要从思想层面落实到行动层面，而且要坚持下去，不是一件容易的事。为了让实践体验课程真正达到育人的目的，教师就要在课程的设计和实施上用心打造。在这个过程中，教师由不习惯到习惯，从适应到创新，教学生态慢慢发生质的变化。因为思想和行动的转变，教师角色也由课程的搬运工升级成课程的设计师。

（2）学生学科情感升级

数学综合实践课程，让学生改变了对数学的原有认知，看到了数学的另一面，感受到数学也是有趣的，数学也是美丽的，数学的应用在生活中处处可见。学生在实践中学着用数学的眼光观察世界，用数学的思维分析世界，用数学的语言表达世界，获得适应未来生活和进一步发展所必需的数学基础知识、基本技能、基本思想和基本活动经验，在数学素养提升的同时，升华了对数学学科的情感，爱上了数学。

（3）改变学生学习方式

从认知方面看，因为有了"体验"的加入，学生需要调动各种感官参与数学认知活动，通过观察、操作、实验，获得抽象的数学概念，在此基础上开展归纳、类比、概括等思维活动，抽取共性，得出规律，并获得解决问题的方法。从非认知因素方面看，"做数学"可以极大地激发学生的兴趣，引起学生的好奇心，调动学生的学习热情，使学生以一种积极的态度投入实验、探究活动。同时，积极的情感体验是激发灵感的强大动力，可以促使创造性思维的产生。因此，综合实践活动，从"教为中心"转变为"学为中心"，实现了从知识本位的"被动学习"到素养本位的"能动学习"。

2. 综合实践活动课程的内容主要来源于三个方面

（1）指向综合应用的实践课程

苏教版每册教材的最后一个单元都是综合实践课程，彰显着数学源自生活，应用于生活，在与生活连接的过程中强调知识的综合应用。根据教学内容的体系和前后联系，整合所学内容，拓宽知识视野，延展课堂内外，开发贴近学生学习时期和生活实际的实践课程，让学生在综合应用中内化认识，认识现实世界，深刻体验所学知识的社会价值。例如，在学生学习了质量单位和简单统计后开发了"红薯里的数学"实践课程。

案例：

红薯里的数学

【教学内容】

红薯里的数学。

【教学目标】

1. 通过小组活动经历统计的过程，并在调查与统计活动中经历收集数据、整理数据、分析数据的过程，体会统计的作用，发展统计观念。

2. 在调查和统计的实践活动中，尝试选择合适的调查与统计的方法，并能在活动过程中得到锻炼和提高。

3. 培养与人合作的能力和实践能力，在活动过程中，获得良好的情感体验和成功体验。

【教学准备】

红薯、秤。

【教学过程】

前置研究：

1. 挖红薯。今天你挖了多少红薯？称一称：最大的多重？最小的多重？

2. 量一量：红薯大概有多长？算一算：你挖的红薯平均每个有多重？

3. 吃红薯。你打算洗多少红薯给家人吃？这些红薯煮了多长时间？你觉得红薯可以怎么吃？

4. 小组统计。你们小组一共挖了多少红薯？平均每人挖多少？

（一）导入新课

谈话：同学们，看，猜猜这是什么地方？

没错，上周我们去红薯地上了堂实践劳动体验课程，这就是一块红薯地，你们每个人都收获满满地回家了，回家吃红薯了吗？

学生说说爸爸妈妈用红薯做出了怎样的美味佳肴？

介绍：学生拿出前置作业单，展示一下带过来的红薯，说说最大、最小的红薯各有多重。

提问：红薯的大小与营养价值的高低有关系吗？

如果是同一品种的话，大红薯和小红薯的营养是没有差别的，即使有差别也是不大的，但是如果不是同一品种的话，那么营养肯定是有区别的，红薯有的含淀粉量比较多，有的含糖分比较多，不同品种的红薯也使得红薯有了不同的用途，如做红薯粉或是烤红薯等。

小组探究：

（1）互相说说你带来的最小的红薯多少克，最大的呢？

（2）制作一张组内每个人最大红薯克数的条形统计图。

（3）算出小组里每人最大的红薯平均每个重多少克，最小的呢？

观察统计图，加深认知：

同学们制作的统计图，想不想看看？

（1）一幅完整的条形统计图有什么？

（2）你在制作时遇到了哪些困难，你是如何解决的？

（3）观察横轴，看看有什么？

（4）观察纵轴，看看有什么？

（二）讨论小结

从统计表里能知道些什么？从统计图里能知道些什么？

统计表和统计图有什么异同点？一张完整的统计表由哪几部分组成？一幅完整的统计图由哪几部分组成？

（三）巩固练习

1. 教材41页练一练

（1）出示导入时完成的记录表，让学生完成统计表和制作统计图。

（2）通过统计，你知道了什么？

2. 练习七第1题

（1）出示统计图，让学生观察。

（2）从这张统计图中你看明白了些什么？

（四）全课小结

这节课你学会了什么？

完成条形统计图时你有哪些注意点要提醒别人？

（2）指向学科融合的实践课程

现实生活中蕴含的不只有数学问题，其综合性给予了学科融合的契机，以现实生活中的事物、现象、事件等为课程内容，让学生在综合应用中打破学科之间的壁垒，实施跨学科统整，实现综合育人；让学生在体验知识的丰富性、知识的整体性的过程中发现知识的科学价值、应用价值、文化价值、审美价值。例如，以长江之魂为主题，结合地理知识和历史知识开发了"做好侦察兵——巧测长江宽度"的实践课程。

案例：

做好侦察兵——巧测长江宽度

【教学内容】

做好侦察兵——巧测长江宽度。

【教学目标】

1. 运用六年级图形放大和缩小、比例等知识测量长江的宽度，培养综合运用知识解决问题的能力。

2. 在解决问题的过程中体会方法的多样性，挖掘方法背后的数学知识，体会数学知识的价值。

3. 在实践体验中，培养动手能力、观察能力、估算能力以及综合素养。

【教学准备】

课件、米尺、量角器等。

【教学过程】

（一）自我探究，交流方法

同学们，我们六年级的研究主题是长江之魂。时间在我们身边的长江上留下了多少可歌可泣的英勇故事，又有多少人为了民族独立、中华人民共和国成立献出了自己宝贵的生命，作为后人我们应该传承这样的民族之魂，好好学习，为祖国的建设做出自己的贡献。

1.全班交流课前研究的成果

70年前，在我们南边的江面上，人民解放军为解放全中国发动渡江战役，了解江面情况是首要任务。今天我们就一起来做侦察兵，不是过长江，而是测量长江的宽度。

小组内先交流各自的课前研究的成果，解释方法背后的数学知识，在相互补充的过程中完善方法。

2.教师展示测量的方法，探究数学的原理

在展示介绍方法过程中，注意追问每个方法在追求尽量准确的要求下的注意点，并以图示的形式介绍运用到的数学知识。

方法Ⅰ：小学六年级，在学习了图形的放大和缩小后，我们可以将这个知识应用到以下实际问题中。

如图2-2-52所示：

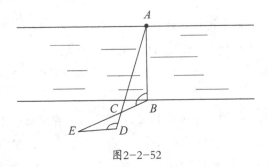

图2-2-52

（1）在长江的一侧先找到参照物，沿江岸取点A。

（2）跨江找到点A的对应点B，AB就是长江的宽度。

（3）任取一点C，量出∠ABC的大小（可量江岸与BC的夹角再加90°）。

（4）延长AC至任意点D，使∠CDE=∠ABC。

（5）根据图形的放大与缩小，有比例$AB:BC=DE:CD$，故只要量出BC、CD、DE的长度，就可以求出AB的长度。

方法Ⅱ：跳眼法测距。

先播放《亮剑》相关视频，然后提问：这样的测量方法的依据是什么？

跳眼法是军队常用的一种估测距离的方法。通过估判被测物的尺寸大小，结合图形的放大与缩小原理和光的直线传播原理，可以计算出被测物离我方的大致距离。这种方法是根据两瞳孔的间隔约为自己臂长的十分之一，将测得实地物体的宽度乘以10，就得出了站立点至目标的距离。

（1）水平举起右臂，大拇指竖直向上，大臂与身体垂直。

（2）闭上左眼，通过旋转腰部，用大拇指瞄准（遮挡住）被测物体。此时，右眼、拇指、被测物在一条线上。

（3）闭上右眼，睁开左眼。此时，看到被测物出现在拇指左侧，有一段横向距离。估测被测物的大小。根据被测物的大小，判断被测物到大拇指所指位置的横向距离。

（4）将这段横向距离乘以10，得到的就是被测物离我方的距离。

注意：要使用跳眼法，必须能够估测出被测物体的大小（高度或宽度等），从而才能估测出被测物体到大拇指所指位置的横向距离（ΔL）。如果被测物的大小无法判断（如远处不知道海拔高度的山丘等），那么也就无法估测出被测物离我方的距离了。另外，即使被测物的大小可以估测，跳眼法的误差也较大，只能估算出大致的距离。

方法Ⅲ：

（1）在长江的一侧先找到参照物，沿江岸取点A。

（2）跨江找到点A的对应点B，AB就是长江的宽度。

（3）构造等腰直角三角形，量出135°角，江的宽度AB就是BC的长度。

方法Ⅳ：

直立在江的一侧，调整帽檐的位置，使目光顺着帽檐向下看时，落点正好落在江的另一侧B点处，保持这种姿势不变，转过身体，朝向另一个能直接测量长度的地方，使目光落到C点处。

我们可以用画圆的原理来解释，人所站立的A点为圆心，旋转一定角度使点B和点C在同一个圆弧上，AB=AC，则AC的长度即AB的宽度。（注意：此方法适合更适合湖面，太宽的话难以实现。）

（1）实地应用，模拟测量长江宽度。

学生分小组测量模拟长江的宽度，实地测量前，提出具体要求，并完成自主探究单。

回班后交流方法、体会。

（2）介绍现代测距方法。

（3）介绍红外测距仪，并探究其原理。

（4）介绍运动场测距仪，并体会三角形存在的秘密。

当然，生活浩如烟海，在实际生活当中，聪明的人们有很多巧妙的方法，只要你细心观察、体会，知识一定会在你的手中得到更新、升华，并为你的生活所用。

（3）指向解析现象的实践课程

生活中的很多现象可以作为探究性学习的素材，让学生运用数学知识、数学方法、数学思维等加以解析，通过对现象的探究性解析，进行反思性思考，在自我对照中对自己的言行举止、处世方式、行动策略以及思维方式作追溯性思考。这种对行动和经验加以理性反思，是实践升华的基本保证，也是学科育人的关键。例如，在少年儿童近视问题突出的情况下，结合学生学习的百分数知识开发"用百分数防控近视"的实践课程，组织学生确定调查方向，实地调查，收集数据，进行数据分析，提出解决方案，发出防控倡议书。

案例：

用"百分数"来预防近视

【教学内容】

用"百分数"来预防近视。

【教学目标】

1. 学生在现实的情境中，初步理解百分数的意义，会正确地读、写百分数。

2. 学生经历百分数意义的探索过程，体会百分数与分数、比的联系和区别，积累数学活动经验，进一步反站数感。

3. 学生在用百分数描述和解释生活现象的过程中，体会百分数与生活的密切联系，如用"百分数"来预防近视，增强自主探索与合作交流的意识。

【教学准备】

课件。

【教学过程】

（一）在调查收集中认识百分数

生活中有很多百分数，用发现的数学眼光收集生活中的5个百分数，试着解释每一个百分数表示的意思（见表2-2-15）。

表2-2-15

百分数的产地	百分数的描述	你的解释

（二）在全文阅读中分析理解

当前，儿童青少年近视问题突出，引起了党和国家领导人的高度重视，中共中央总书记、国家主席、中央军委主席习近平为此作出重要指示：我国学生近视呈现高发、低龄化趋势，严重影响孩子们的身心健康，这是一个关系国家和民族未来的大问题，必须高度重视，不能任其发展。为此教育部等八部门制定了《综合防控儿童青少年近视实施方案》。

1. 认真阅读全文，了解国家《综合防控儿童青少年近视实施方案》的主要内容，并摘抄重要信息，能够从家长、学校、学生的角度介绍防控的方法和措施。

2. 摘录出方案中的百分数，并了解每个百分数表示的数学意义，试着通过对百分数的认识解读数字背后的现实情况。

3. 通过全文阅读和分析理解，你还有什么收获和感想？

（三）我对百分数的认识

学生汇报。

预设：百分数的写法、读法、意义、与分数的异同点……

知识链接：百分数的由来。

200多年前，瑞士数学家欧拉，在《通用算术》一书中说，要想把7米长的一根绳子分成三等份是不可能的，因为找不到一个合适的数来表示它。如果我们把它分成三等份，每份是7/3米，就是一种新的数，我们把它叫作"分数"。而后，人们在分数的基础上又以100作基数，发明了百分数。

百分数（又叫作"百分率"或"百分比"）只可以表示分率，而不能表示具体量，所以不能带单位。

（四）巩固提升

下面哪个分数可以写成百分数的形式，哪个不能？为什么？

妈妈买了一些葡萄，重 $\frac{85}{100}$ 千克。

小明吃了这堆葡萄的 $\frac{85}{100}$。

注意：

1. 分数表示一个数是另一个数的几分之几，也可以表示一个具体的数量。当表示具体数量时，分数需要带单位。

2. 百分数表示一个数是另一个数的百分之几，表示的是两个数之间的关系，不可以带单位。

（五）在实践调查中直面现状

今天，我们认识了百分数，了解了它的数学意义，还感受到了它的统计意义，我们学校学生近视和预防近视的情况如何呢？需要我们到现实中去实践调查，分析研究，用数学来说话。

活动要求如下：

1. 以小组为单位，明确想调查的内容，制定好调查统计表，可以到学校复印，收集数据后，可以利用表格加以整理汇总来说明你的调查结果；也可以小组间配合，一起确定调查内容，如调查全校各年级学生的近视率、全校各年级学生双休日观看电子产品的时间等。

2. 小组汇报调查过程和调查结果，并结合调查结果作出分析和建议。

3. 以小组为单位可以尝试撰写一篇调查报告，调查报告包括调查时间、调查对象、调查方式、调查过程、调查结果、分析和建议。

4. 根据你们的调查报告，撰写一篇预防近视的倡议书。

03

第三章

学习力
实践论视界

第一节 "学习力课堂"样态

　　课堂，是教师思想落地的地方，也是学生学习力得以生长，核心素养得以培育的场所。教师只有深化课堂教育改革，优化课堂教学范式，转变育人思想和方式，才能真正实现学生学习力的生长和综合素养的提升，发挥培根铸魂、启智增慧的作用，培养有理想、有本领、有担当的时代新人。

　　对于课堂，中外学者一直没有停止过研究。我国教育家陶行知倡导"教学做合一"，叶圣陶提出"教是为了不教"，美国教育家杜威提倡"做中学"，包括现在一线教师构建的"本真课堂""让学课堂""情理课堂"等，无不反映着广大教育工作者竭力构建新的课堂教学范式，通过"数学育人"来落实"立德树人"的根本任务，使得人人都能获得良好的数学教育，使得不同的人在数学上得到不同的发展，逐步形成适应终身发展需要的核心素养。为适应当下时代背景，我们积极探索"学习力课堂"范式，试图通过课堂主阵地，培养学生在当下和未来学习中需要具有的基本学习力，努力使学生真正成为终身学习者。

一、"学讲"课堂

（一）主题阐述

　　学习力是一个人或一个组织学习的动力、能力和毅力的综合体现。提升学生的学习力既是教育教学的出发点，也是最终的落脚点。但是在实际的教学中，常常会出现一些不利于学生学习力提升的做法，如重"教"轻"学"、重"知"轻"智"等。为改变上述现状，我们倡导实施以会学能讲为目标的"学讲"模式，为提升小学生数学学习力提供有效的现实路径。

　　"学讲"课堂即以"学进去""讲出来"作为学生学习方式的导向和学习

目标的课堂教学方式。"学进去"是指通过自主学、合作学、质疑学等学习方式，调动学生学习的积极性，强调的是达成"学进去"的结果；"讲出来"是指通过同伴互助的"做、讲、练、教"方式，用所学的知识帮助同伴解疑释难、解决问题，强调的是在"讲出来""教别人"的过程中，达成复习、强化所学知识，发展自身综合素质的结果。

1. 备学积累，突破课堂时空限制，激发学生原动力

"会学"和"能讲"二者密切相关，"学"是"讲"的基础，"讲"又是"学"的动机和结果。那么，在"学"这个环节，应该学什么，又该怎样学呢？

笔者在教学苏教版二年级下册"认识时、分"时，使用"学讲"模式进行了教学尝试：提前一天向学生提出自主学习的要求，并给出"备学任务单"。本环节，通过3个任务的驱动，并给出的内容和方法的导引，帮助学生掌握探究问题的一些方法和步骤，激活学生在生活中有关钟表知识的经验，为新知的学习打下良好的基础。在完成"任务单"时，学生通过写一写、画一画等多种形式记录学习所得和疑惑之处，既培养了表达能力和思维能力，也培养了创造力。同时，学生对钟表相关知识的个性化理解以及提出的问题，为后续的"讲"做好了准备，学生带着思考和任务进入课堂，提高了课堂活动的针对性。

备学任务单（样例）见表3-1-1：

表3-1-1

班级	姓名	
教材所学内容	教材第8～10页的例1、例2和"想想做做"	
我的学习目标	1.认识钟面。2.认识整时。3.认识时、分	
我的学习过程	1.观察身边的钟表面，说一说钟表面上有什么，并记下来。 2.通过阅读教材、观看微课、请教家长等方式，你已经知道了关于钟表的哪些知识？请你试着写一写或画一画。 3.关于钟表，你有哪些疑问，或者还想了解哪些知识？也写一写，这样就可以到课堂上和小伙伴们交流了	

2. "教"学相长，突破课堂角色限制，培养学生综合力

"学讲"模式中的"讲"要求学生突破课堂角色限制，亮出"小老师"的风采，将学进去的知识经过思考、加工和重组，用自己的语言和方法讲出来、教别人，在发展概括、表达、交流等综合能力的同时，不断内化和强化自己所学的知识。在"学讲"课堂中，合作互学是贯穿课堂教学过程的重要组织形式，也是提升学生语言表达能力、合作交流能力的重要环节。笔者在这个环节设计了一个"合作学习单"，把需要交流的话题和需要自我检验的练习列出来，帮助学生充分、有序地开展互动。

合作学习单（样例）见表3-1-2：

表3-1-2

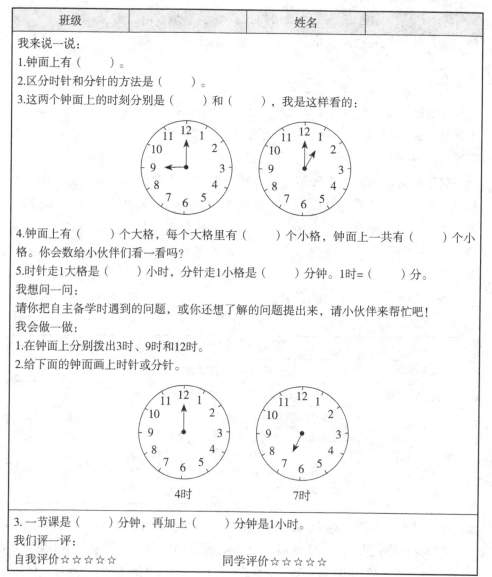

班级		姓名	

我来说一说：

1.钟面上有（　　　）。

2.区分时针和分针的方法是（　　　）。

3.这两个钟面上的时刻分别是（　　　）和（　　　），我是这样看的：

4.钟面上有（　　　）个大格，每个大格里有（　　　）个小格，钟面上一共有（　　　）个小格。你会数给小伙伴们看一看吗？

5.时针走1大格是（　　　）小时，分针走1小格是（　　　）分钟。1时=（　　　）分。

我想问一问：

请你把自主备学时遇到的问题，或你还想了解的问题提出来，请小伙伴来帮忙吧！

我会做一做：

1.在钟面上分别拨出3时、9时和12时。

2.给下面的钟面画上时针或分针。

4时　　　　7时

3.一节课是（　　　）分钟，再加上（　　　）分钟是1小时。

我们评一评：

自我评价☆☆☆☆☆　　　　同学评价☆☆☆☆☆

课堂中，笔者参与了"向日葵小组"讨论互学过程，观课记录如下：

（A、B、C、D是这个小组处于不同层次的4个学生，其中A是小组长）

A：我们先来说一说，钟面上有什么呢？

C：钟面上有数，有两根针，还有好多小点点。

A：这些小点点叫作刻度。D同学，你知道钟面上一共有多少个数吗？

D：12个。

A：这两根针分别叫什么？

B：短的叫时针，长的叫分针。

A：哦，我们已经回答到第2题了。区分时针和分针的方法是什么？

B：那根长长的细细的针是分针，短短的粗一点的是时针。我家里的钟面上还有一根秒针，比分针还要长还要细。

C：我妈妈告诉我，分针走得快，时针走得慢。

A：第3题，钟面上是几点，谁来说？

C：第一个钟面上是9点，第二个钟面上是1点。我妈妈告诉我，短针指着几，就是几时，也就是我们常说的几点。

A：不全对，要长针指着12的时候，短针指着几才是几时呢。

D：我知道早上7时和晚上7时，钟面上的指针位置是一样的。

B：早上7时和晚上7时怎么会一样啊？

C：是啊，肯定不一样。

D：一样，我奶奶告诉我，都是短针指着7，长针指着12。

A：好像是一样的，为什么呢？全班交流时我们提出来问问大家吧。

（把问题记了下来）

A：第4题，谁来回答？

D：钟面上有12个大格。

（正准备往下说，A提醒要数给大家看一看）

D：（拿出学具钟，边说边指）12到1是1个大格，到2是2个大格，到3是3个大格……一共有12个大格。

A：那1个大格有多少个小格呢？

D：有4个小格。

C：不对，是5个小格。

A：请问D同学，你是怎么数的？

D：（指着学具钟）大格里有4个小竖线。

B：这个小竖线是短刻度。要数有多少个小格，要这样数（边说边数）。

A：对，从一个小点儿数到下一个小点儿，是1小格。D同学你会了吗？

（D拿着自己的学具钟又说了一遍，数完后点点头）

A：钟面上一共有多少个小格？

C：60个。我在家里数过了，5个5个地数，5，10，15，20，25……

（C一边拿过学具钟一边指着数起来）

A：第5题谁会啊？

B：时针走1个大格是1小时，分针走1个大格是1分钟。

A：啊？分针走1个小格才是1分钟呢，不是1个大格。

B：哦，是的，我刚才说错了。

A：下面我们来完成"我来问一问"的题目，关于钟表，你还有什么不懂的或还想了解的知识？

C：几时几分怎么看？我妈妈给我讲了，但我没听懂。

B：这个太难了吧，我们现在学的是看几点，是整时的。

A：我们记下来，一会儿问老师。

D：我家里的闹钟上有4根针呢，3根黑色的，还有1根是黄色的。

B：我知道，那根是秒针。

D：不是的，除了秒针还有1根。

几个人都摇摇头，A边说边写："我把这个问题也记下来。"

接下来，四人小组在组长A的带领下完成了"合作学习单"中的"我会做一做"，在完成第2小题时，大家关于如何画时针和分针又做了交流。A同学最后总结说："画时针时要画得短一点，画分针时要画得比时针长。"

最后，小组同学完成"我们评一评"，先自我评价，然后A和D互相评价，B和C互相评价。

在小组长的带领下，大家逐条回答了"学习单"上的引导题，在交流、讨论中互相学习、互相帮助，保证全体小组成员基本达到学习目标。同时，成员将不能解决的问题记录下来，在接下来与老师和其他组互动的过程中，大家学习的目标更加明确，参与的积极性更加高涨。

虽然"学讲"课堂中强调学生的主体地位，但教师的引导和帮助有着积极的意义，不容忽视。在讨论之后，小组把共性问题、未能解决的问题、还想了解的问题整理出来，通过教师指导、师生互议，进一步加以解决。例如，本节课组际交流时，教师根据各小组回答的情况整理板书并适时拓展引导。

（1）认识钟面

师：刚刚大家交流了钟面上有12个数，但这个钟上只有4个数，（出示一个只有3，6，9，12四个数字的钟）没写数的地方你知道是几吗？（学生指一指，说一说）还有这样的钟面，（课件显示一个没有数的钟面）上面一个数都没有，你知道怎么确定时间吗？

师：一般钟面上至少有2根针。短的是时针，长的是分针。（拿出一个钟表模型教具）像这个钟面上，还有1根又细又长的，叫作什么针？（学生回答：秒针）关于秒针的更多知识我们后面会学习到。有同学提出问题，家里闹钟上还有1根针是什么针，有人能回答吗？（生：有一根不怎么走动的针，是用来设定时间的）是的，那根针是定时针。

（2）认识时、分

师：刚刚同学们介绍了怎样数大格，怎样数小格。你知道1个大格里有几个小格吗？（生：5个小格）那一圈一共有多少个小格呢？你是怎么知道的？（引导学生5个5个地数）

师：同学们通过自学和互学，知道了时针是大哥，大哥按大格走，走1个大格是1小时，它的单位是时。（板书：时针走1个大格是1小时）

演示时针从12走到3，并提问：走了几个大格？表示经过了多长时间？从4走到5呢？

师：分针是弟弟，它按小格走，走1个小格是1分，它的单位是分。（板书：分针走1个小格是1分）

边演示边提问：分针从12走到2，走了几个小格？经过了多长时间？

生：（边数边指）5、10，10个小格，是10分钟。

师：从12走到6呢？

生：5、10、15、20、25、30，是30个小格，就是30分钟。

师：有不同的方法吗？除了这样数，还可以——

生：五六三十。

师：你这句乘法口诀的意思是什么。

生：从12走到6一共走了6个大格，每个大格里有5小格，就是一共走了6个5小格，所以是五六三十。

师：用计算的方法简便快捷，真了不起。那么，从7走到10呢？

生：10减7等于3，是3个大格，三五十五，一共是15分钟。

师：刚才"向日葵小组"提出一个问题，早上7时和晚上7时钟面上的指针是一样的。这句话怎么理解？有人知道吗？

（见无人想发言，于是教师拿出钟面教具，一边讲一边拨）

师：一天有24小时，但我们的钟面上只有12个小时，到中午12点，时针在钟面上转了一圈了，下午接着就开始转第二圈。这样，时针一天在钟面上要转两圈，所以就有两个7时，上午的7时和晚上的7时。这两个时刻在钟面上看是一样的，都是时针指着7，分钟指着12。

师：还有同学提出怎么认读几时几分，这是我们下节课要学习的内容，老师在放学前会发给大家一个"备学任务单"，请大家参照上面的问题先自主学习，明天我们再来进一步交流。

在认识钟面环节，无论是认识数不全甚至是没有数的钟面，还是认识秒针和定时针，都是基于学生的生活经验，对相关知识进行一定的拓展，有意识地培养学生的观察能力和分析综合能力。在认识时、分环节，教师通过几个追问，引导学生说出解决问题的思路，点拨要点，迁移训练，帮助学生突破难点，尤其是抓住学生质疑的机会，讲解了上午7时和下午7时的相同与不同，为后续"24时计时法"的学习做了铺垫。在交流展示、质疑拓展的过程中，教师帮助学生理解知识的重点和难点，固化学习成果，拓宽学习视野，延伸相关内容，有效地培养了学生提出问题、解决问题，以及概括、表述、评价等综合能力。

3. 悟学提升，突破课堂维度限制，提高学生反思力

反思能够帮助学生总结学习经验，建立知识联系，领悟学习方法，探寻思维模式，形成良好习惯。因此，"学讲"模式除了主张"学以生为本"，还倡导"学以悟为根"，即强调学生除了"会学""能讲"，还要"善思"。

例如，本节课最后的反思总结环节，教师引导学生回顾时，大部分学生回答的是关于知识层面的收获，这时教师说："其实在学习的过程中，方法比知识更重要。你们能不能回顾一下，这节课中关于数学学习方法方面，自己又有哪些收获呢？"在教师的引导下，有学生回答："学习一个新知识时，除了看数学书，我们还可以问爸爸妈妈，或者上网找视频学习。"也有学生说："在小组里学习时，不能抢着说，要听组长的话，一个一个地说。"还有的学生说："我在学习1时等于60分时，就是通过拨妈妈手表知道的，我明白了一个道理，不懂的知识我们可以动手去做一做。"还有一个学生的回答更是让人惊喜，他说："我觉得秒针跟时针、分针也有关系。"教师追问是什么意思，他说："分针走了一圈，时针才走了1大格，那么这时候秒针走了多少呢？我想也

可以拨一拨、看一看。"这样，学生在教师的引导下对学习路径、学习习惯、研究方法等方面有了深刻的感悟，能利用已有的知识、经验进行大胆的猜测和推理，为良好学习习惯的养成和良好思维品质的形成播下了种子。

（二）价值意义

1. 深化教育改革实践的实然选择

"核心素养"与"学习能力"是21世纪的热点话题，两者都关注人们在当下和未来生活中所具有的基本素质。学生在不同学段的学习过程中，会逐渐形成有助于自己终身发展及社会发展所需的必备品格与关键能力。可见，学习能力是核心素养的重要组成部分，是在宏观层面终身成长要求下微观层面个人具体的品格和能力。而发展核心素养、提升学习力的落脚点是课堂。2019年6月《中共中央 国务院关于深化教育教学改革全面提高义务教育质量的意见》明确强调"强化课堂主阵地作用，切实提高课堂教学质量"。教师必须优化课堂教学方式，加强课堂教学管理，深化课堂教学变革，才能真正实现学生学习力提升和核心素养的发展，培养担当民族复兴大任的时代新人。

2. 培养终身学习者的必然需要

在日新"日"异的知识爆炸型社会，终身学习是21世纪生存的手段。会学能讲，拥有学习力，才能掌握探索知识的主动权，成为真正的终身学习者。当下课堂应摒弃分数、成绩、教学计划，帮助学生树立主动学习、终身学习的意识，培养他们自主学习和主动学习的能力、分析和解决问题的能力、表达和创造的能力，让学生从"学会"走向"学慧"。因此，让学生的学习力在数学课堂得以生长是培养终身学习者的需要。

3. 践行课标理念的应然追求

《义务教育数学课程标准（2022年版）》提出："数学在形成人的理性思维、科学精神和促进个人智力发展中发挥着不可替代的作用。"还指出"学生通过数学课程的学习，掌握适应现代生活及进一步学习必备的基础知识和基本技能、基本思想和基本活动经验；激发学习数学的兴趣，养成独立思考的习惯和合作交流的意愿；发展实践能力和创新精神，形成和发展核心素养，增强社会责任感，树立正确的世界观、人生观、价值观。""学讲"课堂能够使教师更新观念，基于学情和知识本质，创设适合于学生动手实践、主动探究和合作交流的问题情境，使学生在学会知识的同时，学会学习、学会思考、学会做人。这样的过程是在落实课标的理念，更是在培育学生的学习力。

（三）"学讲"课堂学理依据

1. 金字塔学习理论

金字塔学习理论是由戴尔（Edgar Dale）1946年提出的，也叫"经验之塔"（Tower Experience）。该学习理论告诉我们：学习有主动学习和被动学习两种方式。学习效果在30%以下的几种传统方式，都是个人学习或被动学习；而学习效果在50%以上的，都是团队学习、主动学习和参与式学习。在塔尖的学习方式"听讲"，是我们最熟悉、最常用的一种方式，学习效果却是最低的，两周以后学习的内容只能记住5%；通过"阅读"方式学到的内容，可以记住10%；用"声音、图片或视频"等多媒体方式学习，可以记住20%；带有"演示或示范"的学习，可以记住30%；通过"小组讨论"则可以记住50%的内容；"做中学"或"实际演练"，这种学习可以记住75%；最后一种在金字塔基座位置的学习方式，是"教别人"或者"马上应用"，可以记住90%的学习内容。

2. 建构主义学习理论

建构主义认为学习者不是知识的被动接受者，而是知识的主动建构者，外界施加的信息只有通过学习者的主动建构才能变成自身的知识。它要求学生：①在学习过程中用探索法、发现法去建构知识的意义；②在意义建构过程中去收集并分析有关的大量信息和资料；③需要将新、旧知识联系起来，并对这种联系加以认真思考。所以，建构主义更关心如何以原有的经验、心理结构和信念为基础来构建知识。

3. 有意义学习理论

有意义学习理论，也称"有意义言语学习理论"（the theory of meaningful verbal learning）。由美国当代认知心理学家D.P.奥萨贝尔（David Pawl Ausubel）创立于20世纪60年代。这是奥萨贝尔提出的与机械学习相对的概念。

奥萨贝尔的有意义学习理论认为，学生的有意义学习是一个主动的过程，学习者必须积极主动地使新旧知识不断分化，重新组织，才能转化为自己的认知结构。据此，"学讲"方式强调关注学情，主张教师教学要以学定教，从学生原有知识结构出发设计教学，让学生自主同化、顺应、接纳新知识，反对"照本宣科""满堂灌"的盲目教学。

二、"问题导学"课堂

（一）主题阐述

"问题导学"课堂教学模式，是以学习单为载体，以学生提出的问题为主线，借助问题引领学习、推进教学的一种课堂教学模式。

这里的"问题"与"大问题教学""问题驱动教学""核心问题探究"等很多教学研究中的"问题"有着本质的区别，这些研究中的"问题"，大多是由教师根据教学需要精妙设计的，而"问题导学"中的"问题"，则是由学生在学习过程中自发提出的。

"导学"是以问题为中心的"导"与"学"的完整活动过程。这里的"学"，不仅仅是课中的"研学""拓学"，还包括课前的"预学"和课后的"延学"；不仅有个体的独立思考，也有群体的合作探究；不仅有个体的质疑问难，也有组间的比学赶帮；不仅有生生之间的你响我应，也有师生之间的你启我发。

因为问题是由学生自己提出并解决的，所以课堂更贴近学生的真实思维；因为课堂要做的事就是"提问"和"释问"，所以教学线索清晰、结构简单、形式朴素；因为是聚焦问题展开学习，所以学习目标明确、探究主动、思考深入。更为重要的是，"问题导学"模式下的课堂，让"以生为本"不再停留于理论层面，而是真正落实到课堂教学中。

"问题导学"连接了课前、课中和课后三个阶段，始于课前，研于课中，拓于课后，形成一个有效的学习闭环。基于前期实践，我们基本确立了如下的课堂结构，包括教师和学生的主要活动及其内在联系（见图3-1-1）。

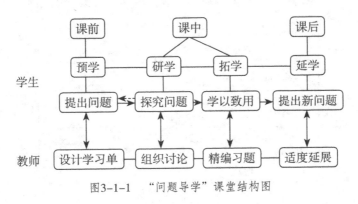

图3-1-1 "问题导学"课堂结构图

学生的学习是主线，他们经历了"预学，提出问题 → 研学，探究问题 → 拓学，提出新问题"的完整学习过程。与学生活动相对应的教师活动也分为四步：首先，想要学生提出问题，教师须精心设计学习单；其次，梳理学生问题，组织学生聚焦问题进行探究；再次，精心编制习题，共创有层次练习；最后，引导回顾，适度延展。

需要特别说明的是，学生不仅仅是在预学中产生问题，在探究问题以及回顾反思的过程中也将不断产生新的问题，这些问题又可以作为新一轮学习的开始。

1. 课前预习，提出问题

与好奇心不同，儿童的提问力不是与生俱来的，需要在相应的活动中锻炼与积累。以苏教版三年级上册《分数的初步认识（一）》第一课时为例，认识分数，是学生对数的概念的一次拓展。他们初见分数时，会产生怎样的好奇心，又会产生怎样的疑问？为了精准把握学生的真疑问，我们设计了如下的学习单，包含两个板块："学一学，我能懂"和"想一想，我会问"（见图3-1-2）。

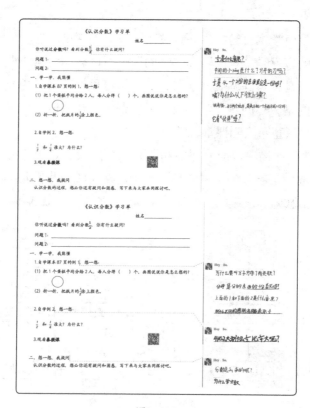

图3-1-2

学生生动稚嫩的语言，给了我们莫大的惊喜。这些看似浅显问题的背后，无不指向分数的读、写、含义，更让人喜出望外的是，还出现了"为什么要学习分数？"这样直击分数价值与意义的好问题。

开放的素材，为不同学力的学生搭建提问的平台，原生态的问题，也成为课堂的有效资源，更让全体学生感受到学习的素材不再是"教材的"，不再是"老师的"，而是"我们自己的"，从而激发学生的学习兴趣，点燃学生的探究欲望。此环节以核心问题引领学生边读边思考，除了培养学生的问题意识外，还提升学生数学阅读能力和独立思考的品质。

备课时，教师设计出高质量的预学单为学生课前所用，显得至关重要。在实践中，我们发现教材中的很多资源，如课题、情境、例题、提示语等都是编者的智慧结晶，蕴含了不少可引发学生思考和提问的元素。有时我们也会对内容的形式、结构或呈现方式进行微调，有意识地扰乱学生的已有经验，使得学生产生认知冲突，形成真实疑问。

例如，苏教版三年级下册《分数的初步认识（二）》第一课时。

首先，素材呈现的方式由原来的文字形式改为表格形式，更利于学生直观地观察与发现；其次，增设"把一盘桃平均分成2份"的问题，将《认识分数（二）》与《认识分数（一）》建立联系，学生在对比中思考、质疑，充满思考味儿的问题自然产生了（见图3-1-3）。

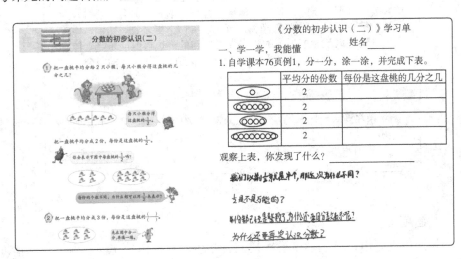

图3-1-3

2. 问学交融，深度参与

问题产生后，首先，我们将其一一罗列、筛选并排序，建立问题系统，由此确立课堂研学方向；接着，板块化呈现学生的问题，以问引学，学生主动探究，自由阐明观点。教学中，我们推崇合作共学，这里的合作共学，不仅仅要"向外"（表达），即与同伴分享自己的观点，还要"向内"（内化），即在"说"与"听"的过程中，促使自己对内容的认识经历"原来我是怎么想—还可以这样想—现在我是这样想"的过程，在表达与内化的过程中，思维从平衡到失衡，再形成新的平衡，从而尝试建构对新知意义的理解。

实践中我们发现，学生借助学习单提问时常存在一定的局限性，大多只能暴露学生刚接触知识时产生的问题。如何挖掘出那些发生在学习进程中的，特别是指向教学关键处，有层次、更聚焦的好问题？研学中，我们紧扣教学重难点，巧妙预置提问节点，在学生对学习内容有充分体验的基础上引导他们再次提问，让学生体会到：真正的学习往往是从问题开始，并且一路有问题相伴的思考之旅。

3. 学以致用，拓展边界

拓学环节，我们以区学业质量水平监测试题为蓝本，打破以离散的、静态的知识点作为考点的思维桎梏，设计有内在联系的题组，促使命题走向结构化、综合化（见图3-1-4）。

2022年8月28日，江苏省第二十届运动会在城市新地标——泰州市体育公园开幕，于9月5日在泰州落下帷幕。本届省运会主题口号为"活力精彩新省运 强富美高新江苏"。为留下更多省运印记，倡导全民运动，区政府按下图的顺序在港城路的一边自西向东竖立体育运动标志牌。一块标志牌需要10元，区政府用去了900元的资金。

（1）这条路自西边起第四十个标志牌上是什么运动？第五十九个呢？
（2）一共树立了多少块标志牌？
（3）其中跑步的标志牌有多少块？

图3-1-4

4. 回顾反思，学会学习

新课进入尾声，鼓励学生再次提问，学生经过操作、交流、内化后，很可能生发与后续知识相关的延展性新问题，学习自然而然地从课堂延伸至课后。在这一过程中，学生深刻体会到"学习就是你带着很多很多的问题，然后尝试解决它们，接着又产生了很多很多的新问题，再去解决，如此反复的过程"！

"问题导学"课堂，让教师逐步走向教研自觉；"问题导学"课堂，让学生逐步走向学习自主。渐渐地，我们看到有更多的同学愿意主动上台来表达自己的思路，台下的小伙伴认真倾听、及时评价，课堂因交流而精彩，因质疑而深入。此时，学生的倾听力、表达力、思维力等学习力都在悄然变化。

（二）价值意义

问题是数学的核心，问题提出有助于学生思维能力的提升和创新人格的孕育，促进学生理解数学的本质，激发学生学习的主动性。

1. 儿童天性与学习的现实呼唤

好奇是孩子与生俱来的天性。在成长过程中，他们会对一切未知的事物产生好奇，会提出各种天马行空的问题。借助一个个问题，儿童在已知世界和未知世界间建立联系，发展自我。可以说，儿童是通过不断提问的方式，完成对这个世界的认识的。

（1）无问不学。学始于思，思起于疑，问题是学习的动力源。学习的过程，是认知的失衡和重新回归平衡的过程，这一过程，从提问开始。数学，因其内容特点，更可引发学生的思考与提问，更可引导学生开展"分析、综合、创造"等高阶的思维活动，这有利于学生创造意识的培养。

（2）谁问谁学。在学习中，问题由谁提出，决定了学习的主动权。让学生自己提出问题，比直接给定问题让其解决更能发挥学生的学习自主性，更有利于不同层次的学生主动参与课堂教学。

（3）好问优学。我们深知，问题的质量会极大地影响学生的学习，只有学生真正进入提问者的角色，积极主动地提出丰富而又深刻的好问题，这时的问题才能进一步优化学生的学习，促进思维的前行。

（4）疑问拓学。不同学生的认知经验与学习需求不同，一刀切的问题无法满足学生个性化学习的需要。只有让学生自己提出真实的疑问，才能让课堂因问题而展开，因交流而精彩，因质疑而深入，因互助而有温度。

由此可见，提问能力不仅是儿童的天性，更是儿童学习的动力源。学习的过程中有问题意识，敢提问、会提问，不仅是一种基本的学习方法，更是一种重要的学习能力。

2. 创新意识培养的迫切需要

《义务教育数学课程标准（2011年版）》中，特地增加了"创新意识"一词，明确指出这是"为了适应时代发展对人才培养的需要"，给出了具体的方法指导——要引导学生"初步学会从数学的角度发现问题和提出问题"，同时说明了原因——"学生自己发现并提出问题是创新的基础""培养学生的问题意识是培养学生创新意识的好办法"。要求虽然已提出多年，但现实课堂场域是怎样的场景？

课堂观察中我们发现，随着年龄的增长，学生主动提问的意识在下降。低年级的儿童"嗷嗷待哺"般举手抢答；中年级学生"欲说还羞"地被动作答；到了高年级，即使让学生提问，他们也不敢问，似乎也没有问题可问。

教学为何会步入这样的困境？一线教师是如何看待"学生提问"的？

教龄30年的徐老师直白地说，她习惯了自己讲授的教学方式，效率高，考得好。任教低年级的李老师认为，低年级孩子连问题是什么还没搞清楚，怎么提问呢？任教两个班的董老师担忧道，大把的时间、精力投入了，并不一定能收获较好的短期效果，试错成本太高，我不太敢挑战。

由于应试的挤压，经验的缺失，教师选择忽视甚至丢弃对学生问题意识的培养和提问能力的指导。长此以往，学生的问题意识渐渐消失，批判性思维和创造性思维受限，创新意识得不到培养，何以适应日益激烈的社会竞争？

3. 教师专业成长的有效推力

不难发现，课堂中一旦融入"学生提问"，会让生本特征更为凸显，教学路径更加丰富，课堂因而变得更富挑战。如果一位教师重视学生的问题，真心地让学生敞开思维，充分发问，以学定教，他一定是一位博学敬业的教师。因为这不仅需要不断汲取先进的教学理念，更需要花费大量的心血，如学习单的设计、问题的筛选与分析、活动的设计等。如果一位教师能坚持这样的探索，能围绕学生做教学研究，相信他一定能积累最丰富、最真实的研究成果。此时，"学生提问"就好比一个驱动器，为教师的专业成长提供有效的推力。

（三）"问题导学"课堂学理依据

问题导学下的课堂，让"教"让位于"学"，让"学"自问题起，而"问题"又源自学生。如此坚定的立场，源于以下教育教学理论的启发。

1. 建构主义学习理论

建构主义认为，学习过程是"参与"而不是"习得"。教师不该将知识直白地讲给学生听，而是让作为知识建构者的学生去收集和分析信息，将新旧知识相联系，经过独立思考，对当前新知识进行重新编码、认识，从而发现和提出新的问题，获取新知识。此外，建构主义很好地诠释了教学中的师生关系，教师与学生在数学学习中应该是协作者，共同进步，双方受益，从而达到教学相长的效果。

　　问题导学是以建构主义为理论基础，基于学生真实问题开展的学习。问题导学以学生发现和提出问题为学习目标，又将发现和提出问题作为学习的途径。问题在引领学生学习的同时，也引领了教师的专业发展。

2. 人本主义教学理论

　　人本主义教学理论强调学习过程中人的因素，把学习者视为学习活动的主体，重视学习者的意愿、情感、需要和价值观。彼得·圣吉（Peter Senge）说过："一旦有机会对自己最关心的问题进行真正的探讨，大家几乎都有用不完的精力和深入探索陌生领域的精神与勇气。"因此，鼓励儿童提问，尊重他们提出的问题，尝试依据他们提出的合理的问题展开教学，是一种顺应儿童天性的教学方法，符合以人为本的教育理念。实践中，我们看到学生带着自己的问题，乐此不疲地思考和探究，深切感受到"问""学"交融的学习方式带给师生的惊喜。

3. 马赫穆托夫问题教学论

　　苏联教学论专家马赫穆托夫（Mahmutor）提出，问题教学本质上包含以下三个方面：其一，它是教师引导学生发现并解决问题的过程；其二，它侧重学生的相对独立性，强调学生在教师引导下自主学习；其三，问题教学强调学习的创造性。"问题导学"以问题教学论为教学法基础，让学生在整个学习过程中具有相对的独立性和自主性，通过预习产生疑惑、生成问题，在教师整合或创设的"问题"情境中，以自主与合作的学习形式进行讨论，开展探究活动，同时在质疑和探索中激发出自己的创新潜能。

4. 韩立福有效教学法

　　韩立福教授指出："有效教学"是指在教师指导下创建学习共同体，使学生学会自主合作探究学习，关注单位时间内提高学习绩效，全面实现课程目标，有效促进学生全面发展和教师专业成长的学习过程。其核心理念是"以学为中心，先学后导，全面发展"。在"有效教学法"的视野下，学生的问题是课堂教学内容，课堂不再是教师的"一言堂"，学生成了课堂的参与者，甚至是课堂内容的决定者、设计者，这无疑会增强学生的参与热情，促使学生充分预习和自主学习，以提出他们认为有价值的问题。

5. 教育政策的要求

　　新课程理念对教育提出了一个新要求：改变学生学习方式，唤醒学生问题意识，由关注学生回答问题转向关注学生发现问题和提出问题。发现问题是思维活动中最重要的环节，没有问题的思维是肤浅的，被动的。提出问题是建立在一定的知识积累、较强的逻辑思维和语言组织能力的基础上的。因此，学生没有问题就是教学的最大问题，学生只有具备了发现问题和提出问题的能力，才能真正成为学习的主人，成为一个善于思考、独具个性的学习者，而不是知识的容器和考试的机器。

三、"五字"课堂

（一）主题阐述

《义务教育数学课程标准（2022年版）》提出，数学课程要培养的学生核心素养，即"会用数学的眼光观察现实世界，会用数学的思维思考现实世界，会用数学的语言表达现实世界"，为我们当下推进数学课程改革指明了方向。"课改"需要"改课"，需要依据课改理念，把握数学教学本质，基于教材，立足学生，有效整合，适度拓展。"趣、情、活、实、深"的小学数学"五字"课堂，为促进核心素养落地，提升小学生数学学习力提供了有效的现实路径。

1. 构建有体系的教学模式

教学模式是在一定教学思想或教学理论指导下建立起来的较为稳定的教学活动结构框架和活动程序。换言之，教学模式的本质是"结构框架"（理论）与"活动程序"（实践）在更高层次上的结合，是指导教师进行教学活动设计和组织实施的"范式"（简化结构）。研究与开发行之有效的教学模式是丰富和发展教学理论的重要举措，更是教师进行课堂教学实践的"行动指南"。在"五字"课堂教学研究中，我们根据数学内容领域及结构体系，将数学课堂概括为"种子课""生长课"和"培育课"三类课型，并总结了与之对应的课堂教学模式，见表3-1-3。

表3-1-3

课型	结构及示意图	特点	模式
种子课	五环结构	环环相扣	数的认识课：情境引入—丰富认识—抽象概括—应用深化—总结反思
			形的认识课：情境引入—识别属性—归纳概括—应用拓展—总结反思
生长课	四步结构	步步登高	铺垫迁移—构建新知—联系应用—总结反思

续 表

课型	结构及示意图	特点	模式
培育课	→→→ 三层结构	层层推进	整理复习课（含练习评讲）：整理要点—沟通联系—分层应用 问题解决课（含综合实践）：问题探究—建立模型—反思实践

以上教学模式仅给出了每类课型的简化结构，实际操作中我们还会根据内容的选择处理、学情及课堂生成等，对某些环节进行增删或改进，以切合具体的教学目标。

2. 构建有系统的教学设计

教学设计是教学模式的具体体现。教学设计的目的在于帮助个体的学习，其基本的出发点是"确保没有一个人是'教育上的不利者'，并确保所有学生都有最充分地运用自己潜能的平等机会"。教学论分析是备课的核心，系统的教学设计不仅要反映教材编写的意图，而且要充分考虑学习的条件，就知识或任务的展开而言是环环相扣、螺旋上升的，同时是紧密贴合学生思维的，以帮助学生顺利走进"最近发展区"。概言之，既要尊重知识的内在结构，又要尊重学生的认知规律，以实现"知识序"与"认知序"的有机统一。

3. 构建有意义的课堂教学

"五字"数学课堂的意义何在？或者说，它是一种什么样的课堂？我们认为，"五字"数学课堂是继承与发展的课堂，是在教师的精心组织与适切引导下，通过系统化的教学设计，激发学习动力、启迪儿童智慧、引领学生发展的课堂，是师生交互、共生共长的课堂。活动与探究是课堂的基本元素，思考与对话则是课堂推进的基本形式，而流淌其中的是数学的思维。

依托"五字"课堂教学，培养学生的学习力，不需要教师额外付出极大的精力和成本，只需要教师转变观念，牢牢把握教育本质，坚持以学生素养的提升为核心，用实课堂40分钟，让学生的数学思维能力得到锻炼和提升，进而达到提升学生学习力的效果，从根本上提高学生的学习效率，提高小学数学课堂的教学效率。

（二）价值意义

"五字"课堂的核心是趣、情、活、实、深，这既是我们对理想数学课堂的设想，也是我们尝试打造理想课堂所采取的基本策略。

1. 激趣

学习的最好刺激是对所学材料及探究活动的兴趣。学习过程是伴随着知识或问题的发生、发展与应用而推进的。如何把相对枯燥的数学变得有趣，让学生在学习过程中兴味盎然？实践中，我们从以下四个方面着手：①以内容为载体，情境生趣。②以思维为线索，问题激趣。③以活动为组织，过程护趣。④以习练为巩固，应用延趣。概言之，以情境、问题、活动、练习为抓手，努力提高并维持学生探究数学的兴趣，使学生真正投入学习，这是进一步发展的前提。

2. 育情

数学课程蕴含了极其丰富的智力、思想、情感等因素，既展现了数学知识的内在本质，也彰显了学好数学所应持有的意志品质、情感态度与价值观。我们坚持以知识内容的"本情"（数学知识本身的形成与发展逻辑，当然还有科学态度与理性精神）为载体，以学生实际的"学情"（不仅仅是知识经验基础，还有心理准备和情感投入）为起点，鼓励教师要善于发掘这些潜在资源，以真实的问题为导引，通过对话、思辨推进教学，使学生在获取知识的同时产生强烈的情感体验，充分发挥数学学科的育人价值。

3. 变活

焕发课堂的生命活力，是基础教育改革的主旋律，更关乎学生的健康成长与持续发展。构建有活力的数学课堂，要基于教材、立足学生、变革方式，让学生学得生动活泼，让课堂变得有磁性、有张力。为此，教师要在增强学习活力的教学环节与教学细节上下功夫，有序组织好有变式的课堂活动。例如，提供鲜活的教学材料，盘活学生已有的知识经验，鼓励学生尝试不同思考方向和解决方法，灵活设计练习题等，最终也是最根本的，在于激活学生的思维。这是打造"五字"课堂、引领学生学习的主要策略。

4. 求实

数学的思想性、科学性、抽象性、严谨性决定了学习数学务必求是求实，这是数学教育的根本所在。固本求实的数学课堂注重以思想方法为"根"，以思维发展为"茎"，以解决问题为"果"，引导学生不放过任何的似懂非懂或一知半解的问题，以理解透彻为要，帮助学生踩实学习的每一步，并朝着学有思考、学有方法的目标迈进。

5. 延深

数学学习不能停留于浅层次，而要帮助学生厘清知识的来龙去脉，领悟蕴含其间的思想方法与深层意义，引导学生逐步充盈和完善认知结构，为未来发展奠基。为此，教师在备课设计与课堂实施时，要有适度延伸的意识，要有"教在当下、取胜未来"的情怀与格局，努力做到：挖掘课程内容的深处，关注学生思维的深刻，注重教学互动的深入，追求教学意义的深远。这是提升"五字"数学课堂质量、促进学生数学素养发展不可或缺的重要方面。

上述五种策略不是孤立的、分离的，也不是简单的拼合或叠加，在实际课堂推进过程中应该是有机融合的，教师要根据数学知识特点和学生认知规律合理引入。

（三）学理依据

打造"五字"课堂，落实核心素养，需要整体把握数学课程的目标体系、内容结构、知识脉络，抓住数学本质，弄清思想方法，按照教材编写的特点、意图和教学设计的基本原理，以"基于教材、立足学生"的观点，以"有效整合、适度拓展"的视角，主动依据或借鉴需要心理、情境教育、建构主义、变易教学、深度学习及反馈原理等教育教学理论或学说，正确处理学习内容，创新课堂教学设计。具体而言，"五字"课堂的构建要遵循以下基本原则。

1. 变革方式与适应需要相统一

适合学生的才是最好的。在教学方式变革的课堂多元互动中，我们依据学生实际选择合适的方式方法，一方面要积极倡导并努力实践独立思考、动手操作、自主探索与合作交流等形式，让学生有足够的时间和空间经历观察、实验、猜想、计算、推理、验证等数学活动过程；另一方面要嵌入必要的接受式教学与个性化指导，同时注意课堂环节之间的方式转换，注重以启发式为主、多方式配合来适应学生的学习需要。

2. 内容处理与经验水平相吻合

正确处理学习内容是影响学习成就的关键因素。教学内容的选择、处理及设计是否与学生经验水平相吻合，直接关系到课堂教学实施效度的好坏。内容选择精当，处理方式恰当，过程设计得当，就会体现关键所在，就能吸引学生的注意，引发学习的兴趣，进而有效达成任务目标。相反，数学教学脱离学生的现实发展水平，忽视学生的经验基础和个性化认知方式，必然会导致教与学相悖，最终影响学生主动性、积极性和创造性的发挥。

3. 手段选择与思维培养相一致

新课标在课程理念中提出：促进信息技术与数学课程融合。一方面，选择计算机辅助教学，通过演示可以帮助学生观察现象、理解概念、领会方法，由此变被动地灌输为主动地参与，让学生体验解决问题的过程。另一方面，数学教学课件的设计和使用必须强调灵活性、适切性，以免流于形式，变成束缚人的框框。正如张筑生教授所说：一位数学教师擅长教学生用数学的方式去思考、去探索，那么任何机器都无法替代他的作用，这是最最重要的事。这启示我们，教学手段的选择和运用要有利于发展学生的数学思维。

4. 关注过程与注重结果相平衡

过程检验理念，结果反映目标。"五字"数学课堂以新课标精神为导向，密切关注教育改革的新动向和数学课程改革的新理念，努力将顶层设计意图落实到具体的课堂实践中，这一结合集中体现在教学评价方面。教学中密切关注学生"学有兴趣、学有情志、学有思考、学有方法"的过程经历，把学为中心、方法多样的评价理念落实在具体教学中。同时，注重对学生"学有收获、学有提升、学有追求"等结果性目标的达成进行检测和评估，积极构建"过程与结果并重""定性与定量结合"的发展性评价体系。

5. 当下学习与未来发展相连接

教育既要尊重历史，也要处理好现在与未来的关系。数学教学要使人人都能获得良好的数学教育，使不同的人在数学上得到不同的发展。具体来说，就是要帮助学生获得适应社会生活和进一步发展所必需的数学基础知识、基本技能、基本思想、基本活动经验，帮助学生提高发现问题、提出问题、分析问题和解决问题的能力。"五字"数学课堂既关注学生现在学什么、怎么学、学得怎么样，又注重思考未来学生要具备哪些素养、要获得什么样的发展等远景问题，真正让学生在"了解、理解、掌握、运用"数学知识和"经历、体验、探索"的数学活动中，落实四基四能，逐步形成和发展核心素养。

四、低控制、高结构的"三个一"深度学习课堂

（一）主题阐述

在新时代的召唤下，培养学生的"核心素养"成了国际共识，各国纷纷开展教育课程改革，以促进学生的全面发展，适应社会的需要。我国于2016年发布《中国学生发展核心素养》，核心素养的践行，于学生而言必然离不开深度学习。

对于深度学习，国内学者有着自己不同的认识。黎加厚教授认为，深度学习是将理解学习作为基础，批判性地学习新的思想和事实，并将它们融入已有

的认知结构，并且在众多思想间进行联系，将已有的知识迁移到新的情境中，进行决策和解决问题的学习。郭华教授认为，深度学习是指在教师引领下，学生围绕某些具有挑战性的学习主题，全身心积极参与、体验成功、获得发展的有意义的学习过程。以此为基础，可以总结为，深度学习是指在教师的适度引领下，学生由高质量的问题驱动，浸润在有意义的学习活动中，积极建立新旧经验的联系，深度加工，批判思考，生成知识结构，并获得自我发展的学习过程。可见，深度学习具有四个基本特征，即引领性、挑战性、主体性和成功性。如何实现这样的深度学习？就教学策略而言，需要围绕这四个基本特征，高度关注教师的引导、儿童的思维、主体的参与和真正的效能。基于以上深度学习的内涵，以及其富有挑战性的学习活动、指向高阶思维的问题设计和有情趣与深度的课堂表达等特征，形成低控制、高结构的"三个一"深度学习课堂模式。

低控制、高结构的"三个一"深度学习课堂模式就是为素养而教，课堂从"以教为主"向"以学为主"转变，引导学生进行高效的深度学习。具体落实要以"三个一"为中心，即一组挑战性的学习任务，一段自主合作的学习活动，一次学习成果的多元评价。

"一组挑战性的学习任务"，是以学生为中心，一节课中至少安排两个明确的、具有适度挑战性的学习任务，让学生有自主合作、探究的学习机会。在学习任务中设置指向本学科核心知识、素养和本课教学目标的关键问题，通过这样有质量、有价值、有深度、有挑战的问题，让课堂从单一走向综合，从封闭走向开放，从一对一走向一对多，从知识记忆走向问题探究，从浅层思维走向高阶思维，激发学生的学习动机，让学生处在积极的思维状态和智力发展中，经历挑战过程，获得身心发展。

"一段自主合作的学习活动"，指课堂上要让学生经历一段完整的自主习得的学习历程，在此过程中，学生动口或动手的时间不少于5分钟，可以是学生个人独立思考，可以是同桌之间或者是以小组为单位，围绕着共同的学习目标去学习钻研，表达交流，讨论探究，解决问题。教师对学生进行过程性引导，为学生提供必要的"支架（教师帮助）"，促使学生能够适度创意，有依据、有指导、有规范地进行思维发散与能力迁移，开展"与教材、与同学、与老师"的深度对话。学生始终站在课堂中央，促进自主学习能力、合作探究能力和表达能力的提升。

"一次学习成果的多元评价"，指课堂上要有让学生展示学习成果的机会，展示时间不少于5分钟，展示形式可以根据各学科特点和每节课的学习任务相机选择，展示结束后要有相应的师生评价。在对学生的学习成果进行评价时，不仅要关注认知层面，更要关注精神层面，还要关注学生的非智力因素和非学术化能力，如决心、韧性和毅力等，因为这些能力比智商水平更能准确预测一个人的生活成就，与一个人克服困难取得最后的成功有着密切的联系。正确的反馈不但能推动学习的进程，也能让学生具备应对困难的必要技能。

这三个中心不是孤立存在的，而是相互关联的，学生在教师引领下，围绕具体有挑战性的学习主题，积极参与、体验成功、获得发展，经历有意义的学习过程。从"以学科为中心"到"以学生为中心"，从"知识技能获得"到"核心素养发展"，从"教师的教为主"到"学生的学为主"，从"单一纸笔测试"到"成长综合评价"。"三个一"有机融合，使学生掌握学科的核心知识，体验学习过程，把握学科本质及思想方法，形成积极的内在的学习动机和学习态度，正确的价值观念，成为既具独立性、创造性，又有合作精神的优秀学习者。

（二）价值意义

我们生活在人类社会有史以来变化最快的时代。教育兴则国兴，教育强则国强，在这个时代里，教育始终坚持一个根本任务——立德树人。如果学生学习的目的只是接受知识，教师只是作为知识的传递者，对学生的评价重心还局限于知识的记忆层面，那么，教育的价值何在？所以，现在我们必须清醒地认识到：教师的教绝不是单一地传递知识，学生的学也绝不是被动地接受知识，不能停留在知其然而不知其所以然的浅层学习状态。社会主义新时代新的要求最终是深度学习，通过美的教育、美的课程引领学生崇尚美、追求美，让学生成为有艺术性、有审美性、有创造力的人才，从而实现立德树人的培养目标。低控制、高结构的"三个一"深度学习课堂模式有效地促使学生积极参与课堂，经历思考、挑战、互动，从而获得并提升解决问题的能力，最终提高学生的学习效率和学业水平。

此外，2021年国家推出"双减"政策，希望通过加强学校教育，提高学校课堂教学质量，优化作业布置，提升课后活动质量，减轻学生的课余负担，达到提升学生的综合素养，构建良好教育生态的目的。只有学校教育最大限度满足学生的需求，让学生在校内学足学好，家长才能不必给孩子报班培训，实现"双减"。

1. 低控制、高结构的"三个一"深度学习课堂为"效率"而生

"双减"背景下，教师不再是课堂的中心，不再完全掌控着学生的思维过程，而是恰到好处的引领者，充分尊重学生思维发展的天性，允许学生在错误中领会，在反思中深刻，在高效的学习活动中形成知识的重组与重构。

如何有效落实"双减"政策，真正提高育人水平？为此，教育教学最终落实到课堂，就是要向课堂40分钟要效率。基于低控制、高结构的"三个一"深度学习课堂就是推动从"以教为主"向"以学为主"转变，引导学生通过自主合作解决一组富有挑战性的学习任务，充分地获得自我肯定，获得自我效能感，再通过多元互动，促进对知识的深度理解，这样更加有利于课堂效率的提高。

2. 低控制、高结构的"三个一"深度学习课堂为"理解"而生

深度学习就是基于"理解"的学习。理解不仅仅是将新知识与先前的旧知识相联系，更能创建一个丰富的、整合的知识结构，当知识被高度结构化的时候，新的知识就能被连接并融入已有的知识网络，从而使教师、学生获得发展最大化。

新时代背景下，学生学习的最终目的是进入社会、参与社会实践，因此，低控制、高结构的"三个一"深度学习课堂不再是把知识复制、拷贝给学生，而是由教师引领，让学生化身为"参与者"，通过不断的自我挑战，完整的自主学习活动，充分地自我展示，"亲身"经历知识的发现与建构过程，理解知识信息背后的内容与意义，理解知识最初被发现时人们面临的问题，加深对知识意义与价值的理解，从而发展与社会进步相适应的技能与素养。

3. 低控制、高结构的"三个一"深度学习课堂为"素养"而生

低控制、高结构的"三个一"深度学习课堂模式正对应着核心素养的基本特征：整合性、迁移性、情境性和高阶性。要想实现培养学生核心素养的目标，学习方式必然走向自主探究、批判质疑、高阶认知及情境迁移，这些正是低控制、高结构的"三个一"深度学习课堂的特征与发生方式。

在低控制、高结构的"三个一"深度学习课堂中，学生的学习不是简单的知识学习和技能获得，而是全身心地投入探索情境，在解决问题及反思过程中不断重建自我认知结构的过程。在此过程中，学生是探索情境的主人公，不断接受挑战，不断解决问题，通过探究、合作、反思、交流，自我效能感显著提升，智力能力得到充分发展，这不仅让学生感受到学习真正的快乐，还有利于学生良好学习品质的形成。此外，在"三个一"深度学习课堂中，学生可以自信地展示和表达，可以评价甚至质疑其他同学的观点，在多元互动中培养用质疑、批判的眼光看待问题的能力，逐步养成良好的思辨能力和自我反思能力，从而促进学科素养的提升。

（三）"三个一"深度学习课堂的学理依据

1. 布卢姆认知目标分类

美国教育心理学家本杰明·布卢姆（Benjamin Bloom）把认知思维目标由低到高分为6个层次，层层递进，这6个层级分别是：知识—了解—应用—分析—综合—评价。第一层知识是指认识并记忆概念、知识，将其储存在大脑并及时提取，这一层次虽然机械，但对深度学习和解决更复杂的问题来说是必不可少的基础环节。第二层了解是指对事物或知识的领会，但不要求深刻的领会，而是初步的，甚至可能是肤浅的。第三层应用是指对所学习的概念、法则、原理的运用，体现了把学到的知识应用于新的情境，解决实际问题的能力。这里所说的应用是以记忆和理解为基础的初步的直接应用。第四层分析是指把复杂知识整体分解为组成部分并理解各部分之间联系的能力。第五层综合是指理性、深刻地对事物本质的价值作出有说服力的判断，是综合内在与外在的资料、信息，作出符合客观事实的推断。第六层评价是指将所学知识重新组合，或者加入自己产生的信息，形成一个新的整体知识结构的能力，如提出一个新想法、解决一个新问题。创造之所以在最高层，是因为创造强调形成新的知识结构的能力，包括突破常规思维模式的能力，十分具有挑战性，这也是学习知识的终极目的。

在这6个层次中，"知识"和"了解"这两层认知能力水平处于浅层学习，在记忆方式和理解方面主要是机械记忆与表面理解，要求能够根据学习情境简单复述或记忆情境内容。后四层较高的认知能力水平则对应深度学习，相较于前两层认知能力水平，属于高阶认知维度。深度学习强调学习者将新知识与原有认知建立连接，理解性地学习新知识，批判性地思考，并能顺利实现迁移运用和意义建构等。由此可见，布卢姆的认知目标分类要求与深度学习的学习要求有共同之处，为深度学习的研究奠定了理论基础。

2. 有意义学习理论

有意义学习有着不同于机械学习的标准、条件和心理机制，学校里的系统教材知识的学习主要是有意义学习，获得意义的方式可以是接受的、发现的或指导发现的。奥萨贝尔认为，有意义学习就是符号所代表的新知识与学习者认知结构中已有的适当观念建立非人为的（非任意的）和实质性的（非字面的）

联系的过程。（所谓实质性联系，首先是指新的符号或符号代表的观念与学习者认知结构中已有的表象、已经有意义的符号、概念或命题的联系，也就是学生能理解知识。其次是指新旧知识的非人为的联系，即新知识与认知结构中有关观念在某种合理的或逻辑基础上的联系，也就是我们所常说的激活旧知。）根据有意义学习材料的复杂程度，他把有意义学习分为表征性学习、概念学习、命题学习、解决问题和创造。

那如何实现有意义学习呢？奥萨贝尔提出，进行有意义学习必须具备三个前提条件。

（1）学习材料本身必须具备逻辑意义

材料的逻辑意义是指学习材料本身与人类学习能力范围内的有关观念可以建立非人为性和实质性的联系。

（2）学习者必须具有有意义学习的心向

所谓有意义学习的心向，是指学习者能积极主动地在新知识与已有适当观念之间建立联系的倾向性。

（3）学习者的认知结构中必须有同化新知识的原有的适当观念

基于旧知探究新知，着眼于学生最近发展区，在已有的经验基础上适当地给予一些挑战，更有利于进行深度学习。

奥萨贝尔认为，只有同时满足了上述三个条件，才有可能进行有意义的学习，使新学习的材料的逻辑意义转化为对学习者的潜在意义，最终使学习者达到对新知识的理解，获得心理意义。

3. 自我效能感理论

自我效能感指人们对自己能否成功地从事某一成就行为的主观判断。这一概念由美国著名心理学家班杜拉（Bandura）最早提出。班杜拉指出，影响自我效能感形成的最主要因素是个体自身行为的成败经验。一般来说，成功经验会提高效能期待，反复的失败则会降低效能期待。同时，归因方式直接影响到自我效能感的形成。个体如果把成功的经验归因于外部的不可控的因素（如运气、难度等）就不会增强效能感，把失败归因于内部的可控的因素（如努力）也不一定会降低效能感。这一理论目前仍处于进一步发展阶段，具有较大的科学价值，在人们获得了相应的知识、技能后，自我效能感就成为影响学习行为的决定因素。

自我效能感能影响学生对学习活动的选择和坚持，影响学生的学习态度，还会影响学生的活动情绪以及心理健康。因此，在小学课堂活动中采取有效措施提升学生的自我效能感是非常重要且必要的。基于影响自我效能感形成的主要因素即个人自身行为的成败经验、替代经验或模仿、言语劝说、情绪唤醒和情境条件，在低控制、高结构的"三个一"深度学习课堂中，通过设立合理的学习目标，设置适度的具有挑战性的学习任务，结合互助学习伙伴，辅以教师相机激励评价，学生经过自己的探究和合作构建知识结构，获得成功时，会大大地增强自我效能感。

第二节 "学习力课堂"课例

一、"认识年、月、日"教学实录与反思

（一）教学内容

苏教版三年级下册第44~46页例1、"试一试"和"想想做做"第1~6题。

（二）教学目标

1. 学生认识时间单位年、月、日，知道一年有12个月，认识大月和小月，能记住和说出哪些是大月和小月；了解每个月和全年的天数，能说出一些重要节日的时间。

2. 学生通过观察年历、数每月天数等活动，深切了解年、月、日的知识，体会年、月、日的时间长短，形成时间单位年、月、日的观念，培养观察、收集、归类分析、处理信息等能力。

3. 学生主动参与观察、比较、归纳等学习活动，在小组合作中培养学习数学的主动性；感受数学与现实生活的密切联系，体会数学的应用价值，并养成遵守和珍惜时间的习惯。

（三）教学重难点

1. 教学重点：认识时间单位年、月、日，掌握它们之间的相互关系。

2. 教学难点：掌握大月、小月的判断方法。

（四）教学准备

提前一天发放"备学任务单"，学生预习自学性作业。备学任务单见表3-2-1。

表3-2-1

班级		姓名	
教材所学内容	教材第44~46页例1、"试一试"和"想想做做"第1~6题		
我的学习目标	1.认识年、月、日		

班级		姓名	
我的学习目标	2.了解每个月和全年的天数。 3.了解大月和小月		
我的学习过程	1.通过观察教材第44页年历、阅读材料、观看微课、请教家长等方式,你已经知道了年、月、日的哪些知识?请你试着写一写或画一画。 2.关于年、月、日,你有哪些疑问,或者还想了解哪些知识?也写一写,这样就可以到课堂上和小伙伴们交流了		

(五)教学过程

1. 备学分享,激趣引入

师:孩子们,今天我们来学习有关年、月、日的知识,通过预学,你已经知道哪些和年、月、日相关的知识呢?和我们分享一下吧。

学生交流:

生1:年、月、日是比以前我们学习过的时、分、秒更大的时间单位。

生2:妈妈告诉我,地球绕太阳转一周,时间就过了一年。月球绕地球一周,时间就过了一个月。地球自己转动一周,时间就过了一天。

生3:我知道一年中有很多节日,如儿童节、劳动节、国庆节等。

生4:国庆节在10月1日。

生5:6月1日是儿童节。

生7:我还知道一年有12个月,一个月有30天或31天,一天有24小时。

生8:我在日历上还看到今年2月只有28天。

生9:我在家把每个月的天数加起来了,发现今年有365天。

生10:可是我听爸爸说,有时候一年有365天,有时候一年有366天。

(设计说明:从生日入手,引导学生从数学的角度,调动已有的关于年、月、日的生活经验,让学生感受数学知识和实际生活的紧密联系,老师能看到学生的学习起点,也激发学生学习兴趣。)

2. 合作探究,发现规律

师:看来呀,年、月、日中还藏着很多秘密呢,今天就让我们一起走近年、月、日。

师:为了便于研究,老师给每个小组都准备了不同年份的年历卡,小小的年历卡中藏着许多数学知识。请同学们以小组为单位,完成合作学习单,见表3-2-2。

表3-2-2

班级			姓名	

【我来说一说】

我观察的是（　　）年的年历。

（1）这一年有（　　）个月。

（2）有30天的月份是（　　）。

（3）有31天的月份是（　　）。

（4）这一年的2月有（　　）天。

（5）这一年共有（　　）天。

我的方法是（　　）。

【我来比一比】

年份	月份											
	1	2	3	4	5	6	7	8	9	10	11	12

注：每组拿到4张年份不同的年历卡。

1. 观察小组内不同年份的年历卡，记录年历卡中每个月的天数。

2. 比较相同月份的天数。

3. 你有什么发现？

【我想问一问】

请你把自主备学时的问题，或你还想了解的问题提出来，请小伙伴来帮忙吧！

【我会做一做】

4. 你知道下面这些有纪念意义的日子是几月几日吗？先交流，再在年历上圈出来。

植树节

中国共产党的生日

中国的教师节

5. 判断。（对的画"√"，错的画"×"）

（1）凡是单数的月份都是大月。（　　）

（2）一年中有7个大月，5个小月。（　　）

（3）25个月就是2年多5个月。（　　）

【我们评一评】

自我评价☆☆☆☆　　　同学评价☆☆☆☆☆

课堂中，教师参与了"第三小组"讨论互学过程，观课记录如下：

（A、B、C、D是这个小组处于不同层次的4个学生，A是小组长）

A：D请你先来说一说，你观察的年历。

D：我观察的是2017年的年历。

（1）这一年有12个月。

（2）有30天的月份是4，6，9，11月。

（3）有31天的月份是1，3，5，7，8，10，12月。

（4）这一年的2月有28天。

（5）这一年共有365天。

我的方法是把12个月的天数按顺序加起来。

A：我观察的是2018年的年历，和他一样，你们其他人的也都和他一样吗？

C：我观察的是2019年的年历，其他的和他一样，但是我是先把每个季度的天数算出来然后加起来的。

A：我们连加的时候一定要细心，因为有一个加错了结果就错了。

B：我观察的是2020年的年历，和你们的不一样，2020年2月的天数是29天，我是这样算的，31天的有7个月，$31 \times 7 = 217$，30天的有4个月，$30 \times 4 = 120$，$217 + 120 + 29 = 366$（天）。

A：这是一个好方法，计算起来简便多了。我们把4个人观察到的每个月天数整理到表格里看一看。

B：我们可以按天数给它们分分类。分为大月和小月。

C：1、3、5、7、8、10、12月，这7个月都是31天，是大月。

D：4、6、9、11月，这4个月都是30天，称为小月。

A：那2月不是大月，也不是小月，有时是29天，有时是28天，怎么办呢？

C：只有2月最特殊，我们先称其为"特殊月"吧，等会儿问问大家，看看他们是不是也有这样的情况。

A：大家还有什么发现？

D：我发现其他大月都是隔开的，但是7、8两个大月是连在一起的。

B：你们看，因为只有2月相差一天，所以我们一年的总天数366和365也相差一天。

A：下面我们来看"我会做一做"的题目。

C：去年植树节我去植树了，所以我记得植树节是3月12日。

B：我知道党的生日是8月1日。

D：不是的，你说的8月1日是建军节，建党节是7月1日。

B：哦，是我记混了。

A：9月10日是教师节，因为我妈妈也是老师，所以我记忆深刻。

C：凡是单数的月份都是大月是错的，7月以前的大月都是单数月，7月以后的都是双数月。

B：一年中有7个大月，4个小月，还有一个2月特殊月。所以第2小题是错的。

D：25个月是2年多1个月，因为一年12个月，25-12×2=1。所以这题是错的。

A：我们来互相评价一下吧。

（设计说明：这一教学环节，通过小组合作学习的方式，组内成员积极参与探索年、月、日知识的全过程，进行深入讨论和交流，先"学进去"，再"讲出来"，在质疑、比较中发现规律，在解决问题中构建关于年、月、日的知识框架，有效突破了本课教学的重难点。）

3. 答疑解惑，激活思维

师：刚刚大家在小组内进行了探究和交流学习，现在你们还有什么疑问？

生：我们小组拿到的是2017年到2020年的年历卡。我们发现这4年相同的地方是，有31天的月份都是1、3、5、7、8、10、12月，它们是大月；有30天的月份是4、6、9、11月，它们是小月。不同的地方是2月有时是28天，有时是29天。你们也有这种情况吗？

生：（全体）有。

生：2月有28天的叫平年，2月有29天的叫闰年。平年有365天，闰年有366天。

师：平年和闰年也是我们下节课要研究的内容。那我们有没有什么好的方法来记住哪些是大月，哪些是小月呢？

生：7月以前的单数月是大月，8月以后的双数月是大月。

生：我在书上看到可以用拳头记忆，可是我没怎么看懂……

师：那来跟着老师一起学习一下拳头记忆法吧，一月大，二月平，三月大，四月小，五月大，六月小，七月大，八月大，九月小，十月大，十一月小，十二月大。

还有一首歌诀可以帮助大家记忆大月："一三五七八十腊，三十一天永不差。四六九冬三十整，平年二月二十八，闰年二月把一加。"腊是什么意思呢？

生：12月。

师：对了，在我们国家，人们习惯将12月称为腊月，所以一三五七八十腊7个字，每个字代表一个月份，这些月份都是31天，所以都是大月。

大家小组内相互比赛记一记吧。

其他组还有疑问吗？

生：为什么把每个月天数弄得不一样，如果都一样不是更方便记忆吗？

师：那让这个视频来给我们揭晓答案吧，看看为什么每个月是这些天数。（播放恺撒的故事）

（设计说明：问题是思维的开端，也是创造的开始，孩子的问题为后续的学习奠定了基础，也更好地引领孩子思考，将他们的思维带到更深处……俗话说：读史可以使人明智，鉴以往可以知未来。在数学课堂上，教师适当渗透数学史料的教学，可以让学生知道数学知识的来龙去脉，更好地理解这个数学知识点。）

4. 学以致用，深化新知

迁移思考拓展题：

可可在外婆家连续住了62天，刚好是两个月，是哪两个月呢？如果是住61天呢？住60天呢？住59天呢？想一想有多少种答案。（独立思考后，小组分组讨论）

组3：连续住了62天，肯定是7月和8月。

组4：我们组觉得连续住62天，可能是7月和8月，还可能是12月和接下来一年的1月，两个月天数加起来也是62天。

生：是的哦……（大家纷纷点头）

师：真是爱动脑筋。61天呢？哪个小组回答。

组5：3月和4月，4月和5月，5月和6月，6月和7月，8月和9月，9月和10月，10月和11月，11月和12月，连在一起都是61天。也就是一个大月跟着一个小月，或者是一个小月跟着一个大月，这个问题共得出8种答案。

师：第五小组罗列得很细致，说明这个小组已经掌握"大月"和"小月"的知识了。下一个问题哪个小组来说？

组1：有29天的2月和1月或3月连在一起，都是60天。

师：正确！最后一个问题。

组2：有28天的2月和1月或3月连在一起，都是59天。

（设计说明：通过设计一道与现实生活紧密相关的题目，引导学生运用刚刚学过的知识，认识现实生活中用到的"大月""小月""特殊月"，让这些知识能够内化于心，外化于行，学会做"生活中的数学家"，有效培养了学生的数学思维能力，发展了学生的学科核心素养。）

5. 总结反思，内化新知

师：你们可真是太棒了，已经学会用所学的知识来解决问题了。今天这节课，你有什么收获呢？

生：我学会了一年有12个月，31天的称为大月，30天的称为小月。

生：我知道了一年有7个大月，7、8两个大月是连在一起的；还有4个小月，2月最特殊，是28或者29天。

生：我还学会了用简便方法计算全年的天数。

生：我喜欢这样的学习方式，我们小组内每个人都可以是小老师，而且我觉得我讲给别人听，别人听懂了，我很开心，我觉得自己也记得更牢固了。

生：我终于知道为什么每个月的天数不是一样的了……

生：我知道了学习的方式有很多种，如阅读课外书籍，询问爸爸妈妈，请同伴帮忙……

师：看来你们真是收获满满呀。年、月、日还有很多的秘密，在接下来的学习中我们都会——揭晓。今天这节课就先上到这里，下课！

（设计说明：反思能够帮助学生总结学习经验，建立知识之间的联系，领悟学习方法，形成良好习惯的同时，深化对知识的内化和理解，促进学习能力的可持续发展。）

（六）教学反思

《年、月、日》是苏教版三年级下册第五单元中第一课时的教学内容，此前学生已经认识了钟面上的时间，掌握了时、分、秒之间的关系，本课是学生在此基础上对更大时间单位的深入学习。

本节课的教学须考虑学生的实际生活经验和已有的知识储备，在教学中，怎样培养学生既能独立又能相互合作获取知识，同时尊重学生，允许学生用自己的方式来学习掌握数学知识，是这节课力求体现的设计思想。因此，笔者教学时不再拘泥于传统的教学模式，采用"学讲"模式进行这节课的教学。

"学讲"教学模式主要核心是改变传统教学方式，不仅仅是教授学生知识，还要在教学每个环节中重视对学生学习热情的调动，鼓励学生去参与课堂、融入课堂、掌控课堂，作为课堂的主人，做到"会学"和"能讲"，在合作互学中提升语言表达能力，在探究的过程中收获知识，加强对知识的理解，提高对知识的掌握程度。

1. 课前备学，寻找起点

美国著名的实用主义教育家杜威（John Dewey）说："学校的最大浪费在于，儿童在学校中不能完全自由地运用已有的经验，采用自己的方法去获取知识。"这句话一针见血地指出了课堂教学存在的现实问题。那么，要让课堂的效益最大化，实现高效课堂，高质量的预习是第一法宝。课前一天教师提供给学生"备学任务单"，让学生预习有抓手，好操作。学生通过任务单中提供的路径，观看微课、询问家长、翻阅书籍、上网搜索，基本了解和掌握了年、月、日的一些基础知识，也产生了一些问题。

2. 课中学讲，合作交流

荷兰著名数学教育家弗赖登塔尔（H. Freudenthal）强调："学习数学的唯一正确方法是实现再创造，也就是由学生本人把要学的东西去发现或再创造出来。"因此，在知识探究的过程中，笔者以学生为主体，充分发挥了小组合作学习的优势，学生在交流中对别人的思考方法或质疑，或欣赏；对自己的思考方法或深化，或反思。在交流中，学生思维发生着互相碰撞，互相启迪，最终澄清辨明，总结出年、月、日的特点和它们之间的联系。学生在探索和分享中品尝到成功的喜悦，对年、月、日的知识也理解得更加深刻。

3. 学以致用，深化新知

学生的数学能力不仅在于其掌握数学知识的多少，还要看他能否运用数学知识、数学思维去解决实际问题，以及能否形成学习新知识的能力和适应社会发展的需要的能力。因此，在设计练习时，笔者注重联系实际，将数学与生活紧密联系在一起，体现"小课堂、大社会"，让学生体会数学与生活的联系，感悟学习数学的意义，激发学习数学的兴趣。练习具有发展性、灵活性、挑战性，进一步深化新知，达到学以致用的目的，使学生思维更灵活、深刻。

二、"等值分数"教学实录与反思

（一）教学目标

1. 借助图形感知、理解等值分数的含义，在观察、比较中发现等值分数间分子与分母的变化规律。

2. 经历"预学""研学""拓学""延学"的学习过程，培养问题意识，发展数学阅读、深度思维和提问质疑的能力。

3. 在情境中参与等值分数的新探索、新发现活动，感受数学学习的快乐，体会等值分数背后的道理。

（二）教学重难点

1. 教学重点：探讨问题，理解等值分数的含义。

2. 教学难点：在研学过程中，理解并掌握找一个分数的等值分数的方法。

（三）学生准备

课前完成学习单（内容见"教师准备"）。

（四）教师准备

整理学生问题。

学习单
姓名

一、学一学，相信我能懂

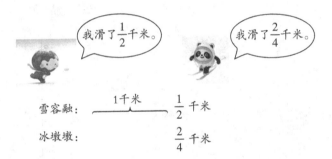

（1）谁滑得远？你是怎么比的？

（2）自学例6，看图填一填，想一想：

每组中的两个分数为什么相等？

二、议一议，求助智囊团

通过刚才的学习，想必你还有疑问或困惑，写下来与大家共同探讨吧。

三、想一想，化身小考官

欢迎来到等值分数的世界，让我来考考你。

（五）教学过程

1. 预学——提出问题

师：孩子们，今天，我们一起来认识等值分数。课前，我们用预学单自学时，有收获，也提出了不少的疑问，很多问题都非常有价值，老师将它们进行了分类。

（设计说明：用学生的提问引领整节课的教学，使学生感受到课堂学习的素材不再是"教材的",不再是"老师的",而是"我们自己的"。虽然,学生对问题及其答案的理解还比较浅显,还不够准确,但这并不妨碍他们学会发现问题、提出问题。这些看似浅层的问题,正是学生心中最真实的问题,直面学生的原生问题,让学生去寻找、去发现、去表达,从而激发自主学习的热情,让学习真正发生。)

2. 研学——学习新知

第一类:$\frac{1}{2}$ 的等值分数

1. 借助 $\frac{1}{2} = \frac{2}{4}$,初步感知等值分数

师:关于 $\frac{1}{2} = \frac{2}{4}$,同学们提出了下列疑问,有请小主人读一读他们的问题。(见图3-2-1)

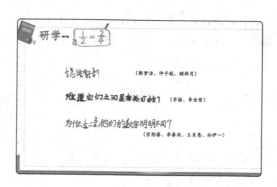

图3-2-1

（1）读图,建立表象

师:赛场上的冰墩墩、雪容融也遇到了同样的问题。我们把每根直条的长度看作1千米,雪容融滑了 $\frac{1}{2}$ 千米,冰墩墩滑了 $\frac{2}{4}$ 千米。小裁判们,他俩谁滑得远?你是怎么比的?

生1:涂色部分一样长,所以他俩滑得一样远。

师:看来,$\frac{1}{2} = \frac{2}{4}$。谁还有想说的吗?

生2:1千米等于1000米,1000除以2等于500米,就是雪容融滑的米数;1000除以4等于250米,250乘2也等于500米,所以他俩滑得一样远。

师：条理清晰。通过计算得知两人滑得一样远，好办法。比一比，你还有什么发现？

生3：我发现2个 $\frac{1}{4}$ 合起来就和 $\frac{1}{2}$ 同样多了。

师：有个同学跟你的想法很接近，想不想听听他是怎么想的？有请吴辰瑞。

出示：因把剩下绦米均成份就是 $\frac{2}{4}$ 千米了。（吴辰瑞）

师：谁明白了他的想法？上来，边指边说。

生：把涂色部分的 $\frac{1}{2}$ 千米平均分成2份，空白部分的 $\frac{1}{2}$ 千米也平均分成2份。

师：吴辰瑞简单概括成"每个 $\frac{1}{2}$ 千米再平均分成2份"。简洁明了，这就是数学语言！我们把每个 $\frac{1}{2}$ 千米再平均分成2份，一共有——（4份），所以分母是4，分子2表示什么？

生：涂了2份。

师：原来的分子1怎么变成2啦？

生：平均分后原来的一份变成了2份。

师：就得到了——（ $\frac{2}{4}$ 千米），涂色部分的大小不变，所以 $\frac{1}{2} = \frac{2}{4}$ 。

（2）动手折，深化认知

师：接下来，你们能借助手中的直条，折一折，把 $\frac{1}{2}$ 变成 $\frac{2}{4}$ 的过程完整地说一说吗？

（生动手折，互相说）

师：采访一名同学，你是怎么做的？

生：我把 $\frac{1}{2}$ 再对折就好了。

师：对折就是——把涂色部分表示的 $\frac{1}{2}$ 千米再平均分成2份，那没有涂色的部分呢?

生:也被平均分成了2份。

师生合作:(PPT:"把每个 $\frac{1}{2}$ 千米再平均分成2份")展开直条,(PPT:一共4份)(PPT:原来涂色的1份变成2份)(PPT:得到了 $\frac{2}{4}$ 千米),所以 $\frac{1}{2} = \frac{2}{4}$。

师:谁能像这样完整地说一说?我们一起来边说边做,好吗?

(设计说明:在学生自学后,教师多给予交流、分享的时间,让学生从不同角度通过看、算、比等方式,直观感受分数的相等关系。教师有意放慢、放大从 $\frac{1}{2}$ 千米到 $\frac{2}{4}$ 千米的变化过程,引导学生通过折一折正确理解"每个 $\frac{1}{2}$ 千米再平均分"的含义,初步体验再平均分后份数的变化,为规律的探寻埋下伏笔。)

2. 探究 $\frac{1}{2} = \frac{(\quad)}{(\quad)}$,进一步感知 $\frac{1}{2}$ 的等值分数

四人小组合作:

师:你可以在直条上用笔分一分,也可以折一折,比一比哪组能找到更多的与 $\frac{1}{2}$ 相等的分数,最后跟组员像这样说一说。开始吧!

学生汇报展示。

生1:$\frac{3}{6}$。我把每个 $\frac{1}{2}$ 千米再平均分成3份,一共有6份,原来涂色的1份变成3份,所以 $\frac{1}{2} = \frac{3}{6}$。(板书:$\frac{1}{2} = \frac{3}{6}$)

生2:$\frac{8}{16}$。(板书:$\frac{1}{2} = \frac{8}{16}$)

师:刚才我们在把每个 $\frac{1}{2}$ 千米再平均分的过程中发现了——

生:$\frac{1}{2} = \frac{2}{4} = \frac{3}{6} = \frac{8}{16}$。(板书:$\frac{1}{2} = \frac{2}{4} = \frac{3}{6} = \frac{8}{16}$)

出示：$\frac{1}{2}$是不是还能等于更多的分数！（翟雅倩）

生：$\frac{5}{10} = \frac{16}{32} = \frac{32}{64}$。

（副板书：$\frac{1}{2} = \frac{5}{10}$ 对吗？）

师：想象一下在直条上怎么变出 $\frac{5}{10}$？

评价：能想象出来，为你点赞！

板书：$\frac{1}{2} = \frac{2}{4} = \frac{3}{6} = \frac{8}{16} = \frac{5}{10}$。

师：管理，读一读你的问题。那是不是$\frac{1}{2}$的数是数也数不完的呢？

师：你觉得呢？

生1：很多。

生2：数不清。

师：与 $\frac{1}{2}$ 相等的分数有无数个。

出示：为什么两数的分子分母不一样，而大小却一样呢？（叶思怡、李睿洵、王肖恩等）

师：这些和 $\frac{1}{2}$ 相等的分数有什么不同？

生1：分子分母不同。

生2：平均分的份数不同。

生3：取得的份数也不同。

师：份数变了，什么不变？

生：涂色部分的大小不变。

师：也就是分数的大小相等。（板书：大小相等）

揭示：像这些大小相等的分数就是等值分数。（"等值"下面画横线）

出示：那等值分数就是一个分数等于另一个分数吗？

师：杨蓓熙，现在你是怎么想的？

生：等值分数是两个相等的分数。

师：比如 $\frac{1}{2} = \frac{2}{4}$，我们就说，$\frac{1}{2} = \frac{2}{4}$ 是等值分数，$\frac{1}{2} = \frac{3}{6}$，$\frac{1}{2}$ 的等值分数

是 $\frac{3}{6}$。

师：$\frac{2}{4}$ 和 $\frac{3}{6}$ 是等值分数吗？

生：是。因为它们都等于 $\frac{1}{2}$，所以它们也是等值分数。

师：大小相等的分数就是等值分数。

（设计说明：借助直条，通过不同的再等分活动，引导学生在观察、对比、说理的可视化学习中理解 $\frac{1}{2} = \frac{(\quad)}{(\quad)}$ 的等值关系，初步体会"等价类"思想。）

第二类：其他分数的等值分数

1. 自主探索其他分数的等值分数

$$\frac{1}{4} = \frac{(\quad)}{8} \qquad \frac{2}{3} = \frac{(\quad)}{(\quad)}$$

出示图3-2-2：

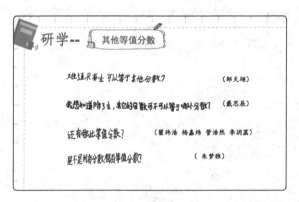

图3-2-2

师：这些同学的问题很相似，他们都想问，除了 $\frac{1}{2}$ 有等值分数，其他分数呢？

出示：先分一分，再填一填（见图3-2-3）。

$$\frac{1}{4} = \frac{(\quad)}{8} \qquad\qquad \frac{2}{3} = \frac{(\quad)}{(\quad)}$$

图3-2-3

师：一起读一读左边这道。第二幅图中的 $\frac{1}{4}$ 怎么变成 $\frac{(\quad)}{8}$ 呢？

生：把每一小份再平均分成2份，就得到8份了。

师：右边这道有点难度，想挑战吗？拿出作业单，完成第一道。

汇报：

生1：把每块再分成2份，一共有8份，原来的一份变成2份，得到了 $\frac{2}{8}$。

师：这两个分数为什么相等呢？

生：涂色部分大小没变。

师：也就是这两个分数的大小相等。

师：$\frac{2}{3}$ 怎么变成 $\frac{4}{6}$？

生：把涂色部分从中间分开，空白部分也从中间分开，得到6份，涂了4份，就是 $\frac{4}{6}$。

师：简洁地说，也就是把每个 $\frac{1}{3}$ 再平均分成2份，一共6份；原来的2份变成4份，涂色部分大小不变，所以 $\frac{2}{3} = \frac{4}{6}$。

师：如果把每个 $\frac{1}{3}$ 再平均分成3份呢？闭上眼睛，想象一下。

生：一共有9份，原来的2份变成了6份，就是6/9。（板书：$\frac{2}{3} = \frac{4}{6} = \frac{6}{9}$）

2. 观察比较，发现规律

师：$\frac{2}{3}$ 还可以等于？

生：$\frac{8}{12}$。把分母3乘4得12，分子2乘4得8，就是$\frac{8}{12}$。

师：他介绍了一种新方法，其他小朋友有疑问吗？大胆地请教。

生：为什么要乘4呢？

生：原来的每份都平均分成4份，就有3个4份，也就是3乘4，得12。

师：分子为什么也要乘4呢？结合图说一说。

生：原来涂色的2份也再平均分成2份，2个2份就是2乘2得4，分子是4。

师：数形结合，让他人更懂你，了不起！（相机板书"×4"）

出示图3-2-4：

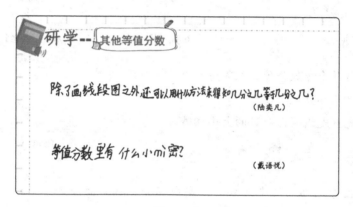

图3-2-4

师：你还能接着找吗？

生：$\frac{10}{15}$，$\frac{12}{18}$……

师：你发现了什么？

生：不断乘2、乘3、乘4……

师：一直找下去，找得完吗？

生：找不完，$\frac{2}{3}$的等值分数有无数个。

师：其他分数的等值分数呢？

生：也有无数个。

生：我还发现，分子和分母乘的数都一样。

师：是这样的吗？一起来验证。

（设计说明："研学"是问题课堂中的关键环节。教学中，我们推崇合作交流，这里的合作交流，不仅仅要"向外"，即表现为与同伴分享自己的想法；还要"向内"，即在"说"与"听"的过程中，促使自己对学习内容的认识经历"原来我是怎么想、怎么做的—还可以这样想、这样做—现在我是这样想、这样做"的过程，思维从平衡到失衡，再形成新的平衡，从而尝试建构对新知的理解。)

3. 拓学——巩固练习

练一练：现在你能用这样的方法很快找出它们的等值分数吗？（见图3-2-5）

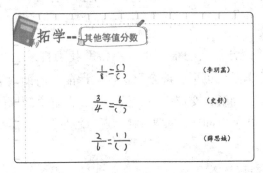

图3-2-5

师：$\dfrac{2}{6} = \dfrac{1}{3}$（板书），可以吗？谁能猜到我是怎么想的？（相机板书÷2）

师：回顾今天的学习，我们是怎么找到一个分数的等值分数的？

生：可以把分数的分母乘几，分子也乘几，有时还可以把分母除以几，分子也除以几。

（设计说明：新时期，除了要求学生掌握基本知识和技能外，基于理解下的命题能力也同等重要。在实践中，我们惊喜地发现不同学力的孩子有不同程度的展现，命题中有简单的迁移模仿，有深层的分析思考。课上我们合理利用试题，加以变式，事半功倍。)

4. 延学——萌发新问题

师：学到这里，关于"等值分数"，你的小脑袋里有没有蹦出新的问题？

生1：等值分数与分数有什么区别？

师：有区别吗？

生：等值分数是一些大小相等的分数，分数就是单独的一个分数。

师：还有想问的吗？

生2：生活中我们会在哪里用到等值分数呢？

师：你们想过这个问题吗？这名同学提出了常人没想到的好问题！还有吗？

生3：$\frac{1}{2} + \frac{1}{4}$。

师：学过吗？想不想挑战一下？

生：$\frac{1}{2}$ 等于 $\frac{2}{4}$，$\frac{2}{4} + \frac{1}{4} = \frac{3}{4}$。（相机板书：$\frac{2}{4} + \frac{1}{4} = \frac{3}{4}$）

师：上下框出"$\frac{1}{2}$ 和 $\frac{2}{4}$"，解决这道题用到了什么？

生：等值分数。

师：看来，等值分数真的很厉害，能帮助我们打通已学知识与未学知识间的联系。今后的学习，也可以像今天这样，课前，借助预学单，自学——提出问题；课中，动手动脑，交流——尝试解决；在解决问题的过程中产生新问题，然后继续探究并解决问题，萌发新问题。这种学习方法会带领我们不断去探索与发现数学的奥秘。

（设计说明：新课进入尾声，鼓励学生联想，关于等值分数，你还想继续研究什么？这里再次设疑，学生经过操作、交流、内化后，很可能生发与后续知识相关的延展性新问题。）

（六）教学反思

回顾本节课，问题贯穿始终，从课前至课中，由表及里；从课中至课末，由近至远，打通联系，拓宽思维。反思整个过程，有两点体会。

1. 合适的材料引发真问题

无缘无故，没有刺激，很难产生问题。要让学生产生真实的有价值的好问题，自然更需要合适的材料来支撑。改编后的预学单，从一组等值分数"$\frac{1}{2}$ 和 $\frac{1}{4}$"开始，引发认知冲突，学生主动提问，聚焦重难点的真问题逐步显现。比如，"为什么 $\frac{1}{2} = \frac{1}{4}$，它们的数字明明不同？""难道它们之间是有关系的？""是什么原理让它们相等？"……学生真实的问题，为我们的课堂教学指明了方向，"以学定教，顺学而导"有了实现的可能。

2. 真问题让学习更深入

课中，我们除了充分利用课前学生的问题外，更珍惜课堂生成的资源。比如，在寻找 $\frac{2}{3}$ 的等值分数时，管同学介绍了分子、分母同时乘几的方法，笔者有意放缓，不少学生及时追问："为什么分母和分子要乘4？""如果把图中的每一个 $\frac{1}{3}$ 再平均分成4份，一共有3个4份，$3×4$得12，分母是12；原来分子的两份变成……"问题从学生中来，再回到学生中去，等值分数的意义在一次又一次的提问与释问中逐步走向深入。

3. 真问题让思维更延展

课末，我们鼓励学生联想："关于等值分数，你还想继续研究什么？"再次设疑，学生经过操作、交流、内化后，很可能生发出与后续内容相关的延展性新问题："学习等值分数有什么用？""计算 $\frac{1}{2}+\frac{1}{4}$，原来我是画图想结果的，现在可以用等值分数来算。"经过这一系列的学习后，学生深刻体会到"学习就是你带着很多很多的问题，然后尝试解决它们，接着又产生了很多很多的新问题，再去解决，如此反复的思考之旅！"

三、"整十、整百数除以一位数的口算"教学实录与反思

（一）教学内容

苏教版三年级上册第48～49页例1、"试一试"和例2及"想想做做"第1～6题。

（二）教学目标

1. 经历探索整十、整百数除以一位数的口算方法的过程，主动理解并获得整十、整百数除以一位数的口算方法，能正确口算出复数和。

2. 在探索算法的过程中，能运用已有知识说明想法、交流算法，发展简单的分析、推理等思维能力，积累运用已有知识探索新知和相关计算的经验。

3. 通过探索算法获得成功的体验，树立学习数学的自信心；进一步感受数学在解决实际问题中的应用。

（三）教学重难点

1. 教学重点：整十、整百数除以一位数的口算方法。

2. 教学难点：理解整十、整百数除以一位数的口算算理。

（四）教学准备

小棒、教学课件、学历单。

（五）教学过程

1. 创设情境，引入新知

出示游戏画面，师：小朋友们，最近有一款很火的小游戏叫"羊了个羊"，听说过吗？你知道游戏规则吗？

生：相同的3个物体可以消掉。

师：老师玩游戏获得了一些小礼盒，大家想知道是什么吗？拆一个，是一道算式，谁来口算？谁来拆？

师：孩子们，金老师新设计了一款数学版的"羊了个羊"，游戏过程中会随机奖励数学题，成功解决了才能通往下一关，想玩吗？

（设计说明：通过最近流行的"羊了个羊"游戏，调动课堂氛围，激发学生学习兴趣。利用拆礼盒游戏，复习学过的整十、整百数乘一位数的口算，加强了新旧知识之间的联系，既为新知的学习做好铺垫，也帮助学生构建知识框架，形成完整的知识体系，增强学习的信心。）

2. 明晰算理，生成算法

（1）教学60÷3=20

出示60÷3=？

师：谁能编一道用它解决的数学问题？

生：有60块蛋糕，平均分给3个班，平均每班能分到多少块？

师：原来只要把60平均分成3份，都可以用这道算式来解决。我们先来研究60÷3是不是等于20，仔细听研究提示。开始。

> 研究提示：
> 1.借助小棒分一分、画一画，或用算式算一算。
> 2.在活动单上写出自己的想法。
> 3.四人小组交流，比一比哪一组的方法多。

师：谁有想法，请他们小组来分享。

生1：摆小棒。

师：老师这里也有小棒，能把它平均分成3份吗？分完提问：你是怎么想的？

生1：把60根小棒平均分成3份，每份是20根。

生2：先算6÷3=2，再在2后面添一个0。

师：你的数感真好。他是先算表内除法6÷3=2，再得出60÷3的结果。

师：瞧，在小棒图里你能找到6个十除以3等于2吗？（把6捆平均分成3份，每份有2捆小棒，是2个十，就是20根）原来小棒图也就是6个十÷3=2个十。那6÷3=2中的6表示的是（6捆小棒），也就是6个十，除以3等于2个十。

师：黑板上的这3种想法其实都是把60看作6个十，6个十除以3等于2个十，2个十就是20来算的。（把这种方法用波浪线圈出来）

师：现在你们明白了吗？说给你的同桌听一听。（板书20）

（设计说明：在充分交流不同算法后，学生还不能理解不同方法之间的联系，实现不同表征方式之间的互译，每种算法对于他们来说都是孤立的。这正是教师发挥主导作用的契机。教师顺势组织学生比较之前出现的不同算法，发现无论是用小棒分，还是画图、列式，都是"把6个十平均分成3份，每份都是2个十，也就是20"。至此，学生对算理的理解已不再是雾里看花，而是实实在在地弄懂、融通。）

（2）教学600÷3=200

师：根据刚才的学习经验，你能快速计算出600÷3等于多少吗？谁来汇报？

生1：6÷3=2，600÷3=200。

师：这里的6表示什么？原来这种算法的道理就是把600看作6个百，6个百÷3=2个百。

生2：6个百÷3=2个百。

（3）60÷3=20和600÷3=200的联系

师：观察这两道算式，在计算时有什么相同的地方？

生：都是先算6÷3=2（板贴）。

师：那有什么不同的地方？

生：是0的变化。

师：为什么添0，为什么添两个0？板书（一、十、百）

师：是啊，同样是要算6÷3=2，我们要看6表示6个一、6个十还是6个百来决定要不要添0，添几个。

（设计说明：通过题组对比，引导学生将整十、整百数除以一位数的口算与相应表内除法口算之间建立联系，学生通过对比整十、整百数除以一位数的口算原理，就能从感性的认识提升为理性的思考，对整十、整百数除以一位数的口算方法就会从多元走向统一。）

师：如果把除法算式6÷3=2看作一颗种子，那么60÷3，600÷3就好比这颗种子长出的新苗。种子如果继续生长，还能长出什么样的新苗？（6000÷3，60000÷3）。学习就是一个不断生长的过程。大家想不想也来体验一下这样的生长过程？完成活动单并汇报。

今天我们学习的就是这样的整十、整百数除以一位数的口算。

（设计说明：用种子和新苗比喻新旧知识之间的联系，比喻从旧知识不断生长出新知识，非常生动形象，由此延伸开去，引导学生展开进一步的联想。通过举一反三，最终实现学生会"一个"、通"一类"的学力提升。依据最近发展区理论，引导学生沟通新旧知识之间的联系，舍弃非本质属性，关联数学知识的本质内涵，展开类比推理，实现知识的意义建构。）

（4）教学120÷3=40

师：顺利地解决了这么多问题，（板贴120÷3=）等于多少？怎样想？

生1：12÷3=4，再在后面添一个0。

师：这12÷3=4也就是之前我们说的种子。为什么要在后面添一个0？

生2：把120看作12个十，12个十除以3等于4个十，4个十就是40，（指着十的那一行）所以我们贴在这一行上。

3. 内化算法，灵活运用

（1）师：你们掌握了吗？你们能用这样的方法口算下面几道题吗？

师：这3道题我们都是把它们看成几十个十除以几来算的，你能编一道这样的算式吗？说说你的算式。

生：540÷6=90，720÷9=80，120÷2=60……

（设计说明：以这3道题为母题，为学生提供了开放的学习空间，激活学生的思维，学生不仅能正确计算，而且能根据这3道题的规律编出同类型算式，说明已牢牢掌握了算理，由理解上升为应用，经验在经历中积累，学力在实践中提升。）

（2）师：老师也出了两道这样的算式，谁来算？

出示：300÷5=?　300÷3=?

判断：被除数的末尾有2个0，商的末尾就一定有2个0。

师：仔细观察，被除数末尾都是2个0，为什么商的末尾有时是1个0，有时是2个0？

师：原来当被除数百位上的数小于除数时，我们就把被除数看成几十个十来计算。这将为我们下节课学习笔算方法做准备。

师：明白了吗？考一考你们，$400 \div 5 = ?$　$800 \div 8 = ?$

（3）师：根据题目中的规律，你能写出算式吗？先观察，有什么发现？写算式，有联系的就更好。

$$\boxed{}0 \div \boxed{} = \boxed{}0$$

$$\boxed{}00 \div \boxed{} = \boxed{}00$$

$$\boxed{}00 \div \boxed{} = \boxed{}0$$

（设计说明：练习设计环环相扣、逐步提升。通过题组对比练习，能不断提升学生理解算理、执行算法的水平和能力，促进学生深度学习。）

4. 总结回顾，分享收获

师：孩子们，恭喜你们通过了所有关卡，我们既玩了游戏，又增长了知识，通过今天的学习，你们有哪些收获？

（六）教学反思

执教的这节三年级上册"整十、整百数除以一位数的口算"属于"种子课"教学模式。从情境引入、丰富知识、抽象概括到应用深化、总结反思，力求确保没有一个人是"教育上的不利者"，构建有意义的课堂教学。

课堂处处体现"趣"。以"羊了个羊"开场，抓人眼球，情境生趣。"能在小棒图中找到 $6 \div 3 = 2$ 吗？"巧妙提问，以问题为针，思维为线，串起联系，提问激趣。探究算式间的联系，借具有生长力量的种子和新叶串联算理，沟通新旧知识之间的联系，活动护趣。练习时，研究算式，探究规律，应用延趣。力求在短短的40分钟内，构建趣味课堂，提高并维持学生探究数学的兴趣。

课堂处处展现"活"。同样是探究 $60 \div 3$、摆小棒、想 $6 \div 3 = 2$、算6个十除以3等于2个十，方法虽多却容易使学生只关注解题的途径，造成方法的堆砌。不如盘活学生已有的知识经验，比较3种不同的想法，通过数形结合沟通3种方法之间的联系，厘清例1算理的本质都是6个十除以3得2个十，2个十是20，既沟通了算理，又激活了学生思维。

课堂处处突出"深"。数学教学不能仅仅是停留在会计算，会解题，而是要在厘清知识结构的基础上，帮助学生充盈和完善认知结构，拓展延伸。课上设计了 $300 \div 5$ 和 $300 \div 3$ 的比较，学生发现当最高位不够除时应想30个十 $\div 5 = 6$ 个十，当最高位够除时应想3个百 $\div 3 = 1$ 个百更简单。通过比较学生不但掌握了算理，而且培养了思维的灵活性，整节课学生的思维在比较、思辨中不断得到训练，学生的深度学习真正发生。

四、"用字母表示数"教学实录与反思

（一）教学内容
苏教版五年级上册第99～100页。

（二）教学目标
1. 结合具体情境产生用字母表示数的需求，初步体会用字母表示数的本质意义。初步理解并学会用字母表示数，会用含有字母的式子表示数量、数量关系和计算公式，会根据字母的取值得到相关式子的值。

2. 经历把实际问题用含有字母的式子进行表达的抽象过程，体会用字母表示数的简洁性和概括性，提升数学表达能力、符号意识和关系思维能力。

3. 初步了解字母表示数和数量关系对于研究数学问题的优越性，形成用字母表示数的意识，培养主动思考、回顾反思等学习习惯。

（三）教学重难点
1. 教学重点：用字母表示数，用含有字母的式子表示数量或简单的数量关系、计算公式。

2. 教学难点：理解含有字母的式子不仅能表示数量，还能表示数量关系，在变与不变中发展符号意识和代数思维。

（四）教学准备
课件、学习单。

（五）教学过程
1. 创设情境，引入新课

师：同学们熟悉《大头儿子和小头爸爸》吗？

生：熟悉。

师：最近大头儿子爱好打篮球，现在他正在夏令营进行投篮训练，投进一个球得3分，我们一起来计算下他的得分吧！

（设计说明：由学生所熟悉的动画片《大头儿子和小头爸爸》自然导入投篮游戏，贴近学生生活，调动学生的学习积极性，让学生体会到浓浓的生活氛围，学会用数学的眼光发现生活。）

2. 探究新知，深化意义

活动一：

师：如果只投进1个球，得多少分？怎么列式？

生：投进1个球得3分，列式是1×3。

师：如果投进2个球呢？得多少分？怎么列式？

生：投进2个球得6分，列式是2×3。

师：如果投进3个球呢？

生：投进3个球得3×3=9（分）。

师：表述得很清晰且完整。再投进1个球，得分如何？

生：投进4个球时，得分是4×3=12（分）。

师：同学们观察表格，你们能发现投进个数与得分之间是什么关系吗？

生1：得分在依次加3。

生2：得分是投进个数的3倍。

生3：投进个数×3=得分。

师：经过观察，我们发现了（课件出示）投进个数×3=得分（齐读），是的，（板书：投进个数×3=得分）都是根据这样一个数量关系来列式的。大家能像这样接着往下说吗？

生：……

师：如果有足够多的时间，（指板书）像这样的式子我们还可以写多少呢？能列举完吗？

生：很多，列举不完。

师：根据以往的经验，有很多情况列举不完如何表示？

生：用省略号。

师：你们经验真丰富。（指板书）同学们观察这4个式子，它们都分别表示的是投进确定的个数时，相应的得分情况。想一想，你能用一个式子简明地表述出大头儿子所有的得分情况吗？挑战一下，将自己的想法写在"学习单（一）"（见图3-2-6）上。

学习单 （一）

大头儿子投进1个球得3分。

投进个数	得分
1	$3 \times 3=3$
2	$2 \times 3=6$
3	$3 \times 3=9$
4	$4 \times 3=12$
……	……

自我挑战：你能用一个式子简明地表示出所有的得分情况吗？并说说你的想法。

图3-2-6

学生独立完成，教师巡视指导，完成后小组内交流。

师：谁来跟大家分享一下你是怎么想的？

生1：如果大头儿子有足够的时间来投球，投进个数无法确定，我就用 "？" 来表示投进个数，所以得分就是 "？×3"。你们觉得我的想法可行吗？（学生鼓掌表示同意）

生2：我用 "△" 表示投进个数，"△" 可以表示很多数，得分就是 "△×3"。

师：这两名同学都想到了用符号或图形来表示投进个数，都很有想法。

生3：我用字母a表示投进个数，每投进一个球得3分，所以得分就是$a \times 3$。

师：大家都很善于用数学的语言来表达。请同学们比较刚刚3名同学的学习单（投影展示），哪一种表示方法你最喜欢？

生：第三种，用字母表示投进个数最好。

师：很好，确实有不少同学都想到了用字母表示投进个数。看来同学们都与数学家不谋而合了，在数学中，我们经常会像这样用字母表示数。（板书课题）这就是我们今天要研究的内容。采访一下，同学们刚刚是怎么想到用字母表示投进个数的？

生：大头儿子继续投球，我们不知道投进个数是多少，就不可能用具体的数来表示，所以我就想到了用一个字母来表示。

师：有理有据。换句话说，如果大头儿子有足够的时间去投球，投进个数能确定吗？

生：不确定。

师：原来可以用字母表示不确定的数。（板书：字母、不确定）再看，这是我刚刚看到的另一份学习单，（投影展示：$n \times 3$）可不可以？

生：可以。

师：和生3的写法比一比，你们有什么发现？

生：他们只是用的字母不同，但实际表示的含义是一样的。

师：还可以用其他字母吗？

生：26个字母都可以。

师：如果就以字母a为例，用a表示投进个数，根据"投进个数×3=得分"这样的数量关系，表示得分是$a \times 3$，（板书：$a \times 3$）（指板书）像这样的式子就叫作含有字母的式子。（板书：含有字母的式子）

师：这里的字母a能表示哪些数呢？

生1：所有的数。

师：举个例子，可以是200吗？（可以）可以是20.5吗？（不可以）为什么？

生2：因为投进个数只能是整数，而且不能小于0，也不可能是小数。

师：也就是说，这里的a可以表示（板书：所有的自然数）。

师：在刚刚的探究活动中，我们有4×3这样的算式，也有$a \times 3$这样含有字母的式子，请同学们比较这两个式子，它们有什么相同点和不同点？先独立思考，再和你的组员说一说。

师：哪个小组成员先来跟大家分享一下你们小组的想法？

生1：相同点是两个式子都有×3，都表示的是得分情况，不同点是4×3的答案我们是能算出来的，$a \times 3$中a可以表示所有的自然数，它的结果有很多种情况。

师：你们小组观察得真仔细，总结得也比较完整，同学们觉得他们小组的想法有道理吗？（有道理，掌声）还有哪个小组来分享一下？

生2：相同点是两个式子都是根据"投进个数×3=得分"这样的数量关系来列式的，不同点是4×3=12是确定的，$a \times 3$的结果不确定。

师：（小结）真不错，你们小组成员一下就看到了问题的本质，两个式子的数量关系是一样的，不同点大家都能描述出来，4×3的结果确定，$a \times 3$的结果不确定，a可以是4，也可以是其他的自然数。学到这里，你觉得用字母表示数有什么好处呢？

生1：用字母表示数很简洁。

生2：用字母表示数很方便，它能概括所有的情况。

师：是啊，用字母表示数既简洁又方便，请同学们记录在"学习单（二）"（见图3-2-7）上。

> 学习单（二）
> 你觉得用字母表示数有什么好处？

图3-2-7

师：字母表示数真厉害呀！它既能表示不确定的数量，又能表示数量关系。（板书：数量、数量关系）

（设计说明：由具体的算式激活学生的原有经验，富有挑战性的问题"用一个式子简明地概括得分情况"使学生产生用字母表示数的想法。通过自主活动"创造"出含有符号、图形、字母的式子，在抽象概括中初步建立字母表示的意义，体会用字母表示数的必要性和优越性，学生思维初步实现飞跃。接着教师通过不断地追问使学生探讨出式子中字母的取值。在4×3和$a \times 3$两个式子的异同点比较中，学生再次自我挑战，初步感知数量"变"、数量关系"不变"的本质，问题导向，层层递进，实现一段完整的学习历程，思维得到高度发展，也推进对本节课的深度学习。）

活动二：

师：（课件出示）小头爸爸准备从家出发去夏令营接大头儿子，（学生领读）从家去往夏令营的公路长280千米，你能用式子表示行驶了一段路程后剩下的千米数吗？如果已行驶50千米，剩下的千米数如何表示？

生：$280-50$。

师：如果已行驶74.5千米呢？

生：$280-74.5$。

师：你们是依据什么关系来列出这两个式子的？

生：是根据"总路程－已行路程＝剩下路程"这个数量关系来列式的。

师：如果小头爸爸继续行驶，已行路程还能确定吗？（不确定）不能确定怎么解决？（用字母表示）真棒，同学们很会学以致用。这里以字母b为例，那剩下的千米数就是？（$280-b$）。那这里的字母b又可以表示哪些数呢？

生1：b可以表示比280小的所有的数，可以是自然数，也可以是小数。

生2：b要比280小，但是不能是负数，应该是$0 \sim 280$。因为小头爸爸在家时，已行路程是0，随着汽车行驶，已行路程在增加，最后到达夏令营时，已行路程是280。

师：你解释得真清楚，逻辑很清晰。看来，在具体的情境中还要注意字母表示的范围，也就是说，字母还可以表示特定范围的数。（板书：特定范围）

师：如果令$b=120$，能回答出剩下的千米数吗？

生：$280-120=160$千米。

师：也就是说，在含有字母的式子中，字母的值确定，式子的值也确定。请观察这两个式子，$280-120$和$280-b$，能像在活动一中那样说说它们的相同点和不同点吗？

生：相同点是都是根据"总路程-已行路程=剩下路程"这个数量关系来列式的，数量关系相同，不同点是$280-120$的结果确定，$280-b$的结果不确定。

师：（板书：$280-b$）含有字母的式子也可以表示数量，它可以作为最后的结果。学到这里，我们一起回顾一下。

课件出示：4×3 $280-50$

　　　　　$a\times3$ $280-b$

师：在刚刚的两次活动中都有这样的算式和含有字母的式子，再回想一下，我们都是在什么情况下想到用字母表示数的？（表示的数不确定时）在同一个问题中，什么在变化？什么不变？

生：数字在变化，就是表示的数量在变化，但是数量关系没变。

师：（小结）是的，原来用字母表示数就是根据一个不变的数量关系来表示不断变化的数量。（板书：不变、变化）同学们感受到了吗？感受到了就点点头。终于，小头爸爸接到了大头儿子，你们知道父子俩的年龄吗？（不知道）怎么解决？（用字母表示）同学们真有经验呀！

生：用字母x表示大头儿子的年龄，y表示小头爸爸的年龄。

师：这名同学注意到了，在同一个问题中不同的变量要用不同的字母来表示。好，就用x表示大头儿子的年龄。另外老师还透露一个秘密（课件出示：小头爸爸比大头儿子大28岁），此时你可以怎样表示小头爸爸的年龄？

生：$x+28$。

师：如果用y表示小头爸爸的年龄，那大头儿子的年龄应该怎么表示呢？

生：$y-28$。

师：观察$x+28$和$y-28$这两个式子，你都能从中看出一个什么关系呀？

生：爸爸与儿子的年龄相差28岁。

师：看来，在同一个情境中，字母的意义不同，写出的式子也不同，但它们表达的数量关系是一样的。

（设计说明：由活动一的知识经验进行正向迁移，通过解决熟悉的路程问题，进一步理解用字母表示不确定的数、根据数量关系列出含有字母的式子的方法。学生通过概括280-120和280-b两个式子的异同点，感悟体验含有字母的式子既可以表示数量又可以表示数量关系，引领思维走向深处。活动一和活动二的回顾反思，再次渗透"变"与"不变"，结合表示年龄这一迁移运用，大大丰富了"用字母表示数"的经验，也彻底抓住了根据不变的数量关系表示不断变化的数量这一本质。学生的认知也再一次飞跃，深度学习真正在发生。）

活动三：

师：在以前的学习中，我们就已经接触过用字母表示数，同学们能举例吗？

生1：加法交换律$a+b=b+a$，还有加法结合律、乘法分配律等。

生2：用字母表示周长、面积公式。

师：之前在学习运算律与图形周长、面积公式时已经见识过，这里以正方形为例，用文字描述周长是？（周长=边长×4），面积是？（面积=边长×边长）如果用a表示正方形的边长，C表示周长，S表示面积，你能用字母表示出正方形的周长和面积公式吗？

生：$C = a \times 4$，$S = a \times a$。

师：看，用字母表示数真的很简洁呀！数学总是追求严谨与简洁之美，其实，它还能更加简洁，想知道吗？（想）真是一群好学的孩子呢！

师：翻开课本到第100页，自学例3以及"学习单（三）"（见图3-2-8）上的知识窗，尝试完成下面的练习。

学习单（三）

【知识窗】

1.字母与字母相乘，中间的乘号可以记作"·"，也可以省略不写。特殊的，相同的两个字母相乘，如$a \times a$，通常写成a^2，读作a的平方。

2.数字与字母相乘，乘号省略，且一般把数字写在字母的前面。特殊的，1与任何字母相乘时，1可以省略不写。

练习：

$a \times c=$ $m \times m=$

$4 \times b=$ $1 \times x=$

$x \times x=$ $x+x=$

图3-2-8

学生独立完成，教师巡视指导，再在小组内交流。

指名学生回答，集体订正，强调注意点。

师：那么，现在正方形的周长和面积公式可以简写为（一起回答）周长 $C = a \times 4 = 4a$，$S = a \times a = a^2$。（板书：$C=4a$、$S=a^2$）看来基本的简写难不住同学们了，接下来两道简写稍复杂，请抢答！

课件出示：$a \times b \times 7$ $\qquad$ $d \times 3-4$

生：$7ab$，$3d-4$。

师：数学取之生活用之生活，在生活中有没有遇到过用字母表示的情况？请举几个例子。

生1：肯德基表示成KFC。

生2：停车场用字母P表示。

生3：扑克牌中有J、Q、K、A。

……（板书：特定含义）

师：同学们很棒，善于用数学的眼光观察世界，生活经验很丰富呢！

（设计说明：由激活旧知自然过渡到简写环节，学生通过与文本的多次"对话"，促进对知识的深度理解。先初步交流即阅读教材和学习单的知识窗，再完成简写练习进行细致交流，接着生生之间以及师生之间探究交流，思维的火花在迸发，深度学习在发生。最后启发思考生活中用字母表示的例子，让学生学会用数学的眼光观察现实世界，提高数学核心素养。）

3. 畅谈收获，拓展延伸

师：这一节课我们一起学习了用字母表示数，也可以说是用字母代替数，（板书：代数）从此我们将进入代数的世界，这是学习数学的一次巨大飞跃。那这么一个伟大的成就是谁先提出的呢？（韦达）请阅读大屏幕的内容。

课件出示课本上的阅读材料。

师：同学们，通过今天这节课的学习，你有哪些收获呢？

师：今后同学们将继续学习方程、函数、微积分等知识，也都是以用字母表示数为基础的，这些就等着同学们以后去探索吧！最后，请同学们课后想出一个问题，然后用含有字母的式子表示出来。

（设计说明：回顾反思本课学习内容，使学生形成系统的认知结构，有利于提高学生的自我反思能力。阅读材料的补充拉近了学生与代数的距离，为今后的学习做铺垫。课后"提出一个用字母表示数的问题"的思考，让学生的思维不断走向深处，深度学习在课后依旧延续。）

（六）教学反思

"用字母表示数"这部分内容在学习伊始对于五年级学生来说是比较抽象的，由以前的具体的数量到用含有字母的式子来表示数量以及数量关系，是认知过程的一大飞跃。这对学生来说无疑是一次大的挑战。如何让学生乐于挑战并挑战成功？笔者在课前思考了很多，十分确定的是，必须引导学生进行对本节内容的深度学习。

基于低控制、高结构的"三个一"深度学习课堂模式的理念，笔者主要设计让学生经历自主思考、自我挑战的过程，通过自主探究、交流、合作，在对问题的不断探索、对话和积极建构中，实现有意义的学习。结合新课标数学核心素养的内涵即"三会"，笔者在教学中着重体现以下三个方面：一是让学生亲历用字母表示数的抽象概括过程；二是引导学生理解含有字母的式子既表示结果，也表示数量关系，并感知由不变的数量关系表示变化的数量这一本质；三是用数学的眼光发现、用数学的语言表达关系，提高数学素养。

1. 问题驱动，探究本质

新课标倡导，数学教育要密切联系学生的生活实际，因此，本节课以学生熟悉的故事贯穿始终，使学生充分经历知识的发生、形成、发展和应用的全过程。一开始设计投篮计算得分的情境，通过探寻得到"投进个数 × 3=得分"这一数量关系，让学生罗列出后续得分，在列举不完的情况下产生用字母来表示数的需要。"能否用一个式子简明地表示出所有得分情况呢？"学生自我挑战，相互之间碰撞出思维的火花，自然地生成出用字母表示的方法。"比较 4×3 和 $a \times 3$ 两个式子，有什么异同点？"在比较探究中找到算式和含有字母的式子之间的区别与联系，由此明白用字母表示数的好处。有了活动一的铺垫，活动二中探究路程问题以及解决年龄问题的练习，在激活学生已有经验的基础上，让学生进一步理解用字母表示不确定的数量、根据数量关系列出含有字母的式子的方法。教师适时指导总结，让学生理解含有字母的式子既可以表示数量又可以表示数量关系，并且感受是根据一个不变的数量关系来表示不断变化的数量这一本质。

2. 学生主体，反思内化

反思、内化与提升是引领学生经历探究过程进行深度学习的核心，因此笔者在教学过程中通过创设一个个有意义的环节，让学生始终将自己处于"探究者"以及"发现者"的位置，不断思考、反思，从而内化进行知识建构。例如，在"活动一"中，在生成用字母表示数的方法这一环节，教师放手让学生自我思考、自我挑战，再小组讨论，最后全班交流展示、同学评价、教师评价，学生深刻体会到用字母表示数的必要性。又如，在体现字母表示数优越性这一环节，教师不是直接讲授，而是让学生比较、讨论两个式子的异同点，在交流中感受字母表示的简洁性和概括性。再如，在字母表示简写这一环节，教师充分相信学生的能力，由学生自学尝试完成简写练习，让学生自主建构知识，从而真正成为学习的主人，实现在自学中内化、在运用中再反思。高年级教学注重培养学生一定的自学能力，这是新课标所倡导的，同时符合深度学习的要求。

3. 应用巩固，拓展延伸

回顾以往的学习内容，将新旧知识融会贯通，来表示图形的周长和面积计算公式。在举例生活中用字母表示数的情况时，让学生在交流中感悟，生活取之数学并用之数学。最后回顾总结本节课的教学内容，让学生谈谈自己的收获，帮助学生对本节课的内容进一步形成完整的知识结构并深化理解。"请同学们课后想出一个问题，然后用含有字母的式子表示出来。"引导学生对字母认识的触角向更广阔的空间伸展，大大丰富了"用字母表示数"的经验。学生的思维也在不断走向深处，在课后延续。